LA CREDIBILIDAD DE LAS VÍCTIMAS DE VIOLACIÓN EN EL PROCESO PENAL

IRENE DE LAMO VELADO
Área de Derecho Procesal
Universidad Complutense de Madrid

LA CREDIBILIDAD DE LAS VÍCTIMAS DE VIOLACIÓN EN EL PROCESO PENAL

ARANZADI

ARANZADI LA LEY, S.A.U.
C/ Collado Mediano, 9
28231 Las Rozas (Madrid)
www.aranzadilaley.es
Atención al cliente: https://areacliente.aranzadilaley.es/

Primera edición: 2025

Depósito Legal: M-6280-2025
ISBN versión impresa: 978-84-1078-918-0
ISBN versión electrónica: 978-84-1078-920-3

Diseño, Preimpresión e Impresión: ARANZADI LA LEY, S.A.U.
Printed in Spain

A Elle y Jaime, mis padres

Índice general

Página

Página

Índice de figuras

Página

Índice de tablas

Página

Página

Agradecimientos

La escritura de este libro es un viaje que comienza en 2018, con el proyecto de investigación que escribí para solicitar una ayuda FPU. Finalmente concedida por el Ministerio de Ciencia e Innovación del Gobierno de España en 2019, y por la que me siento muy afortunada. En la Universidad Carlos III de Madrid tuve la suerte de encontrar un Departamento que acogió mi deseo de empezar una tesis doctoral en Derecho que proponía una investigación empírica. Quiero dar las gracias a todos mis compañeros del Área de Derecho Procesal. Especialmente a las directoras mi tesis doctoral, Helena Soleto Muñoz y Raquel López Jiménez.

De mi período doctoral también quiero dar las gracias a las profesoras que conformaron el tribunal de evaluación, María Camila Correa Flórez, Sabela Oubiña Barbolla y Andrea Planchadell Gargallo. Sus generosos comentarios enriquecieron mis reflexiones y orientaron la redacción de este libro. Juan Alcoceba Gil revisó minuciosamente el manuscrito completo de la tesis doctoral que dio origen a este ensayo. Le estoy enormemente agradecida por sus inteligentes recomendaciones. Me ayudaron a ser más específica y crítica en mi argumentación. Estoy muy agradecida además a Jessica Jullien de Asís, con quien discutí en varios momentos los resultados preliminares de esta investigación. Sus comentarios siempre me animaron a seguir indagando.

Este libro también es fruto de dos estancias de investigación que realicé en Goldsmiths y en la Universidad de Helsinki entre 2021 y 2022. Posibles gracias a dos ayudas de movilidad FPU concedidas por el Ministerio de Ciencia e Innovación del Gobierno España. Estoy muy agradecida a Sara Farris por su supervisión y acogida en Goldsmiths durante tres meses en Londres. Allí aprendí perspectivas teóricas fascinantes, que me hicieron enfocar la investigación y mirar el mundo de forma diferente. Escribí parte de mi tesis en Finlandia, durante una estancia en la Universidad de Helsinki bajo la supervisión de Katja Khalina, a quien agradezco enormemente su afecto, consejos e impulso. Gracias además a Blanca Serrano San Segundo con quien coincidí en Helsinki y tuve la oportunidad de debatir varias de las ideas que laten en este ensayo.

Agradezco también a todas las profesoras e investigadoras con las que he coincidido en el Instituto Universitario de Estudios de Género de la Universidad Carlos III de Madrid, desde 2019. Sus palabras, consejos y ejemplo han nutrido esta investigación en todas sus fases. De forma muy especial, gracias a todas las participantes del Seminario Permanente de Violencia de Género, a las compañeras que han formado parte del Seminario de Análisis Feminista del Derecho y a la pequeña familia académica que cada año nos juntamos en el Congreso de Jóvenxs Investigadorxs con Perspectiva de Género.

Quiero destacar la ayuda de Marian Blanco Ruiz, con quien debatí los argumentos de este ensayo en diferentes momentos durante su entera gestación. Su sincera amistad y apoyo constante han sido la clave del inicio de mi carrera investigadora. Sus lúcidas preguntas y su perspectiva crítica han influenciado este libro de forma decisiva. Gracias a Rosa San Segundo Manuel, con quien compartí muchas de las ideas de este libro y a quien le estoy profundamente agradecida por sus generosas e inteligentes recomendaciones. Gracias a Alba Adá Lameiras por su ejemplo inspirador y por su desbordante energía. Sus consejos me animaron a seguir trabajando en todas las fases de escritura de este ensayo. Me gustaría dar las gracias a Clara Sainz de Baranda, por iniciarme en el programa de SPSS y animarme con la idea de introducir la perspectiva empírica en el Derecho.

Agradezco a todos los operadores jurídicos que evaluaron las variables de análisis y me dieron *feedback* para mejorar la investigación. Especialmente De forma muy especial, gracias por su generosidad a Eduardo García Peña, Enrique López Tébar, Javier Abella, Juan Ángel Serrano, Manuel Ayo Fernández y Paz Batista González.

Estoy muy agradecida a mi amiga y colega Begoña Pernas, que leyó y revisó el manuscrito en diferentes ocasiones con una paciencia y pasión admirables. Sus brillantes comentarios e indicaciones fueron indispensables para orientar el rumbo de mi pensamiento, y me enseñaron que la investigación es un oficio divertidísimo.

En 2023 disfruté un contrato postdoctoral en la Universidad Rey Juan Carlos. Allí coincidí con varios investigadores a quienes estoy muy agradecida. Especialmente, a Esther Martínez Pastor, que escuchó en varias ocasiones las ideas de este libro. Gracias por su bella amistad y por sus geniales preguntas y orientaciones. Me ayudaron a afinar mi forma de pensar y aclarar mis argumentos.

En 2024 me incorporé al Departamento de Derecho Procesal de la Universidad de Granada durante unos meses. Estoy muy agradecida por el espacio que disfruté para escribir. Gracias a Rubén López Picó por animarme a publicar este libro en Aranzadi. Especialmente, gracias a Sergi Corominas Bach, a quién tengo la suerte de llamar amigo, y que revisó la última versión de este ensayo. Sus certeros comentarios me ayudaron a trabajar una estructura más clara y a simplificar mis argumentos.

Entre 2022 y 2024 me invitaron a presentar la investigación que recoge este libro en varios foros y seminarios. Estoy muy agradecida a Puri Barreiro, por su invitación para presentar los resultados del análisis de sentencias a las Agentes de Igualdad del Ayuntamiento de Madrid. Además de por sus esperanzadoras palabras y apoyo constante durante la elaboración de este libro. Gracias a la asociación ADAVAS de León. A Gloria María García García, Sagrario Pérez Astobiza y Herminia Suárez Mata, por su acogida, sus lúcidas reflexiones y sus palabras de cariño. Agradezco a Esmeralda Ballesteros Doncel la invitación al Seminario SEXVIOL en la Universidad Complutense de Madrid, quien además leyó el manuscrito inicial de este libro. Su amistad me hizo mirar el futuro con más esperanza. Además, agradezco muchísimo todas sus generosas observaciones que me animaron a simplificar y precisar la metodología. También le agradezco a Yanna G. Franco su apoyo y la oportunidad de participar en los cursos de la Unidad de Igualdad de la Universidad Complutense de Madrid.

En 2024 recibí dos premios de investigación por la tesis doctoral que dio origen a este ensayo. Agradezco enormemente a la Unidad de Igualdad de la Universidad Carlos III de Madrid y al jurado que valoró mi tesis doctoral por la concesión del premio Pilar Azcárate. Muchísimas gracias al Centro de Estudios Políticos y Constitucionales por considerar mi tesis doctoral digna del premio Clara Campoamor. De forma especial, gracias al jurado y a la directora del centro, la profesora Rosario García Mahamut, por sus espléndidas palabras que me animaron a disfrutar del presente y a seguir imaginando un futuro en la Academia.

En todos estos lugares tuve la suerte de debatir con investigadoras y amigas que, de forma muy distinta, me hicieron dudar, pensar y redefinir las ideas de este libro. Además de quienes he mencionado, estoy muy agradecida a Alicia Cárdenas Cordón, Ana Valverde Cano, Anita Fuentes, Arantza Campos Rubio, Cristina Cazorla González, Cristina María Zamora Gómez, Cristina Ruiz López, Elena Larrauri Pijoan, Fernando de los Santos Menéndez, José Antonio Díaz Cabiale, Julieta Cena, Laura Álvarez Suárez, Laura Nuño Gómez, Lidia Fdez. Montes, Lorena Chano Regaña, Maggy Barrère Unzueta, Marco Alviz Fernández, María José Fariñas Dulce, Marta Román, Matilde Rey Aramendía, Montserrat López Recio, Noelia Igareda González, Patricia Nieto Rojas, Rita Segato, Sabela Serrano Maíllo, Saúl González García, Silvia Soriano Moreno, Tania García Sedano y Yaiza Gómez Yánez.

Agradezco también el trabajo de edición de Aranzadi. En especial a mi editora, Estíbaliz Sanz Herrero, por su flexibilidad y paciencia.

Además de las compañeras y amigas que ya he mencionado, quiero agradecer a mis amigas fuera de la Academia su infinito amor, apoyo y comprensión. Especialmente a Carla, por hacer que siempre me sienta en casa y por curarlo todo con su risa. A Galindo por su alegría y por su apoyo constante. A Esther, por su brillante sentido del humor que consigue que siempre me reconcilie con la realidad. A Lana por ser un ejemplo inspirador. Y a Judith por su enorme corazón. Me siento muy afortunada por su amistad, que, durante estos años ha sido una pieza clave para disfrutar de la vida, crecer juntas, y no perder de vista lo verdaderamente importante.

Gracias a Néstor, mi pareja, que quería leer este libro antes de que lo escribiera y que revisó varias secciones. Por su amor y admiración siempre le estaré agradecida. Su ejemplo de constancia, visión y talento han sido una inspiración para la escritura de este ensayo.

Por último, gracias a mi enorme familia, por su presencia y su amor en estos años tan importantes. Este libro está dedicado a Elle y Jaime, mi madre y mi padre, por ser mi mayor inspiración, ilusionarse con cada uno de mis proyectos y animarme en todo lo que hago.

Introducción

SUMARIO: 1. LA VIOLENCIA SEXUAL EN EL CONTEXTO ESPAÑOL. 2. EL DELITO DE VIOLACIÓN. 3. LA VALORACIÓN DE LA PRUEBA EN EL PROCESO PENAL. 4. UN APUNTE SOBRE LA METODOLOGÍA. *4.1. Análisis de datos primarios.* a) Análisis cuantitativo de sentencias. b) Análisis cualitativo de sentencias. *4.2. Análisis de datos secundarios.*

El testimonio de la víctima suele ser la única prueba directa de una violación. Sin embargo, la víctima no es una tercera persona ajena al delito. En el proceso penal, ocupa un estatus específico de víctima-testigo. ¿Qué influye en la credibilidad de las víctimas de violación ante un tribunal?[1]. El presente ensayo nace de esta pregunta y presenta los hallazgos de un análisis empírico de sentencias dictadas por delitos de violación en España desde el año 2000 hasta el 2019.

El primer capítulo, *La víctima en el proceso penal*, analiza el giro victimológico que ha experimentado el proceso penal en España. Desde hace décadas, se ha identificado como la *puerta de acceso* al sistema asistencial y como un instrumento de protección para las víctimas. Es necesario recordar que el origen del proceso penal no se encuentra en la protección de quienes sufren un delito. Cuando el castigo se monopoliza por los Estados, el proceso penal se diseña como un instrumento punitivo y su protagonista es el delincuente, no la persona ofendida por el delito. Es crucial además entender que las víctimas de violación tienen un doble rol en el proceso penal: son sujetos de protección y fuentes de información.

Este libro se sumerge en el valor declaración de la víctima como prueba de cargo. Se focaliza en la fase de enjuiciamiento, pero es difícil sustraer-

1. Los tribunales españoles emplean la palabra *credibilidad* para valorar si un testimonio es verosímil, denominación que se adopta en este ensayo. No obstante, algunos especialistas, también emplean términos y expresiones como *suficiencia probatoria* o *fiabilidad.*

se al resto del proceso. El segundo capítulo, *Los procesos penales por delitos de violación*, contextualiza los resultados del análisis empírico de sentencias dentro del proceso penal. Tiene como objetivos conocer la cifra oculta del delito de violación, identificar el número de denuncias interpuestas por este delito, analizar el porcentaje de procesos que superan la fase de instrucción y son enjuiciados, y examinar el porcentaje de procesos que culminan con una sentencia condenatoria.

El tercer capítulo, *La valoración del testimonio de las víctimas de violación*, se adentra en la credibilidad de las víctimas. Se presentan los resultados del análisis cualitativo y cuantitativo de sentencias dictadas en España desde el año 2000 hasta el 2019. Se proponen cuatro tipos de violación en función de la valoración del testimonio de las víctimas: la violación como pura violencia, la violación como abuso de poder, la violación como reacción al rechazo femenino y la violación como juego erótico. En cada grupo se identifica un esquema probatorio diferente. Este capítulo culmina con una reflexión sobre el eje central de la credibilidad de las víctimas, las corroboraciones externas de su testimonio. El análisis que se ofrece en estas páginas subraya cómo la relación previa de la víctima con su agresor influye en su credibilidad.

1. LA VIOLENCIA SEXUAL EN EL CONTEXTO ESPAÑOL[2]

Este ensayo, bajo el título *La credibilidad de las víctimas de violación en el proceso penal*, se inscribe en la actualidad política de principios del siglo XXI en España. En 2018 la violencia sexual se situó en el epicentro del debate social, gracias a la sentencia de la Audiencia Provincial de Navarra, núm. 38/2018 de 20 de marzo sobre la agresión grupal que tuvo lugar en Pamplona en 2016, dentro de la causa judicial conocida como el caso de *La Manada*. Este proceso planteó en la sociedad española interrogantes sobre los límites del consentimiento en las relaciones sexuales y el sesgo androcéntrico del Sistema Penal español[3].

2. En el presente apartado se reproduce parcialmente la publicación: DE LAMO VELADO, I., «Mitología contemporánea de la violación. Una revisión sobre la presencia de estereotipos de género en los tribunales españoles», iQual. *Revista de Género e Igualdad*, N.º 6, 2023, pp. 148-166.

3. BRANDÁRIZ PORTELA, T., «Los mitos de la violación en el caso de "La Manada". Una crítica a la división patriarcal público/privado», *Investigaciones Feministas*, 12(2), 2021, pp. 575-585; LARRONDO, A.; MORALES-I-GRAS, J. y ORBEGOZO-TERRADILLOS, J., «Feminist hashtag activism in Spain: measuring the degree of politicisation of online discourse on #YoSíTeCreo, #HermanaYoSíTeCreo, #Cuéntalo y #NoEstásSola», *Communication & Society*, Vol. 32, N.º 4, 2019, pp. 207-221; LIARTE MARÍN, C., y BANDRÉS GOLDÁRAZ,

El debate social incidió en el ámbito institucional. Desde 2018 a 2020, se promovieron dos propuestas de Ley, dos Anteproyectos de Ley y una Propuesta no de Ley sobre delitos sexuales[4]. El debate jurídico oscilaba sobre tres ejes: la conceptualización de la violencia sexual como violencia de género; la reforma de la legislación penal sustantiva, en particular, la modificación de los delitos de agresión y abuso sexual[5], y la formación de los jueces, bajo la expresión *juzgar con perspectiva de género*. Finalmente, se aprobó el anteproyecto impulsado por el Ministerio de Igualdad del Gobierno de España presidido por la coalición PSOE-Unidas podemos (2020-2023) y se promulgó la Ley Orgánica 10/2022, de 6 de septiembre, de garantía integral de la libertad sexual.

Antes de este punto de inflexión, se preveía la creación de un marco jurídico específico para la violencia sexual en la Proposición no de Ley por la que se instaba un Pacto de Estado en materia de Violencia de Género por el Gobierno de la Nación, las Comunidades Autónomas y Ciudades con Estatuto de Autonomía y la Federación Española de Municipios y Provincias (en adelante, Pacto). El Pacto pretendía adaptar la legislación española a la normativa internacional, específicamente, al Convenio de Estambul (medida 103). Su objetivo era incluir la violencia sexual en el ámbito objetivo de la Ley Orgánica 1/2004, de 28 de

---

E., «La objetividad y neutralidad de la información en la red. El tratamiento del Diario.es, ABC.es y El País.com en el juicio contra "la manada"», *Fonseca, Journal of Communication*, 18, 2019, pp. 119-140.

4. En concreto, el 20 de julio de 2018 el Grupo Parlamentario Confederal de Unidos Podemos-En Comú Podem-En Marea presentó la «Proposición de Ley de Protección Integral de la Libertad Sexual y para la erradicación de las violencias sexuales» (Núm. expte. 122/000279). Por otra parte, se elaboró en 2019 el «Anteproyecto de Ley orgánica de modificación del código penal para la protección de la libertad sexual de las ciudadanas y los ciudadanos» por Comisión general de codificación, a petición del Ministerio de Justicia del Gobierno de España presidido por el Partido Socialista Obrero Español (PSOE) (2017-2019). Finalmente, el Ministerio de Igualdad del Gobierno de España presidido por la coalición PSOE-Unidas podemos (2020-) presentó el «Anteproyecto de Ley Orgánica de Garantía integral de la libertad sexual» en febrero de 2020. Desde la derecha política, el conservador Grupo Parlamentario Popular en el Congreso, en diciembre de 2018 presentó la «Proposición de Ley Orgánica de modificación de la Ley Orgánica 10/1995, de 23 de noviembre, del Código Penal, en materia de delitos contra la libertad sexual» (Núm. expte. 122/000312) y el partido político ciudadanos presentó en diciembre de 2019 la «Proposición no de Ley, para la mejora de la lucha contra la violencia sexual» (Núm. expte. 161/000038).

5. Además de la reforma del Código Penal, el Ministerio de Justicia del Gobierno de España presidido por el PSOE (2017-2019) también creó un Consejo Asesor para la revisión de la Ley de Enjuiciamiento Criminal desde una perspectiva de género, mediante la Orden JUS/902/2018, de 31 de agosto, por la que se publica el Acuerdo del Consejo de Ministros de 31 de agosto de 2018.

diciembre, de Medidas de Protección Integral contra la Violencia de Género. Ampliar el concepto de *violencia de género*, y no reducirlo a la violencia sufrida en el ámbito de la pareja o expareja (medida 104).

La visibilización de la violencia sexual impulsa un atisbo de cambio previsto por el Pacto. El abordaje de la violencia sexual como violencia de género podría haberse consolidado como una cuestión de Estado. No obstante, la violencia sexual polarizó los debates electorales en las elecciones generales de 2019, tanto las celebradas el 28 de abril como el 10 de noviembre. A diferencia de las anteriores elecciones, cuando ningún partido hizo mención a la violencia sexual[6].

La posición de la izquierda política en España, formada por el Partido Socialista Obrero Español (PSOE) y Unidas Podemos, se sitúa en una reforma de la legislación para definir la conducta típica del delito de agresión sexual en base a la ausencia de consentimiento, entre otras medidas[7]. Propuesta criticada con dureza por la derecha española. En concreto por el Partido popular (PP) y el partido de ultraderecha VOX. Este último, apostó por un discurso xenófobo y vinculó el auge de la violencia sexual a la inmigración[8]. Además de cuestionar la legislación española sobre violencia de género[9]. El partido más

6. FDEZ. MONTES, L., *El tratamiento de la violencia contra las mujeres en los programas electorales. La política del simulacro*, Granada, Comares, 2021.

7. Véase medida 7 del programa político del PSOE para las elecciones generales celebradas el 10 de noviembre de 2019 (10N). Documento disponible en https://www.psoe.es/media-content/2019/10/20191007-Documento-35-compromisos-sociales.pdf (consultado el 31/03/2020), y medida 57 del programa electoral de Unidas para las elecciones del 10N. Documento disponible en https://podemos.info/wp-content/uploads/2019/10/Podemos_programa_generales_10N.pdf (consultado el 31/03/2020).

8. Este discurso puede observarse en intervenciones del Grupo Parlamentario Vox en el Congreso como la pregunta oral realizada por la diputada María de los Reyes Romero Vilches, al señor Ministro del Interior: ¿Qué opinión le merece al Gobierno de España el aumento de la criminalidad impulsada por grupos de origen extranjero? (Núm. Expte. de 180/000006). Tras la respuesta dada por el Ministro de Interior, la diputada María de los Reyes Romero Vilches realiza una matización en la que se puede apreciar de forma directa el discurso racista sobre la violencia sexual que mantiene el partido político VOX «(…) Señor Ministro, usted nos puede contestar lo que desee, lógicamente, pero lo cierto es que el informe de criminalidad publicado por el Ministerio del Interior, relativo a los nueve primeros meses de 2019, muestran un preocupante aumento en la mayoría de los delitos que se cometen en España. En especial, es grave el aumento de delitos contra la libertad sexual, que se han incrementado en un 11,2%, con especial incidencia del delito de violación (…). Para prevenir el delito, es necesario conocer los datos sociológicos de los sectores de población más propensos a cometerlos: si son varones, jóvenes o extranjeros (…)».

9. VARELA, H., «Neoconservadurismo, contramovimientos y estrategias para posicionar la agenda antifeminista. El caso de VOX en España». *Femeris*, 6 (3), 2021.

votado de las elecciones generales celebradas el 10N fue el PSOE, que junto con Unidas Podemos, formó un Gobierno de coalición de izquierdas. Pero la ultraderecha se alzó como tercera fuerza política en el Congreso durante la XIV legislatura del Estado español.

Antes de repercusión social causada por la violación grupal que tuvo lugar en Pamplona, la producción científica sobre violencia de género en España se había focalizado en la violencia física y psicológica sufrida por las mujeres a manos de su pareja o expareja. El concepto dado por la Ley Orgánica 1/2004.

> «La investigación sobre violencia de género ha seleccionado un fenómeno y puesto en él todo el foco. Se refiere a la violencia que ejercen los varones sobre sus parejas o ex parejas como manifestación de la discriminación, la situación de desigualdad y las relaciones de poder de los hombres sobre las mujeres. Aunque el acoso sexual o la violación sean también violencia de género, el concepto las deja casi siempre fuera»[10].

En el ámbito jurídico, las publicaciones sobre violencia sexual abordaban principalmente las agresiones en los conflictos armados[11]. Desde el año 2018, se han publicado múltiples investigaciones sobre violencia sexual que pueden dividirse en varios grupos. Un primer bloque de estudios estadísticos que ofrecen los datos disponibles sobre la denuncia de violaciones ante las fuerzas y cuerpos de seguridad registrados en el Sistema Estadístico de Criminalidad

---

10. RED2RED y PERNAS RIAÑO, B., *El estado de la cuestión en el estudio de la violencia de género, Violencia de Género*, Ministerio de Sanidad, Servicios Sociales e Igualdad, 2011, p. 13.
11. AMBOS, K., «Violencia sexual en conflictos armados y Derecho Penal Internacional», Cuadernos de política criminal, 107, 2012; CARDOSO ONOFRE DE ALENCAR, E., «La violencia sexual contra las mujeres en los conflictos armados: un análisis de la jurisprudencia de los tribunales ad hoc para la Ex Yugoslavia y Ruanda», *Indret: Revista para el análisis del Derecho*, 4, 2011; MONTERO FERRER, C., *Crímenes internacionales de violencia sexual e impunidad: un examen de los mecanismos de justicia transicional y su aplicación en África*, Tesis doctoral defendida en la Universidade de Santiago de Compostela, 2017; PASCUAL LAGUNAS, E., *Estudio de la violencia sexual en los conflictos armados: una reflexión crítica sobre su configuración jurídica, jurisprudencial y doctrinal*, Tesis doctoral defendida en la Universitat Autònoma de Barcelona, 2017.; RODRÍGUEZ BARRIGÓN, J., «La violencia sexual en los conflictos armados: un marco jurídico en evolución», *Pliegos de Yuste: revista de cultura y pensamiento europeos*, 17, 2016, pp. 83-106; UBIETO OLIVÁN, A., «La violencia sexual como violencia de género: una perspectiva desde el derecho internacional de los derechos humanos». *Femeris* 3 (2), 2018; VÁZQUEZ PEDREÑO, J. *Las víctimas de crímenes internacionales: en particular los grupos especialmente vulnerables ante la justicia penal internacional*. Tesis doctoral defendida en la Universidad de Murcia, 2014 entre otros.

(SEC) desde el 2013[12]. Junto con encuestas de victimización sobre violencia sexual de alcance nacional[13] y regional[14]. Las investigaciones sobre la percepción social de la violencia sexual constituyen un segundo grupo. Analizan la presencia de mitos sobre la violación y sobre el acoso sexual en el imaginario social español[15].

Otro *corpus* de investigaciones estudia la tipificación de los delitos de agresión y abuso sexual[16] y otros nuevos delitos sexuales como el *child grooming*[17]. Por otra parte, se han publicado estudios que analizan la revictimización que sufren las mujeres por el Sistema Penal español[18], la escasez de recursos

12. CERECEDA FERNÁNDEZ ORUÑA, J., *et al.*, *Informe sobre delitos contra la libertad e indemnidad sexual en España-2019*, Ministerio de Interior, Gobierno de España, 2020; CERECEDA FERNÁNDEZ ORUÑA, J., *et al.*, *Informe sobre delitos contra la libertad e indemnidad sexual en España-2018*, Ministerio de Interior, Gobierno de España, 2019.
13. DELEGACIÓN DEL GOBIERNO CONTRA LA VIOLENCIA DE GÉNERO, *Macroencuesta de Violencia contra la Mujer 2019*, Ministerio de Igualdad, 2020.
14. SAINZ DE BARANDA ANDÚJAR, C.; BLANCO RUIZ, M.; ADÁ LAMEIRAS, A.; DE LAMO VELADO, I.; MARUGÁN PINTOS, B. y SAN SEGUNDO MANUEL, R., *Incidencia de la violencia sexual en la Comunidad de Madrid: acoso, abuso y agresión sexual, percepción y mitos asociados*, Instituto Universitario de Estudios de Género de la Universidad Carlos III de Madrid y Comunidad de Madrid, 2020; ONETTI, M., *Estudio sobre el acoso sexual, acoso sexista, acoso por orientación sexual y acoso por identidad y expresión de género en la Universidad Complutense de Madrid*, Universidad Complutense de Madrid, Madrid, 2018.
15. DELEGACIÓN DEL GOBIERNO CONTRA LA VIOLENCIA DE GÉNERO, *Macroencuesta de Violencia contra la Mujer 2019*, *op. cit.*; BOIRA, S., GÓMEZ-QUINTERO, J. D., CEBRIÁN, J., LÓPEZ, Y., PÉRES, M. C., y OLIVAN, B., *Violencia Sexual Contra Las Mujeres En Aragón*, Instituto Aragonés de la Mujer, 2019; BOIRA, S., GÓMEZ-QUINTERO, J. D., CEBRIÁN, J., LÓPEZ, Y., PÉRES, M. C., y OLIVAN, B., *La percepción de la violencia contra las mujeres en la población aragonesa (Informe V2)*, Instituto Aragonés de la Mujer, 2019; SAINZ DE BARANDA ANDÚJAR, C.; BLANCO RUIZ, M.; ADÁ LAMEIRAS, A.; DE LAMO VELADO, I.; MARUGÁN PINTOS, B. y SAN SEGUNDO MANUEL, R., *Incidencia de la violencia sexual en la Comunidad de Madrid: acoso, abuso y agresión sexual, percepción y mitos asociados*, *op. cit.*
16. ACALE SÁNCHEZ, M., «Violencia sexual de género contra las mujeres adultas: especial referencia a los delitos de agresión y abuso sexuales», *Reus*, 2019; FARALDO-CABANA, P.; ACALE SÁNCHEZ, M.; RODRÍGUEZ-LÓPEZ, S. y FUENTES-LOUREIRO, M. A., *La Manada: un antes y un después en la regulación de los delitos sexuales en España*, Tirant lo Blanch, 2018.
17. LÓPEZ JIMÉNEZ, R., *Victimización sexual y nuevas tecnologías: desafíos probatorios*, Dykinson, 2021.
18. AMNISTÍA INTERNACIONAL, «Ya es hora de que me creas. Un sistema que cuestiona y desprotege a las víctimas», *Amnistía Internacional España*, 2018; BARCONS CAMPMAJÓ, M.; BODELÓN, E.; MARTÍNEZ, M. J.; MURILLO, E.; PISONERO, A., y TOLEDO VÁSQUEZ, P., *Las violencias sexuales en el estado español: marco jurídico y*

que ponen a su disposición las Administraciones Públicas[19] y la ineficacia del sistema de reparación a la víctima de delitos sexuales[20].

El estudio del sesgo androcéntrico de la Justicia y la presencia de estereotipos de género en las sentencias de delitos sexuales es otra línea de investigación emergente[21]. El presente libro se enmarca en esta tendencia. En la literatura científica internacional se ha estudiado de forma exhaustiva la presencia de sesgos de género, principalmente en el ámbito anglosajón. De forma específica, la presencia de mitos sobre violación en el en el razonamiento de los tribunales desde la década de los años noventa del siglo XX hasta la actualidad[22].

---

análisis jurisprudencial, Creación Positiva, 2018; SOLETO, H.; OUBIÑA BARBOLLA, S.; JULLIEN DE ASÍS, J.; GRANÉ CHÁVEZ, A.; DIGES JUNCO, M.; GALÁN GONZÁLEZ, C.; PÉREZ-MATA, N.; FIODOROVA, A.; GONZÁLEZ BARRERA, F.; NAVARRO PAPIC, I.; GÓMEZ DE LIAÑO, R.; LÓPEZ JIMÉNEZ, R.; RODRÍGUEZ HORCAJO, D.; TORRECUADRADA GARCÍA-LOZANO, S.; DE TORRES GUAJARDO, I.; HERNÁNDEZ MOURA, B.; CARRETERO MORALES, E.; DE LAMO VELADO, I.; ESPINOSA DE LOS MONTEROS ZAFRA, R.; RUIZ LÓPEZ, C. y PELÁEZ DE VESA, M., *Obstáculos que enfrentan las víctimas de delito sexual en las etapas del proceso penal: informe nacional*. Informe Nacional España Proyecto RETREAT. Madrid. 2021; TARDÓN, B., *La violencia sexual: desarrollos feministas, mitos y respuestas normativas globales*. Tesis doctoral defendida en Universidad Autónoma de Madrid, 2017.

19. AGIRREGOMEZKORTA IBARLUZEA, R. B.; GARCÍA BERROCAL, M. L.; PINEDA LORENZO, M. y TARDÓN RECIO, B., *Las Violencias Sexuales en el Estado Español: marco conceptual y su abordaje en Andalucía, Madrid y Catalunya*, Creación Positiva, 2018.

20. SOLETO MUÑOZ, H. y GRANÉ, A. *La eficacia de la reparación a la víctima en el proceso penal a través de las indemnizaciones. Un estudio de campo en la Comunidad de Madrid*, 2018 Madrid: Dykinson; ELBERS, N.; AKKERMANS, A.; SOLETO MUÑOZ, H.; FIODOROVA, A.; GRANÉ, A.; TAMARIT SUMALLA, J. M.; LINDE GARCÍA, A. *Fair and Appropriate? Compensation of Sexual Violence in EU Member States: Greece, Italy, Latvia, the Netherlands and Spain. Part I: A Survey of State and Offender Compensation*: FAIRCOM, 2018.

21. ÁLVAREZ, N., *Los mitos sobre la violación: un estudio de sentencias de la Audiencia provincial de Barcelona*, Tesis de máster defendida en la Universidad Complutense de Madrid, 2021; BALLESTEROS DONCEL, E., y BLANCO MORENO, F., «Yo sí te creo. Estereotipos sexistas hacia las víctimas de agresión sexual. Un estudio de caso sobre la Audiencia Provincial de Baleares (2018)», *iQual. Revista de Género e Igualdad*, (4), 2021, pp. 89-108; BARCONS CAMPMAJÓ, M.; BODELÓN, E.; MARTÍNEZ, M. J.; MURILLO, E.; PISONERO, A., y TOLEDO VÁSQUEZ, P., *Las violencias sexuales en el estado español: marco jurídico y análisis jurisprudencial, op. cit.*; CAZORLA GONZÁLEZ, C., «Aproximación al perfil criminológico de las agresiones sexuales en grupo: un análisis a partir de su casuística jurisprudencial», *Revista Electrónica de Ciencias Criminológicas*, (6), 2021, pp. 1-62.; TOLEDO VÁSQUEZ, P. y PINEDA LORENZO, M., *Abordatge Violències Sexuals a Catalunya*. Creación Positiva, 2016.

22. CAMPLÁ, X., *Decisiones judiciales sobre las agresiones sexuales contra mujeres variables legales y extra-legales*, Tesis doctoral, Universidade de Santiago de Compostela, 2020.;

En el ámbito español se han publicado diferentes investigaciones empíricas sobre la presencia de mitos de la violación en sentencias de los tribunales españoles. Realizan un análisis cuantitativo y cualitativo de las resoluciones judiciales[23]. En el plano internacional las publicaciones optan fundamentalmente por métodos cualitativos, como la observación de juicios[24] y las entrevistas a profesionales jurídicos de la judicatura o de la abogacía[25]. También cuantitativos, como experimentos con jurados falsos[26] y análisis cuantitativos de sentencias[27].

FRANIUK, R., LUCA, A., y ROBINSON, S., «The Effects of Victim and Perpetrator Characteristics on Ratings of Guilt in a Sexual Assault Case», *Violence Against Women*, 26(6-7), pp. 614-635, 2020; GREGORY, J., y LEES, S., «Attrition in rape and sexual assault cases», *British Journal of Criminology*, 36, 1996, pp. 1-17.; SALANUEVA, O. y ZAIKOSKI, D. *Violencia sexual y discurso jurídico. Análisis de sentencias penales en casos de delitos contra la integridad sexual*. Editorial de la Universidad Nacional de La Pampa, 2015; TEMKIN, J., «Prosecuting and Defending Rape: Perspectives from the Bar». *Journal of Law and Society*, 27(2), 2000, p. 219-248; TEMKIN, J. y KRAHÉ, B. *Sexual assault and the justice gap: a question of attitude*. Oxford & Portland, 2008.

23. ALEMANY, A.; FERNÁNDEZ, L. y MARÍN, B., *Respuesta judicial a la violencia sexual que sufren los niños y las niñas*, Ministerio de Igualdad, 2020.; ÁLVAREZ, N., *Los mitos sobre la violación: un estudio de sentencias de la Audiencia provincial de Barcelona, op. cit.*; BALLESTEROS DONCEL, E., y BLANCO MORENO, F., «Yo sí te creo. Estereotipos sexistas hacia las víctimas de agresión sexual. Un estudio de caso sobre la Audiencia Provincial de Baleares (2018)», *op. cit.*; BARCONS CAMPMAJÓ, M.; BODELÓN, E.; MARTÍNEZ, M. J.; MURILLO, E.; PISONERO, A., y TOLEDO VÁSQUEZ, P., *Las violencias sexuales en el estado español: marco jurídico y análisis jurisprudencial, op. cit.*; CAZORLA GONZÁLEZ, C., «Aproximación al perfil criminológico de las agresiones sexuales en grupo: un análisis a partir de su casuística jurisprudencial», *op. cit.*; JIMÉNEZ, S., CAMPLÁ, X., SEIJO, D., «Análisis de sentencias de delitos contra la libertad sexual con agresores múltiples», *Psicología jurídica y forense: Investigación para la práctica profesional XII Congreso (inter)nacional de psicología jurídica y forense Madrid, 13, 14 y 15 de febrero de 2020*, coord. por A.M MARTÍN, F. FARIÑA RIVERA y R. ARCE FERNÁNDEZ, 2020, pp. 93-107; RUBIO-MARTÍN, M. J., BLANCO MORENO, F., y BALLESTEROS DONCEL, E., «¿Qué queda del mito de la violación real? Un estudio de caso basado en análisis de sentencias judiciales», *Revista Española de Sociología*, 31(4), 2022, p.23; SIMÓ SOLER, E., *Estereotipos de género en procesos por violencia sexual*. Valencia: Tirant lo Blanch, 2023; TOLEDO VÁSQUEZ, P. y PINEDA LORENZO, M., *Abordatge Violències Sexuals a Catalunya, op. cit.*
24. GREGORY, J., y LEES, S., «Attrition in rape and sexual assault cases», *op. cit.*; SMITH, O. y SKINNER, T. «How Rape Myths Are Used and Challenged in Rape and Sexual Assault Trials». *Social y Legal Studies*, 26(4), 2017, pp. 441-466.
25. TEMKIN, J. «Prosecuting and Defending Rape: Perspectives from the Bar», *op. cit.*; TEMKIN, J. y KRAHÉ, B. *Sexual assault and the justice gap: a question of attitude. op. cit.*
26. STUART, S. M.; MCKIMMIE, B. M.; MASSER, B. M., «Rape Perpetrators on Trial: The Effect of Sexual Assault-Related Schemas on Attributions of Blame». *Journal of*

En España, las investigaciones señalan la presencia de estereotipos que actúan como factores extralegales en la valoración de la prueba. Abordan estereotipos sobre las víctimas, que aluden a su comportamiento antes y después de la agresión. Se hace referencia a la vida sexual de la víctima[28] y también hacen referencia a la ingesta de alcohol por parte de víctima como un criterio que resta credibilidad [29]. Otro factor relevante es la acreditación de haber sufrido lesiones[30].

Los prejuicios acerca de los violadores se abordan en menor medida, como sucede también en bibliografía internacional[31]. No obstante, los estudios sobre el caso español señalan que en algunos casos los tribunales emplean el consumo de alcohol y la enfermedad de algunos agresores para desculpabili-

---

Interpersonal Violence, 2016.; MCKIMMIE, B. M., MASSER, B. M., y BONGIORNO, R., «What Counts as Rape? The Effect of Offense Prototypes, Victim Stereotypes, and Participant Gender on How the Complainant and Defendant are Perceived», *Journal of Interpersonal Violence,* 29(12), 2014, pp. 2273-2303.

27. SALANUEVA, O. y ZAIKOSKI, D. *Violencia sexual y discurso jurídico. Análisis de sentencias penales en casos de delitos contra la integridad sexual, op. cit.*; CAMPLÁ, X., *Decisiones judiciales sobre las agresiones sexuales contra mujeres variables legales y extra-legales, op. cit.*; CAMPLÁ, X.; GANCEDO, Y.; SANMARCO, J.; MONTES, Á., y NOVO, M., «Study of informal reasoning in judicial agents in sexual aggression cases», *Social Psychological Process and Effects on the Law*, 2022.

28. ÁLVAREZ, N., *Los mitos sobre la violación: un estudio de sentencias de la Audiencia provincial de Barcelona, op. cit.*

29. BALLESTEROS DONCEL, E., y BLANCO MORENO, F., «Yo sí te creo. Estereotipos sexistas hacia las víctimas de agresión sexual. Un estudio de caso sobre la Audiencia Provincial de Baleares (2018)», *op. cit.*; ÁLVAREZ, N., *Los mitos sobre la violación: un estudio de sentencias de la Audiencia provincial de Barcelona, op. cit.*

30. BALLESTEROS DONCEL, E., y BLANCO MORENO, F., «Yo sí te creo. Estereotipos sexistas hacia las víctimas de agresión sexual. Un estudio de caso sobre la Audiencia Provincial de Baleares (2018)», *op. cit.*; BARCONS CAMPMAJÓ, M.; BODELÓN, E.; MARTÍNEZ, M. J.; MURILLO, E.; PISONERO, A., y TOLEDO VÁSQUEZ, P., *Las violencias sexuales en el estado español: marco jurídico y análisis jurisprudencial, op. cit.*; ÁLVAREZ, N., *Los mitos sobre la violación: un estudio de sentencias de la Audiencia provincial de Barcelona, op. cit.*; JIMÉNEZ, S., CAMPLÁ, X., SEIJO, D., «Análisis de sentencias de delitos contra la libertad sexual con agresores múltiples», *op. cit.*; RUBIO-MARTÍN, M. J., BLANCO MORENO, F., y BALLESTEROS DONCEL, E., «¿Qué queda del mito de la violación real? Un estudio de caso basado en análisis de sentencias judiciales», *op. cit.*; SIMÓ SOLER, E., *Estereotipos de género en procesos por violencia sexual, op. cit.*

31. GREGORY, J., y LEES, S., «Attrition in rape and sexual assault cases», op. cit; SMITH, O. y SKINNER, T. «How Rape Myths Are Used and Challenged in Rape and Sexual Assault Trials», *op. cit.*; TEMKIN, J., «Prosecuting and Defending Rape: Perspectives from the Bar», *op. cit.*; TEMKIN, J. y KRAHÉ, B., *Sexual assault and the justice gap: a question of attitude. op. cit.*

zarlos. También hacen referencia a la sobrerrepresentación de los acusados extranjeros[32].

Los resultados de estas investigaciones no resultan extrapolables a todo el territorio español. Abordan únicamente sentencias de primera instancia[33] y se restringen a provincias concretas, como Barcelona[34] o Valencia[35]. O solo ciertas Comunidades Autónomas, como Madrid, Cataluña y Andalucía o Baleares[36]. Se limitan a analizar periodos reducidos de tiempo, de uno a cinco años. Solo los estudios de CAZORLA[37] y de JIMÉNEZ, SEIJO y CAMPLÁ[38] abarcan todo el territorio nacional y sentencias de primera instancia, apelación y casación, durante periodos de tiempo más amplios. Pero solo evalúan agresiones grupales. En cuanto al fallo de las sentencias, en dos de los estudios solo se analizan sentencias absolutorias[39] y en otros analizan las condenatorias

32. BARCONS CAMPMAJÓ, M.; BODELÓN, E.; MARTÍNEZ, M. J.; MURILLO, E.; PISONERO, A., y TOLEDO VÁSQUEZ, P., *Las violencias sexuales en el estado español: marco jurídico y análisis jurisprudencial, op. cit.*; CAZORLA GONZÁLEZ, C., «Aproximación al perfil criminológico de las agresiones sexuales en grupo: un análisis a partir de su casuística jurisprudencial», *op. cit.*; RUBIO-MARTÍN, M. J., BLANCO MORENO, F., y BALLESTEROS DONCEL, E., «¿Qué queda del mito de la violación real? Un estudio de caso basado en análisis de sentencias judiciales», *op. cit.*
33. ÁLVAREZ, N., *Los mitos sobre la violación: un estudio de sentencias de la Audiencia provincial de Barcelona, op. cit.*; BALLESTEROS DONCEL, E., y BLANCO MORENO, F., «Yo sí te creo. Estereotipos sexistas hacia las víctimas de agresión sexual. Un estudio de caso sobre la Audiencia Provincial de Baleares (2018)», *op. cit.*; y BARCONS CAMPMAJÓ, M.; BODELÓN, E.; MARTÍNEZ, M. J.; MURILLO, E.; PISONERO, A., y TOLEDO VÁSQUEZ, P., *Las violencias sexuales en el estado español: marco jurídico y análisis jurisprudencial, op. cit.*
34. ÁLVAREZ, N., *Los mitos sobre la violación: un estudio de sentencias de la Audiencia provincial de Barcelona, op. cit.*
35. SIMÓ SOLER, E., *Estereotipos de género en procesos por violencia sexual, op. cit.*
36. BARCONS CAMPMAJÓ, M.; BODELÓN, E.; MARTÍNEZ, M. J.; MURILLO, E.; PISONERO, A., y TOLEDO VÁSQUEZ, P., Las violencias sexuales en el estado español: marco jurídico y análisis jurisprudencial, *op. cit.*; BALLESTEROS DONCEL, E., y BLANCO MORENO, F., «Yo sí te creo. Estereotipos sexistas hacia las víctimas de agresión sexual. Un estudio de caso sobre la Audiencia Provincial de Baleares (2018)», *op. cit.*; RUBIO-MARTÍN, M. J., BLANCO MORENO, F., y BALLESTEROS DONCEL, E., «¿Qué queda del mito de la violación real? Un estudio de caso basado en análisis de sentencias judiciales», *op. cit.*
37. CAZORLA GONZÁLEZ, C., «Aproximación al perfil criminológico de las agresiones sexuales en grupo: un análisis a partir de su casuística jurisprudencial», *op. cit.*
38. JIMÉNEZ, S., CAMPLÁ, X., SEIJO, D., «Análisis de sentencias de delitos contra la libertad sexual con agresores múltiples», *op. cit.*
39. ÁLVAREZ, N., *Los mitos sobre la violación: un estudio de sentencias de la Audiencia provincial de Barcelona, op. cit.*; BALLESTEROS DONCEL, E., y BLANCO MORENO, F., «Yo sí te creo. Estereotipos sexistas hacia las víctimas de agresión sexual. Un estudio de caso sobre la Audiencia Provincial de Baleares (2018)», *op. cit.*

y absolutorias[40]. Las investigaciones en España sobre estereotipos relativos a la violación en el sistema judicial constituyen un *corpus* todavía reducido. Aun así, ofrecen resultados valiosos que permiten identificar la incidencia de los estereotipos sobre la violencia sexual en la valoración de la prueba por los tribunales españoles.

2. EL DELITO DE VIOLACIÓN[41]

La palabra *violación* se define como la acción de violar. Violar proviene del verbo latino *violare* y su raíz etimológica procede de vis, *violencia.*

> «Alfonso de Palencia (1490) explicaba que "Violare es corromper, contaminar, ensuziar, fazer algo forzosamente". Poco más de cien años después, el Tesoro de la lengua (1611) definía el verbo como "corromper la doncella por fuerza", como única acepción, visibilizando a la víctima principal, pero reduciéndola a su condición de soltera y virgen. Afinaba un poco más la edición de 1739 del Diccionario de Autoridades cuando argumentaba que violar "vale también corromper por fuerza a alguna muger, especialmente doncella"»[42].

El Diccionario de la Real Academia de la Lengua Española lo define como un sustantivo que se refiere a un «sitio plantado de violetas» y como un verbo que alude a varias acepciones:

> «1. tr. Infringir o quebrantar una ley, un tratado, un precepto, una promesa, etc.
>
> 2. tr. Tener acceso carnal con alguien en contra de su voluntad o cuando se halla privado de sentido o discernimiento.

40. BARCONS CAMPMAJÓ, M.; BODELÓN, E.; MARTÍNEZ, M. J.; MURILLO, E.; PISONERO, A., y TOLEDO VÁSQUEZ, P., *Las violencias sexuales en el estado español: marco jurídico y análisis jurisprudencial, op. cit.*; CAZORLA GONZÁLEZ, C., «Aproximación al perfil criminológico de las agresiones sexuales en grupo: un análisis a partir de su casuística jurisprudencial», *op. cit.*; JIMÉNEZ, S., CAMPLÁ, X., SEIJO, D., «Análisis de sentencias de delitos contra la libertad sexual con agresores múltiples», *op. cit.*; RUBIO-MARTÍN, M. J., BLANCO MORENO, F., y BALLESTEROS DONCEL, E., «¿Qué queda del mito de la violación real? Un estudio de caso basado en análisis de sentencias judiciales», *op. cit.*; SIMÓ SOLER, E., *Estereotipos de género en procesos por violencia sexual. op. cit.*
41. En el presente apartado se reproduce parcialmente la publicación: DE LAMO VELADO, I., «De la denuncia a la sentencia. La atrición en los delitos de violación en España desde la perspectiva del Derecho Procesal», *Revista de Estudios Jurídicos y Criminológicos*, N.º 10, 2024, pp. 265-308.
42. LORENZO, M., *Cuando violar era un arte y no una atrocidad*, Centro Virtual Cervantes © Instituto Cervantes, 2006, p. 1.

3. tr. Profanar un lugar sagrado, ejecutando en él ciertos actos determinados por el derecho canónico.

4. tr. Ajar o deslucir algo».

Figura 1. Evolución de los hechos conocidos por delito de violación y el resto de delitos sexuales durante el período analizado (2000-2019)

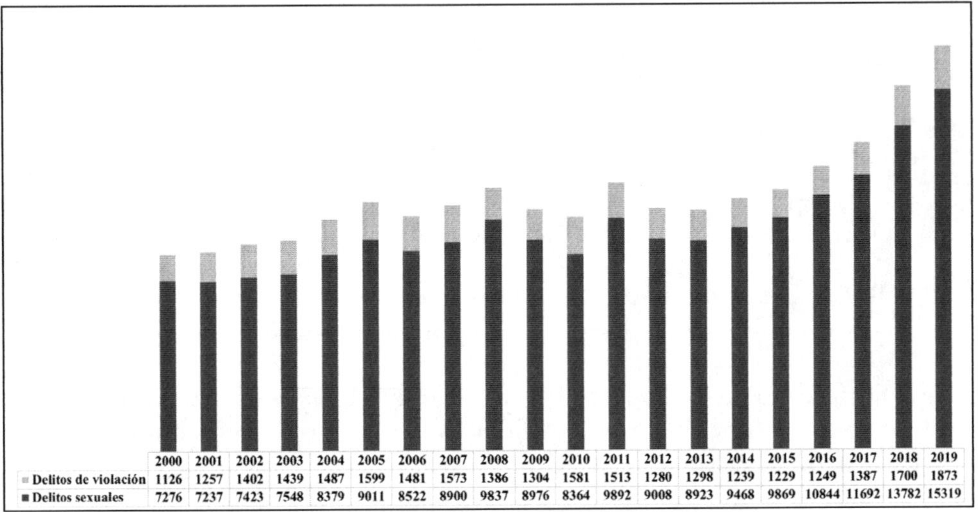

	2000	2001	2002	2003	2004	2005	2006	2007	2008	2009	2010	2011	2012	2013	2014	2015	2016	2017	2018	2019
Delitos de violación	1126	1257	1402	1439	1487	1599	1481	1573	1386	1304	1581	1513	1280	1298	1239	1229	1249	1387	1700	1873
Delitos sexuales	7276	7237	7423	7548	8379	9011	8522	8900	9837	8976	8364	9892	9008	8923	9468	9869	10844	11692	13782	15319

Fuente: Ministerio del Interior, Gobierno de España. Elaboración propia.

La denuncia de delitos de violación supone una reducida proporción respecto a todos los delitos sexuales denunciados en el período analizado, desde el año 2000 hasta el 2019. Este libro profundiza en el delito de violación porque es la forma de violencia sexual más visibilizada a nivel social, sobre la que se generan más estereotipos[43]. A diferencia de violencias consideradas

43. Se ha optado por emplear como material de estudio las sentencias sobre delitos de violación, tanto a personas mayores de la edad de consentimiento sexual como a menores de edad (artículos 179 y 183 CP), durante el periodo 2000-2019. Desde el año 2000 hasta 2019, los delitos que protegían la libertad e indemnidad sexual, estaban tipificados en el Título VIII, del libro II del Código Penal. Se regulaban bajo este Título los delitos de agresión sexual (artículo 178), incluyendo la violación (artículo179); los delitos de abuso sexual (artículo 181) —suprimidos mediante la Ley Orgánica 10/2022—; agresión sexual mayor de 16 años menor de 18 años (artículo 182); abusos y agresiones sexuales a menores de 16 años (artículo 183); comportamientos sexuales por menores de16 años sin contacto físico (artículo 183 bis); *child-grooming* (artículo183ter); acoso sexual (artículo 184); exhibicionismo y provocación sexual (artículo185-186); prostitución y explotación sexual (artículo 187); prostitución y corrupción de menores (artículo188); y pornografía infantil (artículo

de menor intensidad como el acoso sexual o los abusos leves, minimizadas a nivel social[44].

Los *mitos de la violación* son un ejemplo de la elevada visibilidad de la violación. Un concepto acuñado por Susan BROWNMILLER[45] y empleado para explicar los estereotipos sobre la violencia sexual. Pueden definirse como falsas creencias utilizadas para justificar la violencia sexual contra las mujeres[46].

La gravedad social de la violación se traslada al ámbito jurídico. Las penas que lleva aparejadas este delito son superiores en abstracto a cinco años de prisión (artículo 33 del Código Penal). Además, en concurso con delitos contra la vida, pueden dar lugar a la aplicación de la prisión permanente revisable (artículo 140.1.2.° del Código Penal). Como en la causa judicial conocida como el caso de *Diana Quer*, cuyo violador y asesino fue condenado a esta pena.

Otro motivo para profundizar en este tema se encuentra en el gran esfuerzo probatorio que los delitos de violación exigen. Como otros delitos de violencia de género, los delitos de violación suelen cometerse en la intimidad. La principal prueba de cargo es la declaración de la víctima.

La prueba testifical fue el eje de la actividad probatoria en los procesos penales hasta pasado el siglo XIX. Desde el siglo XX, la evolución de la ciencia forense ha implicado que las pruebas científicas adquieran gran protagonismo

---

189). En el momento de la aprobación del Código Penal en 1995 y hasta el año 2022, los delitos de agresión sexual se definían como un atentado contra la libertad sexual de una persona en los que, además, se utilizaba violencia o intimidación En definitiva, el delito de agresión sexual se conceptualizaba en función de los medios comisivos. Únicamente si el agresor empleaba violencia o intimidación contra la víctima, la conducta era constitutiva de un delito de agresión sexual. Los hechos eran constitutivos de una violación (artículo 179) solo si el agresor actuaba utilizando violencia o intimidando a la víctima y además la penetraba, por vía bucal, vaginal o anal. Asimismo, se analizan los delitos de agresión sexual con penetración a menores de 16 años, la edad de consentimiento sexual que fija la normativa. Un delito que tipifica la misma conducta y se introdujo en la reforma del Código Penal a través de Ley Orgánica 5/2010, de 22 de junio.

44. Como indican AGIRREGOMEZKORTA IBARLUZEA, R. B.; GARCÍA BERROCAL, M. L.; PINEDA LORENZO, M. y TARDÓN RECIO, B., *Las Violencias Sexuales en el Estado Español: marco conceptual y su abordaje en Andalucía, Madrid y Catalunya*, *op. cit.* Ahora bien, cabe matizar que la presencia de estereotipos en este tipo de violencias es igual o incluso superior, dado que su práctica resulta mucho más habitual. Sin embargo la violencia sexual de mayor intensidad es más visibilizada.

45. BROWNMILLER, S., *Against Our Will: Men, Women, and Rape*, Fawcett, 1975.

46. LONSWAY, K. A., y FITZGERALD, L. F., «Rape myths: In review», Psychology of Women Quarterly, 68, 1994, pp. 133-164.

en la actividad probatoria[47]. Sin embargo, en los delitos sexuales se ha evidenciado la falta de recogida de pruebas de ADN si la víctima no manifiesta su intención de interponer denuncia en la primera atención médica. En tales casos, no sería posible disponer de tal prueba pericial si la víctima decidiese denunciar los hechos *a posteriori*. Además, las pruebas científicas pueden acreditar hechos que no prueban la agresión por sí solos. Por ejemplo, si solo demuestran la existencia de un contacto sexual.

El interés de analizar estos delitos desde el Derecho Procesal se debe también a que la valoración de la prueba recae en órganos jurisdiccionales colegiados y, por consiguiente, exige discusión y acuerdo por los y las Magistradas que componen el tribunal (artículos 149 y ss. de la Ley de Enjuiciamiento Criminal). La valoración de la prueba realizada por los órganos colegiados supera la valoración subjetiva —los miembros del tribunal deben discutir la sentencia— y puede dar lugar a la obtención de unos parámetros de valoración de la prueba más objetivables[48].

Las numerosas modificaciones del Código Penal son una de las principales dificultades en España para el seguimiento de la tendencia de las conductas criminales[49]. Esta confusa y profusa técnica legislativa hace necesario analizar la tipificación de los delitos sexuales durante este período, aunque no sea el objeto de esta investigación.

Hasta la reforma producida por la Ley Orgánica 3/1989, de 21 de junio, de actualización del Código Penal, el bien jurídico protegido por los delitos sexuales era la honestidad femenina. La violación dentro de las relaciones matrimoniales estaba exenta de responsabilidad penal. El delito de violación

47. ALCOCEBA GIL, J. M., *El Análisis Genético Forense en el Proceso Penal Español*, Tirant Lo Blanch, Valencia, 2018.

48. En primera instancia, la competencia para enjuiciar los delitos analizados recae sobre las distintas Audiencias Provinciales y en apelación sobre las Salas de los Penal y Civil de los Tribunales Superiores de Justicia, tras la efectividad de la reforma operada por la Ley 41/2015, de 5 de octubre, de modificación de la Ley de Enjuiciamiento Criminal para la agilización de la justicia penal y el fortalecimiento de las garantías procesales.
Se pretende analizar las sentencias dictadas por el Tribunal Supremo, aunque no es competente para valorar la prueba, dado que realiza una labor de revisión de la valoración de la prueba efectuada en primera o única instancia y en apelación cuando se interpone recurso de casación por infracción de ley, alegando error en la apreciación de la prueba (artículo 849.2.° de la Ley de Enjuiciamiento Criminal) o cuando se interpone por infracción de precepto constitucional, de forma específica por infracción del derecho a la presunción de inocencia (artículo 24 CE).

49. BARBERET, R., «Spain», *European Journal of Criminology*, vol. 2, núm. 3, 2005, pp. 341-368.

admitía una modalidad de violación violenta y otro tipo basado en la vulnerabilidad de la víctima. En 1989 se modificó el bien jurídico que protegía el delito de violación. En vez de la honestidad, se identificó la libertad sexual como derecho a proteger por los delitos sexuales. En el tenor literal de la ley se abandonó el concepto patriarcal de la sexualidad de las mujeres como una extensión de la propiedad de su padre, hermano o esposo. La violencia sexual pasó a concebirse desde una perspectiva liberal, como un ataque contra la libertad sexual de cada persona.

En esta nueva redacción el tipo básico era el de abusos deshonestos. «Cualquier otra agresión sexual no contemplada en el artículo anterior, realizada con la concurrencia de alguna de las circunstancias en el mismo expresada» (Redacción del artículo 430 de la Ley Orgánica 3/1989, de 21 de junio, de actualización del Código Penal). Persistió el concepto de violación como acto violento o como una agresión cometida contra personas vulnerables. La acción típica se definió por la concurrencia de violencia o intimidación o si la persona fuera menor de doce años o se hallara privada de sentido en situación de enajenación.

> «Comete violación el que tuviere acceso carnal con otra persona, sea por vía vaginal, anal o bucal, en cualquiera de los casos siguientes:
>
> 1. Cuando se usare fuerza o intimidación.
>
> 2. Cuando la persona se hallare privada de sentido o cuando se abusare de su enajenación.
>
> 3. Cuando fuere menor de doce años cumplidos, aunque no concurriere ninguna de las circunstancias expresadas en los dos números anteriores». (Redacción del artículo 429 de la Ley Orgánica 3/1989, de 21 de junio, de actualización del Código Penal).

Otro aspecto novedoso que introdujo la Ley Orgánica 3/1989 fue la eliminación de la eximente del perdón de la ofendida. «En estos delitos el perdón del ofendido o del representante legal o guardador de hecho no extingue la acción penal ni la responsabilidad de esa clase» (Redacción del artículo 443 de la Ley Orgánica 3/1989, de 21 de junio, de actualización del Código Penal).

El Código Penal de 1995, aprobado por la Ley Orgánica 10/1995, de 23 de noviembre —y las posteriores reformas—, ha heredado esta visión liberal. El bien tutelado es la libertad sexual. En la primera redacción del Código Penal de 1995 se tipificaron los delitos de agresión sexual y de abusos sexuales en función de los medios comisivos. Se consideraba una agresión sexual si se llevaba a cabo a través de intimidación o violencia. En estos casos se entendía que no existía consentimiento. «El que atentare contra la libertad sexual de otra persona, con violencia o intimidación, será castigado como culpable de agresión sexual con la pena de prisión de uno a cuatro años» (artículo 178 del texto original de la Ley Orgánica 10/1995, de 23 de noviembre, del Código Penal).

El tipo básico era el abuso sexual, se definía como abuso cualquier acto que atentara conta la libertad sexual sin mediar intimidación o violencia (artículos 181 y ss. Del Código Penal de 1995). En la tipificación del abuso sexual también se incluían supuestos donde concurría el consentimiento de la víctima, pero no se consideraba válido. Específicamente si se obtenía a través del abuso de poder (artículos 181.3); y si la víctima estaba inconsciente (artículos 181.3 181.2. 2.º). Además, la edad de consentimiento sexual se fijó en doce años. Por debajo de esta edad, el artículo 181.2. 1.º establecía un presunción *iure et de iure*, es decir, que no admitía prueba en contra. Todo contacto sexual con una persona menor a los doce años era considerado un abuso sexual.

> «Artículo 181.
>
> 1. El que, sin violencia o intimidación y sin que medie consentimiento, realizare actos que atenten contra la libertad sexual de otra persona, será castigado como culpable de abuso sexual con la pena de multa de doce a veinticuatro meses.
>
> 2. En todo caso, se consideran abusos sexuales no consentidos los que se ejecuten:
>
> 1.º Sobre menores de doce años.
>
> 2.º Sobre personas que se hallen privadas de sentido o abusando de su trastorno mental.
>
> En estos casos, se impondrá la pena de prisión de seis meses a dos años.
>
> 3. Cuando el consentimiento se obtenga prevaliéndose el culpable de una situación de superioridad manifiesta que coarte la libertad de la víctima se impondrá la pena de multa de seis a doce meses». (Artículo 181 del texto original de la Ley Orgánica 10/1995, de 23 de noviembre, del Código Penal).

En cada modalidad delictiva podía existir acceso carnal: agresión sexual con acceso carnal (artículo 179) y abuso sexual con penetración (artículo 182). Esta circunstancia llevaba aparejada el incremento de penas en cada delito. Los delitos de abuso y agresión sexual castigaban diferentes conductas contra víctimas mayores y menores de la edad de consentimiento sexual (doce años). En cualquier caso se consideraba como abuso sexual el contacto sexual mantenido con alguien menor doce años, aunque hubiera consentido. Además, el artículo 183 castigaba de forma específica el abuso sexual, con o sin acceso carnal, contra personas entre los doce y dieciséis años.

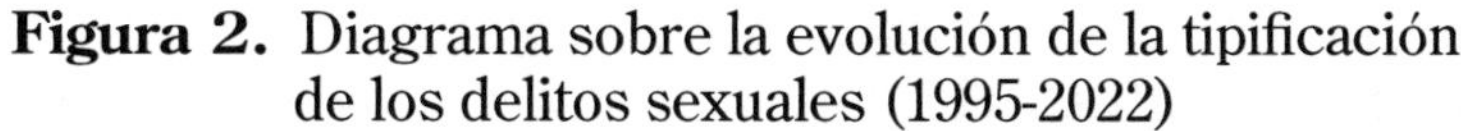

Figura 2. Diagrama sobre la evolución de la tipificación de los delitos sexuales (1995-2022)

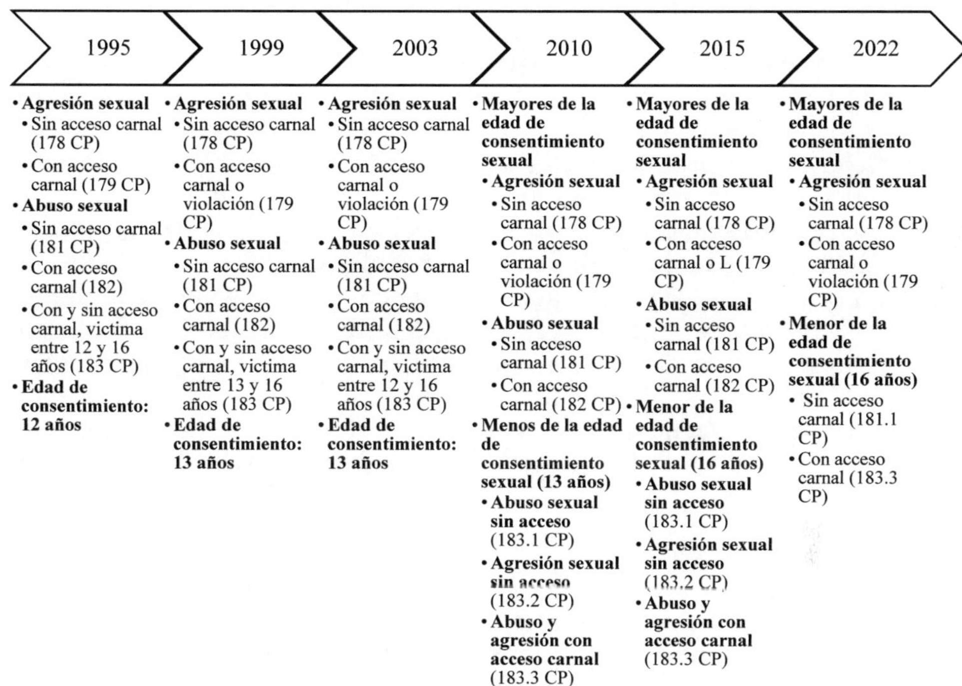

Fuente: Elaboración propia.

Los delitos sexuales se han reformado en varias ocasiones desde 1995[50]. El artículo 2 de la Ley Orgánica 11/1999, de 30 de abril, mantiene la tipificación de los delitos de agresión y abuso sexual, pero introduce un cambio en la edad de consentimiento sexual, la eleva a trece años. La Ley Orgánica 15/2003, de 25 de noviembre, introduce de nuevo el término de *violación* como sinónimo de *agresión sexual con acceso carnal* en el artículo 179.

La Ley Orgánica 5/2010, de 22 de junio modificó el artículo 181, que pasa a castigar como abuso sexual los casos de sumisión química (artículo 181.

50. En orden cronológico, se citan las leyes que han modificado el Código Penal de 1995: Ley Orgánica 14/1999, de 9 de junio, de modificación del Código Penal de 1995, en materia de protección a las víctimas de malos tratos y de la Ley de Enjuiciamiento Criminal; Ley Orgánica 20/2003, de 23 de diciembre, de modificación de la Ley Orgánica del Poder Judicial y del Código Penal; Ley Orgánica 5/2010, de 22 de junio, por la que se modifica la Ley Orgánica 10/1995, de 23 de noviembre, del Código Penal y Ley Orgánica 1/2015, de 30 de marzo, por la que se modifica la Ley Orgánica 10/1995, de 23 de noviembre, del Código Penal; y la Ley Orgánica 10/2022, de 6 de septiembre, de garantía integral de la libertad sexual.

2) y regula también el abuso sexual con acceso carnal (artículo 181. 4). El artículo 182 también es modificado y tipifica el castigo del abuso sexual, con o sin acceso carnal, contra personas entre los trece y dieciséis años.

La reforma del Código Penal operada en 2010 regula de forma específica por primera vez, los abusos y agresiones sexuales a menores de la edad de consentimiento sexual. Introduce el *Capítulo II bis. De los abusos y agresiones sexuales a menores de trece años*, formado por el artículo 183 y el 183 bis. Este último artículo introduce el delito de *grooming*. La reforma de 2010 implica que las agresiones y los abusos sexuales —con y sin acceso carnal en cada figura delictiva— se tipifican en distintos artículos en función de la edad de la víctima. El artículo 183 regula de forma específica el abuso (artículo 183.1) y la agresión sexual (artículo 183.2), con y sin acceso carnal (183.3) cometidos contra menores de la edad de consentimiento sexual. Contra personas mayores de trece años, el artículo 178 castiga la agresión sexual cometida sin acceso carnal, el artículo 179 castiga la violación o agresión sexual con acceso carnal y el artículo 182 regula el abuso sexual sin acceso carnal y con acceso carnal.

En 2015, se eleva la edad de consentimiento sexual de trece a dieciséis años y se prevé en el artículo 183 quater una eximente de la responsabilidad penal. El consentimiento libre del menor excluye la responsabilidad penal si el autor es una persona próxima al menor por edad y grado de desarrollo o madurez. Además, la modificación operada por la Ley Orgánica 1/2015, de 30 de marzo, introduce en al artículo 183 bis un nuevo delito relativo a la corrupción de menores y regula en el artículo 183 ter las conductas de *grooming*.

La modificación penal de los delitos sexuales operada por la Ley Orgánica 10/2022, de 6 de septiembre, de garantía integral de la libertad sexual, elimina el tipo del abuso sexual. Toda conducta sexual sin consentimiento se tipifica como agresión sexual, regulada en el artículo 178 cuando no implica penetración, y en el artículo 179 si se realiza con acceso carnal. El artículo 181 tipifica la agresión sexual cometida a la menores de la edad de consentimiento sexual, con y sin acceso carnal, que se mantiene en dieciséis años. También se mantiene la eximente.

3. LA VALORACIÓN DE LA PRUEBA EN EL PROCESO PENAL

Este ensayo se sumerge en la valoración de la prueba. Aborda el contenido de las *máximas de experiencia*, las *reglas de la lógica* y la *íntima convicción* de los tribunales sobre los delitos de violación. A lo largo de la historia, la investigación sobre el razonamiento judicial se ha concentrado en la interpretación de las normas. En pocas ocasiones se ha abordado la valoración de la prueba[51].

Michele TARUFFO señala que este vacío surge porque la Teoría del Derecho asume que la verdad se incorpora automáticamente al proceso mediante la práctica de la prueba[52]. Esta visión acepta que la determinación de los hechos es fruto de varios silogismos y otras operaciones mentales del juez. Asunción heredera del positivismo, la cultura jurídica que la Ilustración implantó en diferentes países europeos, como España. Esta cultura contribuyó a la construcción del Derecho como una ciencia formal, como las matemáticas o la lógica[53].

El positivismo comenzó su decadencia a mediados del siglo XIX[54]. Gracias a nuevas corrientes antiformalistas, como la jurisprudencia de intereses en Alemania, con autores como Rudolf VON IHERING, el sociologismo de León DUGUIT, o el pensamiento de François GÉNY en Francia. Las críticas se centraron en la elaboración de las normas y su interpretación por los tribunales. Tampoco prestaron atención a la valoración de la prueba.

En el ordenamiento jurídico español, el artículo 714 de la Ley de Enjuiciamiento Criminal establece que los tribunales deben apreciar la prueba conforme al principio de libre valoración en los procesos penales. La presunción de inocencia (artículo 24.2. CE) también condiciona la valoración de la prueba.

La presunción de inocencia posee dos facetas, regla de tratamiento y regla de valoración de la prueba. El justiciable debe ser tratado como si fuera inocente. Un ejemplo de este tratamiento se encuentra en el cuidado escrupuloso con el que la legislación española regula su denominación en las diferentes fases del proceso. Detenido e investigado en la fase de sumario o instrucción. Acusado en la fase de enjuiciamiento. Solo en caso de recaer sentencia condenatoria, condenado; y, finalmente, una vez firme la sentencia condenatoria, penado. La presunción de inocencia además constituye una regla de valoración de la prueba. Si el tribunal posee una duda razonable de la culpabilidad del acusado, debe absolver.

La combinación del principio de libre valoración junto con la presunción de inocencia configura una concepción *probabilística* de la valoración de la

51. ANDRÉS IBÁÑEZ, P., «Acerca de la motivación de los hechos en la sentencia penal», *Doxa*, 12, 1992, pp. 257-299; GASCÓN ABELLÁN, M., *Los hechos en el Derecho. Bases argumentales de la prueba*, Marcial Pons, Ediciones Jurídicas y Sociales, Madrid, 2010.

52. TARUFFO, M,. *La prueba*. Marcial Pons, Ediciones Jurídicas y Sociales, 2008.

53. GASCÓN ABELLÁN, M., *Los hechos en el Derecho. Bases argumentales de la prueba*, *op. cit.*

54. GASCÓN ABELLÁN, M., *Los hechos en el Derecho. Bases argumentales de la prueba*, *op. cit.*

prueba. Las pruebas a favor y en contra de la inocencia del acusado se *pesan* de forma asimétrica. No se trata de comprobar quién es más creíble —la víctima o el agresor—, sino de que no exista *duda razonable* de la culpabilidad del acusado. Francesco CARNELUTTI señalaba que absolver a un acusado culpable constituye un mal menor ante la condena de un inocente, siendo la primera opción por la que se decantan los ordenamientos jurídicos a través de la presunción de inocencia[55].

Luis FERRAJOLI reprocha que no se elaborase ninguna pauta epistemológica sobre cómo los tribunales debían determinar los hechos ni por el positivismo ni por sus primeras críticas antiformalistas[56]. Efectivamente, los criterios de la presunción de inocencia y la libre valoración de la prueba estaban *huecos* a esos efectos. Situación que condujo al diseño de la valoración de la prueba como una cuestión *mística*[57]. No se especificaba criterio alguno para valorar los diferentes medios de prueba. Solo se aludía a las *máximas de experiencia* y las *reglas de la lógica*. De forma similar ocurre en otros ordenamientos jurídicos, como el alemán, donde es posible encontrar la *freie beweiswürdigung*. O la *intime conviction* en el sistema legal inglés.

Los criterios empleados para valorar la prueba no han sido analizados por la literatura científica hasta bien entrado el siglo XX. Hasta entonces no se cuestiona que los tribunales conocen de forma racional y objetiva los hechos a los que aplican las normas. La primera crítica se inscribe en la corriente de pensamiento del realismo jurídico. Específicamente, en la obra de Jerome FRANK y su teoría del *escepticismo ante los hechos*[58]. FRANK cuestiona frontalmente el paradigma positivista. Denuncia que la valoración de la prueba no es neutral, ni mucho menos automática. Depende de factores jurídicos y también extrajurídicos. Pueden influir en la valoración de la prueba, factores como la honestidad de los jueces o sus propias emociones. Su aportación es innovadora. FRANK refuta el paradigma formalista y propone que la Teoría del Derecho debe ampliar su objeto de estudio a los hechos. No solo abordar la elaboración, aplicación e interpretación de las normas.

Este autor parte de una perspectiva liberal y no apela a factores estructurales que puedan influir las decisiones de los tribunales[59]. Sin embargo,

55. CARNELUTTI, F., *Cómo nace el derecho*, Ediciones Jurídicas Europa-América, 1959.
56. FERRAJOLI, L. *Derecho y razón. Teoría del garantismo penal*, Trotta, 2018/1995.
57. ANDRÉS IBÁÑEZ, P., «Acerca de la motivación de los hechos en la sentencia penal», *op. cit.*
58. FRANK, J., *Law and the Modern Mind*. Transaction Publishers, 2009.
59. SOLAR, J. I., *El realismo jurídico de Jerome Frank. Normas, hechos y discrecionalidad en el proceso judicial*, Boletín Oficial del Estado (BOE), Madrid, 2005.

el pensamiento de Jerome FRANK fue abono perfecto para que surgieran corrientes antiformalistas en EE. UU, como los *Critical Legal Studies*, con autores como Duncan KENNEDY[60], o la *Feminist Jurisprudence*, traducida como *Jurisprudencia Feminista* o *Teoría Feminista del Derecho*, corriente en la que se encuentran Catharine MACKINNON[61] o Mari MATSUDA[62]. La Teoría Feminista del Derecho fijó la atención en la determinación de los hechos y denunció la influencia de factores estructurales en la valoración de la prueba.

Mari MATSUDA propuso analizar el Derecho desde una *bottom up perspective*. Es decir, desde la mirada de las personas a quienes se les aplica la legislación[63]. En este sentido, Catharine MACKINNON propuso la metodología de la *autoconciencia feminista* (*consciousness raising* en inglés). Estudiar el Derecho desde la experiencia de las mujeres, en vez de la perspectiva de quien elabora o aplica la legislación[64]. Estas propuestas desplazaban la atención directamente a la determinación de los hechos. Denunciaron que los tribunales no determinan los hechos de forma neutral. Pueden interferir estereotipos sociales, como los de género[65].

En el siglo XXI surge la *Teoría de la Injusticia Testimonial*. Desarrollada por Miranda FRIECKER[66] bajo una perspectiva filosófica a caballo entre la ética y la epistemología. La filósofa explica que «la injusticia testimonial se produce cuando los prejuicios llevan a un oyente a otorgar a las palabras de un hablante un grado de credibilidad disminuido»[67]. El concepto de injusticia testimonial señala que la determinación de los hechos por los tribunales puede estar sesgada por estereotipos que afectan directamente a la credibilidad de las víctimas.

La Teoría de la Injusticia Epistémica comprende que pueden ocurrir situaciones de injusticia testimonial incidentales. Pero admite que se deben, en su

60. KENNEDY, D., *The Rise and Fall of Classical Legal Thought*, Beards Books, 1998.
61. MACKINNON, C. A., *Toward a Feminist Theory of the State*, Harvard University Press, 1989.
62. MATSUDA, M. J., «Looking To The Bottom: Critical Legal Studies And Reparations», *Harvard Civil Rights-Civil Liberties Law Review*, 22, 1987.
63. MATSUDA, M. J., «Looking To The Bottom: Critical Legal Studies And Reparations», *op. cit.*
64. MACKINNON, C. A., *Toward a Feminist Theory of the State, op. cit.*
65. MACKINNON, C. A., *Toward a Feminist Theory of the State*, op. cit; SCALES, A., «Feminist Legal Method: Not So Scary», *UCLA Women's Law Journal*, 2(0), 1992; MATSUDA, M. J., «Looking To The Bottom: Critical Legal Studies And Reparations», *op. cit.*
66. FRICKER, M., *Injusticia epistémica*, Herder, 2017.
67. FRICKER, M., *Injusticia epistémica, op. cit.*, p. 5.

mayoría, a causas estructurales, como la misoginia o el racismo[68]. El efecto de la injusticia testimonial más grave es el silenciamiento de las víctimas[69]. La falta de credibilidad conlleva la ausencia de verbalización de sus experiencias, y que tampoco denuncien ante el temor de no ser creídas.

4. UN APUNTE SOBRE LA METODOLOGÍA

4.1. ANÁLISIS DE DATOS PRIMARIOS

Esta investigación consiste en el análisis cuantitativo de 448 sentencias, completado con un análisis de contenido de 50 resoluciones. La triangulación de metodologías presenta múltiples ventajas a pesar de algunos inconvenientes, como la necesidad de más recursos —más tiempo, más investigadores, etc.—[70]. No obstante, posibilitan generar un conocimiento más amplio y profundo del tema estudiado[71].

Para el análisis cuantitativo se ha diseñado un instrumento metodológico validado por operadores jurídicos. Las sentencias incluyen información cuantitativa, por ejemplo, el número de víctimas o acusados. Pero contienen fundamentalmente información cualitativa, como si el lenguaje de la víctima es convincente o si su relato es claro. Esta circunstancia conforma la necesidad de proceder a un análisis de contenido cualitativo de sentencias para completar y

68. HÄNEL, H., «#MeToo and testimonial injustice: An investigation of moral and conceptual knowledge», *Philosophy & Social Criticism*, 48(6), 2021, pp. 833-859; Jackson, 2018; MEDINA, J., «Injusticia epistémica y activismo epistémico en las protestas sociales feministas», *Revista Latinoamericana de Filosofía Política*, 2021, pp. 227-250; MEDINA, J., *The Epistemology of Resistance: Gender and Racial Oppression, Epistemic Injustice, and Resistant Imaginations*, Oxford University Press, 2013; REKERS, R., «Epistemic Transitional Justice: The Recognition of Testimonial Injustice in the Context of Reproductive Rights», *Redescriptions: Political Thought, Conceptual History and Feminist Theory*, 25(1), 2022, pp. 65-79.

69. MEDINA, J., *The Epistemology of Resistance: Gender and Racial Oppression, Epistemic Injustice, and Resistant Imaginations*, Oxford University Press, 2013; FRICKER, M., *Injusticia epistémica*, *op. cit.*

70. BRYMAN, A. E., «Triangulation», en M. S. LEWIS-BECK, *Encyclopedia of Social Science Research Methods*, Sage, London, 2004; MASSEY, A., «Methodological Triangulation, Or How To Get Lost Without Being Found Out», en ALEXANDER MASSEY y GEOFFREY WALFORD (eds.), *Explorations in Methodology, Studies in Educational Ethnography*, Stanford: Al Press, 1999, pp. 183-197.

71. BREITMAYER, B. J., AYRES, L., y KNAFL, K. A., «Triangulation in qualitative research: evaluation of completeness and confirmation purposes», *The Journal of Nursing Scholarship*, 25(3), 1993, pp. 237-243; MARRADI, A., ARCHENTI, N., y PIOVANI, J. I., *Metodología de Las Ciencias Sociales*, Emecé, Buenos Aires, 2007.

explicar los resultados obtenidos en el estudio cuantitativo. Antes de explicar en detalle la metodología, es necesario detenerse en la fuentes empleada, las sentencias.

La función más relevante que los juzgados y tribunales que forman el Poder Judicial poseen es dictar resoluciones[72]. El artículo 245 de la Ley Orgánica del Poder Judicial estable una lista exhaustiva de las resoluciones que pueden dictar: providencias, autos y sentencias. La resolución más compleja es la sentencia, decide sobre el asunto planteado en el proceso, en cualquiera de las instancias o de los recursos, con las excepciones que prevé la ley. Las sentencias, en tanto que documentos procesales confeccionados mediante lenguaje técnico, poseen numerosas expresiones técnicas y una estructura delimitada por la Ley Orgánica del Poder Judicial, que en su artículo 248.3 establece cuatro secciones: encabezamiento, antecedentes de hecho junto con los hechos probados, fundamentos de derecho y el fallo.

A diferencia de países anglosajones, en España las sentencias no son públicas en su integridad. El artículo 235 de la Ley Orgánica del Poder Judicial establece desde la reforma operada en 2021 que las resoluciones deben ser anonimizadas o disociadas. La Ley de Enjuiciamiento Criminal en su artículo 681 prohíbe la divulgación y publicación de información sobre las víctimas de delitos sexuales. En el mismo sentido, el artículo 21 de la Directiva 2012/29/UE y los artículo 19 y 22 del Estatuto de la víctima determinan el derecho de la víctima a la protección de su intimidad, no obstante, su entrada en vigor fue en 2015.

> «España, al igual que otros países europeos (con la excepción del Reino Unido), reconoce de forma mucho más amplia los derechos a la privacidad, la dignidad y el honor que protegen al individuo de la posible divulgación de sus antecedentes penales, tanto por órganos gubernamentales como por particulares. La Constitución española (art. 120) y el Tribunal Constitucional reconocen el derecho a un juicio público, pero no derivan de ello el acceso a las sentencias ni la publicidad integra de todas las sentencias (...) Incluso las sentencias publicadas de los tribunales protegen la privacidad del acusado encubriendo su nombre real, y cambiándolo por otro ficticio. La legislación española reconoce la rehabilitación como un fin de la pena, lo cual confirma aún más la voluntad de mantener la confidencialidad de los antecedentes penales»[73].

72. CORTÉS DOMÍNGUEZ, V. y MORENO CATENA, V,. *Introducción al Derecho Procesal.* Tirant Lo Blanch, 2015.

73. JACOBS, J. B., y LARRAURI, E., «¿Son las sentencias públicas? ¿Son los antecedentes penales privados? Una comparación de la cultura jurídica de Estados Unidos y España», *InDret,* 4, 2010, p. 7.

Las sentencias españolas no contienen los nombres de las partes que permitan su identificación. En diversas investigaciones recientes sobre sentencias que enjuician delitos sexuales se ha señalado asimismo que las sentencias contienen reducida información sociodemográfica sobre las partes[74]. Sin embargo, a pesar de sus limitaciones, las sentencias aportan información relevante sobre los valores de una sociedad. Tal y como se señala en la publicación *La Mujer ante la Administración de Justicia. El caso del parricidio*, una investigación pionera en España sobre la presencia de estereotipos de género en los tribunales españoles[75].

> «La sentencia no es producto del silogismo caso-norma-dictamen, sino de un proceso humano en el que se plasman y refuerzan los "depósitos de juicio de valor sobre el comportamiento" y los "esquemas culturales vigentes en una sociedad". En la medida en que un conjunto de valores sea discriminatorio con respecto a un grupo social la discriminación en aparecerá en el derecho ya sea la norma escrita ya sea en la aplicación»[76].

a) Análisis cuantitativo de sentencias

Se diseñó un instrumento metodológico específico (véase anexos)[77]. Consta de 130 variables agrupadas en 6 grupos, que fueron sometidos a una validación de contenido a través de la técnica de jueces/zas expertas[78].

---

74. ÁLVAREZ, N., *Los mitos sobre la violación: un estudio de sentencias de la Audiencia provincial de Barcelona, op. cit.*; BARCONS CAMPMAJÓ, M.; BODELÓN, E.; MARTÍNEZ, M. J.; MURILLO, E.; PISONERO, A., y TOLEDO VÁSQUEZ, P., *Las violencias sexuales en el estado español: marco jurídico y análisis jurisprudencial, op. cit.*; CAZORLA GONZÁLEZ, C., «Aproximación al perfil criminológico de las agresiones sexuales en grupo: un análisis a partir de su casuística jurisprudencial», *op. cit.*; RUBIO-MARTÍN, M. J., BLANCO MORENO, F., y BALLESTEROS DONCEL, E., «¿Qué queda del mito de la violación real? Un estudio de caso basado en análisis de sentencias judiciales», *op. cit.*
75. FERNÁNDEZ VILLANUEVA, C., FERNÁNDEZ CANTERO, A. I. y ORTS POVEDA, P., *La Mujer ante la Administración de Justicia. El caso del parricidio*, Instituto de la Mujer, Madrid, 1988.
76. FERNÁNDEZ VILLANUEVA, C., FERNÁNDEZ CANTERO, A. I. y ORTS POVEDA, P., *La Mujer ante la Administración de Justicia. El caso del parricidio, op. cit.*, p. 7.
77. DE LAMO, I., *La valoración de la declaración de la víctima como prueba de cargo. Un análisis empírico sobre los procesos penales por delitos de violación (2000-2019)*. Tesis doctoral defendida en la Universidad Carlos III de Madrid, 2023.
78. ESCOBAR PÉREZ, J. y CUERVO MARTÍNEZ, Á., «Validez de contenido y juicio de expertos: una aproximación a su utilización», *Avances en Medición*, 6(1), 2008, pp. 27-36.

Tabla 1. Grupos de variables de la guía definitiva de análisis cuantitativo de sentencias

Nombre del grupo de variables	Número de variables	Objetivo
Grupo 1. Datos sobre la sentencia	7	Recopilación de datos que permitan identificar la sentencia, el tribunal que la dicta, el año y su ECLI
Grupo 2. Datos sociodemográficos sobre las partes procesales y los hechos	34	Identificación de datos sobre las partes relativos a su identidad, como su nacionalidad, sexo o edad
Grupo 3. Valoración de la prueba	30	Identificación de los factores más relevantes considerados por los tribunales para aportar credibilidad a la víctima
Grupo 4. Otros hechos excluyentes y hechos extintivos	5	Recopilación de información sobre la existencia de hechos excluyentes o extintivos, como los errores de tipo y prohibición y la prescripción
Grupo 5. Circunstancias modificativas de la responsabilidad penal	42	Identificación las circunstancias eximentes, atenuantes y agravantes de la responsabilidad penal
Grupo 6. Decisión judicial	11	Recopilación de la información sobre el sentido del fallo

Fuente: Elaboración propia.

El primer grupo de variables, *Datos de la sentencia,* está constituido por 7 variables. Su finalidad es recoger datos que permitan identificar la sentencia y al tribunal que la dicta. El segundo grupo, constituido por 34 ítems, tiene como propósito recabar los datos sociodemográficos de sobre la víctima y el acusado, y también sobre los hechos. El propósito del tercer grupo, *Valoración de la prueba,* es identificar diferentes discursos o formas de argumentar de los tribunales en la valoración de la prueba en los delitos sexuales. En los grupos segundo y tercero se pretende identificar si se encuentran mitos de la violación presentes en el razonamiento judicial.

Las variables del cuarto grupo, *Otros hechos excluyentes y hechos extintivos,* pretenden recabar información sobre la existencia de hechos excluyentes o extintivos, como los errores de tipo y prohibición y la prescripción. En el quinto grupo de variables *Circunstancias modificativas de la responsabilidad penal,* se pretende identificar las circunstancias modificativas de la responsabilidad penal, como una circunstancia eximente por anomalía psíquica. El objetivo de estos grupos es identificar los factores jurídicos y extrajurídicos que influyen en la valoración de la prueba, como la estrategia de la defensa. El último grupo, *Decisión Judicial,* está conformado por variables que tienen como propósito recabar información sobre el sentido del fallo.

Los datos depurados se introdujeron en el programa estadístico IBM SPSS (versión 26). Se crearon tres matrices de datos para para facilitar su análisis. En la primera matriz, la unidad de análisis fue la sentencia, cada registro era una sentencia a analizada (n=448). La segunda matriz se dedicó a las víctimas. Cada registro correspondía a una víctima (n=528). Se diseña también una matriz dedicada a los acusados, donde cada registro correspondía a un acusado (n=489).

En cada matriz se realizó un análisis descriptivo para detallar los rasgos de la muestra. Se emplearon frecuencias y porcentajes de la información recopilada. Se analizaron las variables de forma individual y además se cruzaron diversas variables para observar eventuales correlaciones y la evolución de la valoración de la credibilidad de las víctimas en el período analizado. Asimismo, se realizó la prueba de chi-cuadrado para comprobar si la correlación entre variables era significativa a nivel estadístico.

En el análisis cuantitativo se examinaron las variables de forma individual y además se cruzaron diversas variables para observar eventuales correlaciones. Con este objetivo se realizó la prueba de chi-cuadrado para comprobar si la correlación entre variables era significativa a nivel estadístico. Se evidenció una correlación estadísticamente significativa entre el sentido del fallo y nueve variables, con valores de chi-cuadrado menores a 0,050:

- El número de víctimas
- La relación previa entre las partes
- El comportamiento anterior y posterior a la violación de la víctima
- Los rasgos del testimonio de las víctimas analizados, como el lenguaje no verbal
- Las pruebas periciales médicas
- Las pruebas periciales sobre restos biológicos
- Las pruebas periciales indirectas
- Las declaraciones policiales
- La persistencia en la incriminación de la víctima

b) Análisis cualitativo de sentencias

El método cuantitativo permite observar la distribución de un fenómeno[79]. En el caso de esta investigación, los factores que poseen una correlación con

79. IBÁÑEZ, J., «Perspectivas de la investigación social: El diseño en la perspectiva estructural», en M. GARCÍA FERRANDO, J. IBÁÑEZ y F. ALVIRA, *El análisis de la realidad social: Métodos y técnicas de investigación*, Alianza Editorial, Madrid, 1986, pp. 31-65.

el fallo. Se planteó el análisis cualitativo de resoluciones para comprender las correlaciones halladas en el análisis cuantitativo de 448 sentencias y observar la articulación de las variables que se correlacionan con el fallo a nivel estructural. «Si el enfoque cuantitativo nos sitúa en la dimensión individual de la realidad social, el enfoque cualitativo nos coloca delante de la dimensión grupal de los procesos sociales»[80].

Las unidades de análisis en el estudio cualitativo se seleccionaron de forma intencional, según el criterio de la *saturación estructural*, también denominado *muestreo teórico*[81]. En la investigación cualitativa, la saturación estructural se refiere al momento en el que se alcanza una comprensión completa y profunda del tema estudiado. Alcanzar la saturación estructural, implica que, al recoger información, no se obtienen nuevos datos significativos que ayuden a comprender el fenómeno estudiado[82]. Sugiere que se ha llegado a una redundancia. La adquisición de más datos no aportaría información substancialmente diferente o relevante.

En la investigación cuantitativa, la fiabilidad se halla en la representatividad de la muestra. No obstante, en las metodologías cualitativas, la variabilidad de las unidades de estudio contribuye a la fiabilidad de la investigación. Si las unidades de estudio son variadas se favorece la heterogeneidad de discursos, que contribuye a lograr la saturación de la información.

> «La fiabilidad está basada en la variabilidad de discursos que se han de interpretar (una variabilidad garantizada porque la heterogeneidad de la muestra ha de ser suficientemente grande como para abarcar toda la diversidad de discursos posibles sobre el tema) y en la consecución de la saturación de la información»[83].

Se identificaron 50 sentencias como unidades de análisis. Se planteó tal cifra para asegurar alcanzar la saturación teórica, que permitió identificar unidades de análisis variadas en cuanto a diferentes dimensiones, año, sentido de fallo, órgano jurisdiccional que dicta la resolución y relación previa entre las partes.

---

80. ALONSO, L. E., *La mirada cualitativa en sociología*, Fundamentos, Madrid, 1998, p. 56.
81. PENALVA VERDÚ, C., ALAMINOS CHICA, A., FRANCÉS GARCÍA, F. J., y SANTACREU FERNÁNDEZ, Ó., *La investigación cualitativa: técnicas de investigación y análisis con Atlas.ti*, PYDLOS Ediciones, Cuenca, Ecuador, 2015.
82. VALLES, M. S., *Técnicas cualitativas de investigación social*, Síntesis, Madrid, 1997.
83. PENALVA VERDÚ, C., ALAMINOS CHICA, A., FRANCÉS GARCÍA, F. J., y SANTACREU FERNÁNDEZ, Ó., *La investigación cualitativa: técnicas de investigación y análisis con Atlas.ti*, *op. cit.*

- El año en el que fueron dictadas. Se perseguía identificar la evolución que había experimentado la noción de consentimiento para los tribunales españoles. Se seleccionaron diez sentencias por cada período de cuatro años, desde el año 2000 hasta el 2019.
- El sentido del fallo. El objetivo era identificar eventuales diferencias en el concepto de consentimiento en las sentencias condenatorias y en las absolutorias. La mitad de las sentencias fueron condenatorias y la mitad absolutorias.
- Órgano jurisdiccional que dicta la resolución. Se seleccionaron las sentencias de forma variada en función del tribunal que las dictara, con una mayor representación de sentencias del Tribunal Supremo.
- Relación previa entre las partes. Se procura que las sentencias fueran variadas en función de la relación que la víctima y el acusado poseen. Se seleccionaron en función de las categorías empleadas en el estudio cuantitativo, desconocidos, pareja, expareja, amistad, conocidos, familiar, laboral y prostitución. La relación previa constituye un criterio de selección dado que en el análisis cuantitativo previo se observó que la relación previa (con relación previa/sin relación previa) influía de forma significativa estadísticamente en la decisión judicial (condena/absolución), al poseer valor en chi cuadrado inferior al 0,050. Se perseguía indagar en la explicación de la correlación entre sentido del fallo y relación previa entre las partes.

La identificación de los temas emergentes combina tanto elementos deductivos como inductivos. Se basa en la bibliografía previa revisada, además, se identifican temas del estudio cuantitativo. Se descartan temas con información insuficiente[84]. Durante este proceso, se identificaron tres categorías de análisis. Sexualidad, que recoge menciones sobre la propia agresión o sobre la sexualidad de las partes. Víctima y acusado, categoría empleada para recoger características sobre las partes procesales; y credibilidad, bajo la que recogieron las menciones de los tribunales a los factores empleados para valorar la credibilidad de las víctimas, y dictar una sentencia absolutoria o condenatoria.

84. VARONA, G., «Un control social selectivo, una desvinculación moral selectiva: Repensar la justicia restaurativa con personas condenadas por delitos contra los ecosistemas y los animales», *Revista Española de Investigación Criminológica,* 21(2), 2023, pp. 1-18.

Tabla 2. Temas y categorías del análisis del discurso

Código	Descripción
Sexualidad	Menciones a la propia agresión. Menciones a la sexualidad de las partes.
Víctima y acusado	Menciones sobre las características sobre las partes procesales.
Credibilidad	Menciones de los tribunales a los factores empleados para valorar la credibilidad de las víctimas.

Fuente: Elaboración propia.

4.2. ANÁLISIS DE DATOS SECUNDARIOS

Los datos recabados por España sobre violencia sexual son escasos y limitados. A pesar de tales limitaciones, el análisis de estas fuentes permite evaluar la tendencia criminal de la violación. Se han analizado aquellas fuentes de ámbito nacional que se indican en la tabla 3. Se examinan los datos que se contienen en las Macroencuestas de Violencia contra la Mujer, el Anuario estadístico del Ministerio del Interior, el Informe sobre delitos contra la libertad sexual en España y la Memoria Anual de la Fiscalía General del Estado.

Con el objetivo de comparar las cifras consultadas sobre el delito de violación, también se recabó información sobre los delitos sexuales en general, delitos contra las personas (delitos contra la vida y delitos contra las integridad física) y sobre el conjunto de delitos tanto en el Anuario estadístico del Ministerio del Interior y la Memoria Anual de la Fiscalía General del Estado.

Tabla 3. Fuentes de información estadística oficial sobre violencia sexual en España analizadas

Documento	Tipo de fuente	Ámbito territorial	Frecuencia	Institución	Información analizada	Periodo consultado
Macroencuesta de Violencia contra la Mujer	Encuesta de victimización	Nacional	Cada cuatro años	Ministerio de Igualdad del Gobierno de España	Porcentaje de denuncia de la violencia contra las mujeres. Motivos para no denunciar.	Ediciones de 2011, 2015 y 2019
Encuesta de Victimización de Barcelona	Encuesta de victimización	Local	Anual	Ayuntamiento de Barcelona	Porcentaje de denuncia de los delitos.	2012-2021

sigue >>

Documento	Tipo de fuente	Ámbito territorial	Frecuencia	Institución	Información analizada	Periodo consultado
Anuario estadístico del Ministerio del Interior	Estadística de criminalidad	Nacional	Anual	Ministerio del Interior	Número de delitos de agresión sexual con penetración, delitos sexuales, delitos contra las personas y el conjunto de todos los delitos denunciados ante las Fuerzas y Cuerpos de Seguridad. Número de hechos esclarecidos relativos a delitos de violación, delitos sexuales, delitos contra las personas y el conjunto de todos los delitos denunciados ante las Fuerzas y Cuerpos de Seguridad.	1987-2021
Informe sobre delitos contra la libertad sexual enEspaña	Estadística de criminalidad	Nacional	Anual	Ministerio del Interior	Número de denuncias por abusos y agresiones sexuales con penetración.	2017-2022
Memoria Anual de la Fiscalía General del Estado	Estadística judicial	Nacional	Anual	Ministerio de Justicia	Número de sentencias dictadas por delitos de violación y delitos de agresión sexual de menores de 16 años con acceso carnal (violación), delitos sexuales, delitos contra las personas (delitos de lesiones y delitos de homicidio/asesinato) y el conjunto de todos los delitos denunciados ante las Fuerzas y Cuerpos de Seguridad.	2011-2021

Fuente: Elaboración propia.

Capítulo I

La víctima en el proceso penal

SUMARIO: 1. PERSPECTIVA TELEOLÓGICA DEL PROCESO PENAL. EVOLUCIÓN HISTÓRICA CONTINENTAL. 2. EL GIRO VICTIMOLÓGICO DEL PROCESO PENAL EN ESPAÑA. 3. LA VÍCTIMA COMO SUJETO DE DERECHOS Y FUENTE DE INFORMACIÓN EN EL PROCESO PENAL. *3.1. La protección de las víctimas en el proceso penal. 3.2. La declaración de la víctima como fuente de información.* a) Credibilidad subjetiva. b) Persistencia en la incriminación. c) Credibilidad objetiva.

1. PERSPECTIVA TELEOLÓGICA DEL PROCESO PENAL. EVOLUCIÓN HISTÓRICA CONTINENTAL

Los pueblos primitivos desarrollaron sus propias normas. Alfonso GARCÍA-GALLO los denomina *ordenamientos jurídicos no formulados*. «Aún sin haber sido expresado, todos coinciden en apreciar de la misma manera lo que es justo e injusto, lo que puede hacerse y lo que es ilícito»[1]. Surgen cuando los pueblos nómadas se asientan en un territorio. Luis JIMÉNEZ DE ASÚA[2] identifica dos tipos de penas en función de quienes quebrantasen las normas. Si el infractor era un miembro de la propia comunidad el castigo que se imponía era el destierro[3]. Si no pertenecía al grupo era castigado mediante la venganza de

1. GARCÍA-GALLO DE DIEGO, A., *Manual de historia del derecho español,* [s.n.], Madrid, 1979, p. 180.
2. JIMÉNEZ DE ASSUA, L., *Tratado de Derecho Penal, Tomo I,* Losada, Buenos Aires, 1964.
3. El destierro frente a la venganza de sangre puede parecer un castigo leve. Sin embargo, puede ser un destino terrible para los miembros de una comunidad cuya identidad es puramente relacional. No existen como individuos que forman parte de una comunidad, sino que su identidad se construye únicamente en base a la pertenencia al grupo. Almudena

sangre. Toda la comunidad participaba y su magnitud era desproporcionada en comparación con el daño que la originaba.

En las primeras civilizaciones, las consecuencias de incumplir las reglas fueron restringidas mediante normas como la Ley del Talión, el Código de Hammurabi, la Ley Mosaica o la Ley de las XII Tablas. A pesar de la gravedad de las sanciones que imponían, estos códigos limitaron la respuesta social al incumplimiento de las reglas de la comunidad. Una respuesta proporcional al mal causado, una *venganza limitada*[4]. La Ley de las XII Tablas castigaban las afrentas públicas, como la traición, con la pena del Talión, que imponía un daño igual a infligido. Castigaba también afrentas privadas, a las que correspondían la pena del Talión o penas pecuniarias. Tanto en los pueblos primitivos como en las primeras civilizaciones se encuentra un atisbo de la noción de Justicia. Sin embargo, como Silvia BARONA [5] explica, no existe un proceso penal en este momento histórico aunque normas como la Ley del Talión o el Código de Hammurabi prohibían determinadas conductas e imponían castigos. Las penas «no se canalizaban por un medio adecuado, específico y adaptado según se tratare de una afrenta privada (ofensas a las personas y a la propiedad) o pública (que ofenden a la colectividad)»[6].

El germen del proceso penal se encuentra en el Derecho Griego y Romano. En la Grecia ateniense la imposición y ejecución de los castigos deja de ser una tarea privada. La llegada de la democracia implica una transformación jurídica y se procura la participación ciudadana en la Justicia a través de tribunales populares[7]. El Derecho Griego diferenciaba entre las infracciones privadas y las públicas. Se seguía el mismo procedimiento para ambos, un proceso *acusatorio cuasi-puro*[8]. En los delitos privados correspondía a las personas ofendidas la posibilidad de reclamar. También podían desistir o llegar a un acuerdo con el infractor. En las afrentas públicas, sin embargo, se permitía

---

Hernando explica en su obra *La fantasía de la individualidad* que en la actualidad, algunos pueblos indígenas, destierran a sus miembros, que tras un tiempo vuelvan a su comunidad. Saben que serán asesinados, pero prefieren esta opción antes que vivir separados de la comunidad que da sentido a su identidad.

4. BARONA VILAR, S., «El consentimiento en el proceso penal: ¿un oxímoron?», *Revista Boliviana de Derecho*, 2021, pp. 208-235, 2021, p. 213.
5. BARONA VILAR, S., *Proceso penal desde la historia: desde su origen hasta la sociedad global del miedo*, Tirant Lo Blanch, Colección Teoría, 1.ª edición, Valencia, 2017.
6. BARONA VILAR, S., *Proceso penal desde la historia: desde su origen hasta la sociedad global del miedo*, *op. cit.*
7. MAIER, J. B., *Derecho procesal penal*, Ad-Hoc, Buenos Aires, 2016, Colección Criminologías.
8. BARONA VILAR, S., *Proceso penal desde la historia: desde su origen hasta la sociedad global del miedo*, *op. cit.*, p. 54.

además de la acusación particular, la acusación pública a través de unos magistrados denominados *Thesmotetas*[9].

El Derecho Romano conservó la diferencia entre las afrentas públicas y privadas. Los denominados *crimina* eran aquellas infracciones que afectaban a los intereses del Estado. En cambio, los *delita* vulneraban los derechos de la persona. El Derecho Romano da un paso más allá y procura un tratamiento procesal específico para cada tipo de infracción. El proceso penal público se reservaba para los *crimina*. Los *delicta* eran enjuiciados a través de un proceso penal privado, más cercano al proceso civil que al proceso penal público. Solo podía ejercer la acción quien era ofendido por el delito, regía el principio dispositivo y el juez tenía un rol cercano al de un árbitro[10].

Progresivamente el proceso penal privado se acercó al proceso penal público, pero en la Alta Edad Media tiene lugar un retroceso. Las infracciones penales vuelven a ser juzgadas a través del proceso civil, debido a las diferentes invasiones de los pueblos germánicos tras la caída del Imperio Romano. Bajo tal paradigma, la Justicia Penal poseía un carácter acusatorio y tenía como objetivo principal la reparación, se trataba de una Justicia Vindicatoria[11]. En el enjuiciamiento de las infracciones penales era habitual la satisfacción extraprocesal, la transacción y la negociación. BARONA[12] sostiene que este modelo era cercano a una mediación o conciliación más que a un proceso penal.

Esta visión cambia radicalmente en la Baja Edad Media, gracias a la influencia religiosa. El Derecho Canónico impacta en la configuración del proceso penal en diferentes regiones europeas. En el caso español, se desarrolla un proceso penal compuesto por elementos inquisitivos y acusatorios. El juez actúa de oficio en la mayoría de los delitos y surge la figura del procurador o promotor fiscal. Sin embargo el proceso penal español mantiene la figura del acusador particular. El ofendido por el delito conserva la facultad de iniciar un proceso penal[13].

9. BARONA VILAR, S., *Proceso penal desde la historia: desde su origen hasta la sociedad global del miedo, op. cit.*, p. 54.
10. BARONA VILAR, S., *Proceso penal desde la historia: desde su origen hasta la sociedad global del miedo, op. cit.*
11. TERRADAS SABORIT, I., *Justicia vindicatoria: de la ofensa e indefensión a la imprecación y el oráculo, la vindicta y el talión, la ordalía y el juramento, la composición y la reconciliación*, Consejo Superior de Investigaciones Científicas (CSIC), 2008.
12. BARONA VILAR, S., *Proceso penal desde la historia: desde su origen hasta la sociedad global del miedo, op. cit.*
13. BARONA VILAR, S., *Proceso penal desde la historia: desde su origen hasta la sociedad global del miedo, op. cit.*

La Justicia se conceptualiza como una cuestión pública[14]. La finalidad del proceso penal cambia. El proceso perseguía la paz social y la satisfacción de las partes tanto en la Antigüedad como en la Alta Edad Media. Esta nueva visión, en cambio, no persigue la solución del conflicto. La influencia canónica transforma el proceso penal en un instrumento para el control de la moral social.

El delincuente es el protagonista del proceso penal desde la Baja Edad Media hasta la Modernidad. El discurso humanista de la Ilustración se esforzó en reconocer derechos al acusado para curar los excesos del Antiguo Régimen. Los valores ilustrados configuraron el proceso penal como un instrumento de defensa de la ciudadanía frente al Estado[15]. Se configuró un proceso penal que perseguía alcanzar la verdad material sobre los hechos investigados, pero respetar las garantías procesales y derechos del acusado.

Las víctimas permanecieron en el olvido hasta mitad del siglo XX, cuando algunos criminólogos las consideraron para sus investigaciones. Sandra WALKLATE[16] señala que la victimología originaria poseía una concepción individualista de la víctima. Estaba interesada únicamente en su participación en la comisión del delito. En la década de los años ochenta del siglo XX, surge una nueva victimología que muestra una sensibilidad diferente hacia las víctimas. Plantea la compatibilidad entre el respeto a los derechos del justiciable y la consideración de las necesidades de las víctimas en el proceso penal.

Elena LARRAURI[17] señala los tres ámbitos principales que ha aportado la victimología «-Las encuestas de victimización (información acerca de las víctimas); la posición de la víctima en el proceso penal (los derechos de las víctimas) y; la atención asistencial y económica a la víctima (las necesidades de las víctimas)». Esta novedosa corriente teórica visibilizó a las víctimas como las gran olvidadas del proceso penal[18]. También surge la denominada Justicia Restaurativa, como alternativa al modelo tradicional de Justicia, que experimentó su auge en la década de los años ochenta del siglo XX en países

14. ORTS BERENGUER, E., y GONZÁLEZ CUSSAC, J. L., *Compendio de Derecho Penal: parte general*, Tirant lo Blanch, Valencia, 2016.
15. BARONA VILAR, S., «El consentimiento en el proceso penal: ¿un oxímoron?», *op. cit.*
16. WALKLATE, S., *Victimology: The Victim and the Criminal Justice Process*. Routledge Revivals, 2012.
17. LARRAURI, E., «Victimología: ¿Quiénes son las víctimas? ¿Cuáles sus derechos? ¿Cuáles sus necesidades?», *Jueces para la democracia*, 21-31, 1992.
18. BARONA VILAR, S., «Mirada restaurativa de la Justicia penal en España, una bocanada de aire en la sociedad global líquida del miedo y de la securitización», en H. SOLETO, *Justicia Restaurativa: Una justicia para las víctimas*, Tirant lo Blanch, Valencia, 2019.

anglosajones, impulsaron prácticas que fomentaban el diálogo entre el delincuente y la víctima[19].

2. EL GIRO VICTIMOLÓGICO DEL PROCESO PENAL EN ESPAÑA

Se ha producido un giro victimológico en el proceso penal español desde finales del siglo XX. La Ley 35/1995, de 11 de diciembre, de ayudas y asistencia a las víctimas de los delitos violentos y contra la libertad sexual introduce por primera vez la noción de *víctima* en el ordenamiento jurídico español. La Ley de Enjuiciamiento Criminal, promulgada en 1882, solo hacía referencia al *ofendido* por el delito, como el titular del bien jurídico protegido, y a los *perjudicados*, que no son titulares del bien jurídico vulnerado, pero sufren ciertas consecuencias negativas[20].

En los primeros años del siglo XXI, España dicta diferente legislación que regula los derechos de colectivos específicos de víctimas, como las víctimas menores de edad o las víctimas de violencia de género a través de la Ley Orgánica 1/2004, de 28 de diciembre, de Medidas de Protección Integral contra la Violencia de Género· O las víctimas de terrorismo mediante la Ley 29/2011, de 22 de septiembre, de Reconocimiento y Protección Integral a las Víctimas del Terrorismo.

La reforma del sistema legal español más relevante ha sido la operada por la Ley 4/2015, de 27 de abril, del Estatuto de la víctima del delito. Pretende establecer una protección integral de las víctimas de cualquier ilícito penal. El Estatuto culmina un giro victimológico comenzado a finales del siglo XX

---

19. BARONA VILAR, S., «Mirada restaurativa de la Justicia penal en España, una bocanada de aire en la sociedad global líquida del miedo y de la securitización», *op. cit.*; PILLADO GONZÁLEZ, E., «Capítulo II. La mediación como manifestación del principio de oportunidad en la Ley de Responsabilidad Penal de Menores», en Esther PILLADO (ed.), *Mediación con menores infractores en España y los países de su entorno*, 2012, pp. 53-88.

20. Antes de tales reformas, la legislación española concedía ciertas facultades a las personas perjudicadas y ofendidas por el delito, en comparación con otros países europeos de su entorno, como Italia o Alemania. Por ejemplo, habilitaba el ejercicio de la acción penal y civil en el proceso penal por la persona ofendida por el delito. En profundidad DE HOYOS SANCHO, M., *El ejercicio de la acción penal por las víctimas. Un estudio comparado*, Aranzadi, Pamplona, 2016; y FERNÁNDEZ FUSTES, M. D., *La intervención de la víctima en el proceso penal: (especial referencia a la acción civil)*, Tirant lo Blanch, Valencia, 2004; y DÍAZ CABIALE, J. A. y CUETO MORENO, C., «Víctimas, ofendidos y perjudicados: concepto tras la LO 8/21». *Revista electrónica de ciencia penal y criminología*, N.º 24, 2022, pp. 1-49.

en España. Se promulga con el objetivo de trasponer la Directiva 2012/29/UE del Parlamento Europeo y del Consejo, de 25 de octubre de 2012, por la que se establecen normas mínimas sobre los derechos, el apoyo y la protección de las víctimas de delitos, y por la que se sustituye la Decisión marco 2001/220/JAI del Consejo. La Unión Europea anteriormente había aprobado otras Directivas para armonizar la regulación sobre los derechos de las víctimas en sus Estados miembros[21]. No obstante, esta directiva implicó un cambio de paradigma y concedió reconocimiento a los intereses de las víctimas, que desde la literatura científica se revindicaban[22]. Intereses entre los que destacan la privacidad, ser informada, ser escuchada, poseer asistencia legal, etc.

El Estatuto de la víctima constituye un punto de inflexión por su vocación de «catálogo general de los derechos, procesales y extraprocesales, de todas las víctimas de delitos», según su propia exposición de motivos. Esta norma define la noción de *víctima* con carácter amplio y omnicomprensivo[23]. Distingue entre *víctima directa*, quien sufre el perjuicio, y *víctima indirecta*, la pareja de la víctima y sus familiares (artículo 2). El concepto de *víctima directa* recuerda al término de *ofendido por el delito* y la expresión de *víctima indirecta* a los anteriores *perjudicados por el delito*. Los derechos que prevé el Estatuto aparecen agrupados en tres bloques. Derechos básicos (artículos 4 a 10), derechos de participación en el proceso penal (artículos 11 a 18) y derechos de protección (artículos 19, 20 y 22).

Respecto a los derechos básicos, se prevén derechos extraprocesales. El derecho a entender y ser entendida (artículo 4) o el derecho a la información desde el primer contacto con las autoridades competentes (artículo 5). Asimismo, se reconocen derechos procesales de la víctima como denunciante

21. Cabe destacar la Directiva 2011/36/UE del Parlamento Europeo y del Consejo, de 5 de abril de 2011, relativa a la prevención y la lucha contra la trata de seres humanos y a la protección de las víctimas; la Directiva 2011/92/UE del Parlamento Europeo y del Consejo, de 13 de diciembre de 2011, relativa a la lucha contra los abusos sexuales y la explotación sexual de los menores y la pornografía infantil y por la que se sustituye la Decisión marco 2004/68/JAI del Consejo; y la Directiva 2011/99/UE del Parlamento Europeo y del Consejo, de 13 de diciembre de 2011, sobre la orden europea de protección. En profundidad FIODOROVA, A., *La víctima en el proceso. Perspectiva nacional y europea*, Aranzadi, Pamplona, 2023; y PLANCHADELL GARGALLO, A., «Ley Orgánica 8/2021, de 4 de junio, de protección integral a la infancia y la adolescencia frente a la violencia. Cuestiones penales y procesales», *Revista Aranzadi de Derecho y Proceso Penal*, 63, 2021b.

22. DALY, K., y IMMARIGEON, R., «The past, present, and future of restorative justice: Some critical reflections», *Contemporary Justice Review*, 1998.

23. FRANCÉS LECUMBERRI, P., «La justicia restaurativa y el art. 15 del Estatuto de la víctima del delito: ¿un modelo de justicia o un servicio para la víctima?», *e-Eguzkilore. Revista electrónica de Ciencias Criminológicas*, N.º 3, 2018, pp. 1-39.

(artículo 6). El derecho a recibir información sobre la causa penal (artículo 7), la facultad de disponer de un período de reflexión (artículo 8), el derecho a la traducción e interpretación (artículo 9), y el derecho de acceso a los servicios de asistencia y apoyo (artículo 10). En cuanto a los derechos de participación en el proceso, se prevé un catálogo que incluye derechos como la participación activa en el proceso penal (artículo 11), la comunicación y revisión del sobreseimiento de la investigación a instancia de la víctima (artículo 12); la participación de la víctima en la ejecución (artículo 13); el reembolso de gastos (artículo 14); servicios de Justicia Restaurativa (artículo 15); Justicia gratuita (artículo 16) y la devolución de bienes (artículo 18).

El artículo 103 de la Ley de Enjuiciamiento Criminal ya contemplaba la posibilidad de participar en el proceso penal a través del ejercicio a la acusación privada a las víctimas. Asimismo, la asistencia jurídica gratuita se encontraba garantizada a través de la Ley 1/1996, de 10 de enero, de asistencia jurídica gratuita. El Estatuto establece novedades sobre la participación de la víctima en el proceso, específicamente en la fase de ejecución (artículo 13) y la apuesta por la Justicia Restaurativa (artículo 15).

El tercer bloque contiene derechos de protección para las víctimas. Se reconoce de forma expresa su derecho a ser protegidas en el artículo 19 y se establecen medidas específicas relativas al proceso penal en el artículo 21. Asimismo, la norma reconoce el derecho a que se evite el contacto entre víctima e infractor (artículo 20) y el derecho a que se proteja su intimidad (artículo 22). El Estatuto de la víctima procura una especial protección en su artículo 26 a las víctimas menores de edad, a las víctimas que posean discapacidad o a aquellas víctimas de violencia sexual. Ofrece la posibilidad de preconstituir la prueba en la fase de investigación, como se establece en el artículo 26.1. Destaca también la figura del defensor judicial, instaurada por el artículo 26.2 del Estatuto de la víctima. Una figura de uso excepcional en supuestos graves[24].

Entre los aspecto positivos del Estatuto destaca el reconocimiento de la dignidad de las víctimas. Otorga, además, ciertos derechos a las víctimas que no participan en el proceso[25]. Dentro de los aspectos negativos, el Estatuto no

24. BOADO OLABARRIETA, M., «El defensor judicial en el proceso penal. Reflexiones sobre el artículo 26.2 del estatuto de la víctima del delito. La defensa de los menores víctimas del delito. Especial consideración a los supuestos de violencia de género y doméstica», *Revista Jurídica de Castilla y León*, 49, 2019.

25. GÓMEZ COLOMER, J. L., *Estatuto jurídico de la víctima del delito: la posición jurídica de la víctima del delito ante la Justicia Penal: un análisis basado en el Derecho Comparado y en la Ley 4/2015, de 27 de abril, del Estatuto de la Víctima del Delito en España*, Thomson Reuters Aranzadi, Pamplona, 2015.; LOUSADA AROCHENA, J. F., «Aproximación al esta-

procura una protección integral al centrarse solo en las víctimas de delitos. También se apunta la falta de claridad al no delimitar las normas que se aplican a las víctimas que forman parte del proceso y a aquellas que no participan en el proceso penal[26]. Se ha señalado que El Estatuto no resuelve de forma adecuada la compatibilidad entre los derechos de las víctimas —en particular, las víctimas vulnerables— y las garantías procesales. Por otra parte, el Estatuto menciona derechos que ya recogidos en otra normativa, como el derecho a participar en el proceso penal a través del ejercicio de la acusación privada. Las novedades incorporadas en sus artículos 13 y 15 han sido criticadas de forma específica.

El artículo 13 prevé la participación de la víctima en la fase de ejecución. Una novedad legislativa que diferencia a España del resto de países europeos en la trasposición de la Directiva 2012/29/UE[27]. El artículo 13 ofrece la posibilidad de participar a las víctimas en una fase del proceso, donde anteriormente la víctima tenía una intervención nula[28]. Además, puede participar en la fase de ejecución con independencia de haber ejercido la acción penal. Específicamente, el artículo 13 establece que las víctimas pueden participar

---

tuto de la víctima del delito desde la perspectiva de género», Aequalitas: *Revista Jurídica De Igualdad De Oportunidades Entre Mujeres y Hombres*, (40), 2017, pp. 12-26; MAGRO SERVET, V., «Novedades de la ley 4/2015, de 27 de abril, del estatuto de la víctima del delito y especial incidencia en la violencia de género», *Diario La Ley*, (8638), 2015.; NISTAL BURÓN, J., «Los derechos de la víctima del delito en el ámbito de la ejecución penal. El derecho a saber y el derecho a recurrir en los términos establecidos en el estatuto de la víctima (Ley 4/2015)», *Diario La Ley*, (8999), 2017.; PLASENCIA DOMÍNGUEZ, N., «Participación de la víctima en la ejecución de las penas privativas de libertad», *Diario La Ley*, (8683), 2016.

26. GÓMEZ COLOMER, J. L., *Estatuto jurídico de la víctima del delito: la posición jurídica de la víctima del delito ante la Justicia Penal: un análisis basado en el Derecho Comparado y en la Ley 4/2015, de 27 de abril, del Estatuto de la Víctima del Delito en España, op. cit.*

27. CASTILLEJO MANZANARES, R., «El estatuto de la víctima y las víctimas de violencia de género», *Diario La Ley*, (8884), 2016; LEGANÉS GÓMEZ, S., «La víctima del delito en la ejecución penitenciaria», *Diario La Ley*, (8619), 2015; LOUSADA AROCHENA, J. F., «Aproximación al estatuto de la víctima del delito desde la perspectiva de género», *op. cit.*, MAGRO SERVET, V., «Novedades de la ley 4/2015, de 27 de abril, del estatuto de la víctima del delito y especial incidencia en la violencia de género», *op. cit.*; NISTAL BURÓN, J., «Los derechos de la víctima del delito en el ámbito de la ejecución penal. El "derecho a saber" y el "derecho a recurrir" en los términos establecidos en el estatuto de la víctima (Ley 4/2015)», *op. cit.*, 2017.; PLASENCIA DOMÍNGUEZ, N., «Participación de la víctima en la ejecución de las penas privativas de libertad», *op. cit.*; PLASENCIA DOMÍNGUEZ, N., «Violencia de género y ejecución penal», *Diario La Ley*, (9429), 2019.

28. PLANCHADELL GARGALLO, A., «La mediación penal: análisis y perspectivas tras la reforma del Código Penal y la aprobación del Estatuto de la víctima del delito», *Revista Aranzadi de Derecho y Proceso Penal*, 61, 2021.

en la ejecución de penas, especialmente en decisiones sobre la clasificación en tercer grado, beneficios penitenciarios y libertad condicional del penado, siempre que hayan sido víctimas de delitos graves como homicidio, violencia sexual, terrorismo, entre otros. Las víctimas tienen derecho a ser notificadas y recurrir estas decisiones, y pueden proponer medidas de protección o aportar información relevante para garantizar su seguridad. Además, se debe escuchar a la víctima antes de tomar decisiones que afecten la ejecución de la pena.

Tal precepto es criticado por considerarse excesivo, punitivista e incompatible con la finalidad resocializadora de la pena, prevista en el artículo 25.2 de la Constitución Española[29]No obstante, otros autores consideran que la participación de la víctima en la fase de ejecución contribuye a la finalidad resocializadora, al facilitar la comprensión del mal causado al condenado[30].

El artículo 15 del Estatuto introduce la Justicia Restaurativa como un servicio para las víctimas. Diferentes fórmulas de Justicia Restaurativa ya se implementan en España desde mediados de los años noventa del siglo XX[31]. Se ha criticado tal precepto por aludir simplemente al *acceso* a técnicas de Justicia Restaurativa[32] y ser un *tímido primer paso* hacia un cambio de paradigma[33].

---

29. CHOZAS ALONSO, J. M., «El nuevo Estatuto de la víctima del delito (RCL 2015, 607) y el derecho a la participación en la ejecución de las condenas», en O. FUENTES SORIANO (Dir.), *El proceso penal: Cuestiones fundamentales*, Tirant lo Blanch, Valencia, 2017.; GARCÍA DEL BLANCO, V., «Conflicto de intereses: La víctima en el proceso y en la ejecución penal», en A. GIL GIL y E. MACULAN (Dirs.), *La influencia de las víctimas en el tratamiento jurídico de la violencia colectiva*, Dykinson, Madrid, 2017; GÓMEZ COLOMER, J. L., *Estatuto jurídico de la víctima del delito: la posición jurídica de la víctima del delito ante la Justicia Penal: un análisis basado en el Derecho Comparado y en la Ley 4/2015, de 27 de abril, del Estatuto de la Víctima del Delito en España*, *op. cit.*; RENART GARCÍA, F., «Del olvido a la sacralización. La intervención de la víctima en la fase de ejecución de la pena (Análisis del art. 13 de la Ley 4/2015, de 27 de abril, del Estatuto de la víctima del delito, a la luz de la L.O. 1/2015, de 30 de marzo, de modificación del Código Penal)», *Revista Electrónica de Ciencia Penal y Criminología*, 2017, pp. 1-68; y VIDALES RODRÍGUEZ, C., «Víctima y ejecución penal». *ReCrim*, 12, 2014.
30. NISTAL BURÓN, J., «Los derechos de la víctima del delito en el ámbito de la ejecución penal. El derecho a saber y el derecho a recurrir en los términos establecidos en el estatuto de la víctima (Ley 4/2015)», *op. cit.*
31. PILLADO GONZÁLEZ, E., «La humanización de la justicia penal en España», *Revista Iberoamericana de Justicia Terapéutica*, 2, 2021, pp. 1-8.
32. SERRANO HOYO, G., «Los servicios de justicia restaurativa en el Estatuto de la víctima del delito», en M. JIMENO BULNES y J. PÉREZ GIL (Coords.), *Nuevos horizontes del derecho procesal: libro-homenaje al Prof. Ernesto Pedraz Penalva*, 2016, pp. 959-975.
33. VIDALES RODRÍGUEZ, C. y PLANCHADELL GARGALLO, A., «Protección procesal de las víctimas de trata: aproximación general». *Revista Aranzadi de Derecho y Proceso Penal*, 39, 2015, p. 1.

Paz FRANCÉS LECUMBERRI destaca que la Justicia Restaurativa se identifica en el Estatuto como un *servicio*[34]. Esta consideración reduce el modelo de Justicia alternativo a un mero servicio. Asimismo, Andrea PLANCHADELL señala que se trata de una referencia *vacía*. Es necesario el desarrollo legal de la mediación penal, como se ha realizado en el ámbito civil y mercantil[35].

Tras la publicación del Estatuto de la víctima, el Estado Español ha continuado promulgando normativa que incrementa la protección de colectivos de víctimas específicas. Por ejemplo, mediante la Ley Orgánica 8/2021, de 4 de junio, de protección integral a la infancia y la adolescencia frente a la violencia, que procura una protección específica para las personas menores de edad[36]. Es posible concluir que las víctimas han adquirido una posición protagonista en el proceso desde finales del siglo XX. Giro que ha culminado con la reforma de ordenamientos jurídicos, como el español, y el consiguiente reconocimiento de derechos procesales y extraprocesales a las víctimas.

3. LA VÍCTIMA COMO SUJETO DE DERECHOS Y FUENTE DE INFORMACIÓN EN EL PROCESO PENAL

La víctima posee una doble presencia en el proceso penal, fuente de información y sujeto de derechos. El giro victimológico que ha experimentado el proceso penal conlleva que la víctima disponga de diferentes derechos y medidas de protección. Además, la víctima es fuente de información. La declaración de la víctima suele ser la prueba principal de cargo en aquellos procesos por delitos cometidos en la intimidad, como la violación.

3.1. LA PROTECCIÓN DE LAS VÍCTIMAS EN EL PROCESO PENAL

La fase de instrucción posee como objetivos conocer los hechos delictivos e identificar a su autor, mediante la práctica de diferentes diligencias de investigación. Si la víctima ejerce la acusación particular puede tener conocimiento de las actuaciones procesales en la fase de instrucción. Puede solicitar la práctica de diligencias de investigación y participar en todas las diligencias que se practiquen. Si la no participa en el proceso mediante el ejercicio de la

34. FRANCÉS LECUMBERRI, P., «La justicia restaurativa y el art. 15 del Estatuto de la víctima del delito: ¿un modelo de justicia o un servicio para la víctima?», *op. cit.*
35. PLANCHADELL GARGALLO, A., «La mediación penal: análisis y perspectivas tras la reforma del Código Penal y la aprobación del Estatuto de la víctima del delito», *op. cit.*
36. PLANCHADELL GARGALLO, A., «Ley Orgánica 8/2021, de 4 de junio, de protección integral a la infancia y la adolescencia frente a la violencia. Cuestiones penales y procesales», *Revista Aranzadi de Derecho y Proceso Penal*, 63, 2021.

acción penal, el artículo 11 del Estatuto de la víctima le ofrece la posibilidad de aportar toda la información que crea útil para el esclarecimiento de los hechos. En cualquier caso, la autoridad judicial puede establecer medidas de protección para las víctimas, tal y como establece el precepto 19 del Estatuto.

En este sentido, el artículo 21 del Estatuto mandata a las autoridades responsables de investigar los hechos delictivos que actúen con especial diligencia. A efecto ilustrativo, se debe tomar declaración a la víctima en las dependencias adecuadas y puede asistir acompañada por una persona de su libre elección, además de por su abogado/a. Se pretende equilibrar los derechos de la víctima con los objetivos de la investigación de los hechos delictivos. El artículo 22 del Estatuto establece la posibilidad de adoptar medidas para garantizar el derecho a la intimidad de las víctimas.

No identifica las medidas específicas, así que es posible acudir a la Directiva 2012/29/UE[37], que prevé en su considerando 54 que «puede lograrse mediante una serie de medidas como la prohibición o la limitación de la difusión de información relativa a la identidad y el paradero de la víctima». Medidas que serán especialmente relevantes si las víctimas son menores de edad. Asimismo, la Ley Orgánica 19/1994, de 23 de diciembre, de protección de testigos y peritos en causas criminales, establece medidas de protección que pueden ser adoptadas en la fase de instrucción. Específicamente para proteger la identidad de testigos. Tales medidas podrán ser adoptadas si se encuentra comprometido el bienestar de la persona o sus derechos[38].

El artículo 25 del Estatuto prevé la adopción de medidas de protección reforzada si la víctima posee necesidades especiales de protección. Son medidas relativas a la toma de declaración de la víctima. Prevén que se les tome declaración en dependencias específicas, que los profesionales que participen posean una formación adecuada, y que todas las declaraciones sean tomadas por la misma persona, que, además, sea de su mismo sexo. La normativa establece tres criterios para adoptar un estatuto reforzado de protección: la identidad de la víctima, la naturaleza y las circunstancias del delito. El artículo 23.2.b.4.º establece que las víctimas de delitos sexuales podrán poseer un estatuto reforzado de protección.

También se prevé la adopción de medidas de protección para garantizar los derechos de la víctima durante el acto del juicio oral. En primer término,

37. FERNÁNDEZ FUSTES, M. D., «Protección de los derechos de la víctima en el proceso penal», *Estudios Penales y Criminológicos*, 39, 2019, pp. 755-815.

38. ARNÁIZ SERRANO, A., «La prueba de testigos», en I. GONZÁLEZ CANO (dir.), *La prueba en el proceso penal*, II, Tirant Lo Blanch, Valencia, 2017, pp. 595-640.

el Estatuto establece la ausencia de contacto visual entre las partes y la prestación de declaración mediante medios tecnológicos como una medida de protección durante la vista oral. La Directiva 2012/29/UE, ya lo disponía en su considerando 53, «a tal efecto, se ha de animar a los Estados miembros a que introduzcan, especialmente en las dependencias judiciales y las comisarías de policía, medidas prácticas y viables para que las dependencias cuenten con instalaciones». Además, en la Ley de Enjuiciamiento Criminal se prevé en los artículos 707 y 731, el uso de videoconferencias para evitar que las partes coincidan en la misma sala. Ahora bien, es necesario el cumplimiento de ciertos requisitos para que la prueba practicada por videoconferencia sea válida[39].

El Estatuto también determina como medida de protección la evitación de preguntas sobre la vida personal de la víctima. El artículo 709 de la Ley de Enjuiciamiento Criminal establece la misma medida, con la excepción de que las preguntas sean relevantes para valorar la credibilidad de la víctima, en cuyo caso serán adecuadas. La Ley de Enjuiciamiento Criminal también instituye como regla general la publicidad de los juicios, pero se prevé como medida de protección la celebración del juicio sin audiencia pública.

El ordenamiento jurídico español considera especialmente vulnerables a las víctimas menores de edad[40]. El artículo 544 quinquies de las Ley de Enjuiciamiento Criminal prevé la adopción de medidas cautelares específicas en tales supuestos. Por otra parte, la Ley Orgánica 8/2021, de 4 de junio, de protección integral a la infancia y la adolescencia frente a la violencia, procura una protección específica para las personas menores de edad. Introduce el artículo 449 ter en la Ley de Enjuiciamiento Criminal. Su tenor literal mandata la preconstitución de la prueba cuando las personas menores de catorce años deban prestar declaración en ciertos delitos, como los sexuales.

El artículo 741 de la Ley de Enjuiciamiento Criminal establece —como regla general—, que la práctica de la prueba debe realizarse ante el Tribunal con la existencia de inmediación durante la vista. Si víctima es menor de edad, pero posee una edad entre catorce y diecisiete años, el artículo 707 de la Ley de Enjuiciamiento Criminal establece que su interrogatorio en el plenario se realice evitando la confrontación entre las partes, a través de medios tecnológicos. La preconstitución de la prueba es obligatorio si es menor de catorce años, en virtud del citado artículo 449 ter de la Ley de Enjuiciamiento Criminal.

---

39. BARONA VILAR, S., «La prueba (III)», en J. MONTERO AROCA, *Derecho jurisdiccional. III, Proceso penal (27.ª ed.)*, Tirant lo Blanch, Valencia, 2019.

40. FERNÁNDEZ FUSTES, M. D., «Protección de los derechos de la víctima en el proceso penal», *op. cit.*

La prueba preconstituida es «una forma de aseguramiento de la prueba cuya base se encuentra en la eventualidad de que no pueda reproducirse la prueba en el juicio oral, y que tiene en común con la prueba anticipada la irrepetibilidad del hecho»[41]. Ni la literatura científica, ni la jurisprudencia, ni la legislación establecen una diferencia clara entre la prueba anticipada y la prueba preconstituida, que suele emplearse de forma indistinta[42]. Como Víctor MORENO CATENA[43] explica, el concepto de prueba preconstituida fue incorporado en el proceso civil y después se trasladó al proceso penal.

La cámara de Gesell se reconoce como una buena práctica para la preconstitución de la prueba[44], al facilitar un entorno cómodo para la víctima y reducir el riesgo de revictimización[45]. Fue desarrollada por Arnold GESELL, con el objetivo de interrogar a menores víctimas de violencia sexual. Está formado por dos habitaciones contiguas y separadas por un cristal con efecto reflejo que permite observar sin ser vista desde una de las habitaciones a la otra. Además, la sala donde la persona menor de edad es interrogada está provista de elementos que le hagan sentir comodidad, como peluches y otros juguetes. Se implantó por primera vez en España en unos juzgados de Valencia y de Alicante en 2016[46].

La bibliografía especializada ha señalado que el Poder Judicial mostraba sensibilidad respecto a la participación de las personas menores de edad en procesos penales, antes de la promulgación del Estatuto de la víctima y de la Ley Orgánica 8/2021, de 4 de junio, de protección integral a la infancia y la adolescencia frente a la violencia[47]. La preconstitución de la prueba ya era una práctica aceptada si la víctima era una persona menor de edad.

41. SEMPERES FAUS, S., «La grabación audiovisual de la declaración del menor de edad: la prueba preconstituida y la eficacia de la cámara gesell en la reducción de la victimización secundaria», *Revista General de Derecho Procesal*, 48, 2019, p. 1.
42. FERNÁNDEZ FUSTES, M. D., «Procedimiento Probatorio», en Isabel González Cano (Dir.), *La prueba en el proceso penal*, II, Tirant lo Blanch, Valencia, 2017.
43. MORENO CATENA, V., «La prueba preconstituida», en Isabel González Cano (dir.), *La prueba en el proceso penal, II*, Tirant lo Blanch, Valencia, 2017, pp. 149-315.
44. JULLIEN DE ASIS, J. L., *La participación de la víctima menor de edad en el proceso penal. Avanzando hacia una justicia integral, op. cit.*
45. SÁNCHEZ-RUBIO, A., «La toma de declaración a través de la Cámara Gesell como medio para evitar la doble victimización», *Estudios Penales y Criminológicos*, 42, 2022, pp. 1-30.
46. SÁNCHEZ-RUBIO, A., «La toma de declaración a través de la Cámara Gesell como medio para evitar la doble victimización», *Estudios Penales y Criminológicos*, 42, 2022, pp. 1-30; SEMPERES FAUS, S., «La grabación audiovisual de la declaración del menor de edad: la prueba preconstituida y la eficacia de la cámara Gesell en la reducción de la victimización secundaria», *Revista General de Derecho Procesal*, 48, 2019.
47. ARROM LOSCOS, R., «La declaración del menor víctima en el proceso penal; en especial el menor víctima de delito sexual. La relevancia del nuevo Artículo 433 de la Ley

Hasta inicios del siglo XXI, los tribunales se mostraban reacios a la preconstitución de la prueba, era reservada para supuestos muy justificados. La práctica general era que las personas menores de edad declarasen ante tribunal en el plenario. Pero varios pronunciamientos del Tribunal Europeo de Derechos Humanos y del Tribunal de Justicia de la Unión Europea —como la sentencia de 16 de junio de 2005, conocida como el *Caso Pupino*— urgieron sobre la necesidad de proteger los derechos de los menores de edad y de evitar que sufrieran una victimización secundaria, derivada de prestar declaración en diferentes momentos del proceso penal[48]. Jurisprudencia que caló en el razonamiento, tanto del Tribunal Supremo como del Tribunal Constitucional. «Se ha pasado de restringir al máximo la posibilidad de que el menor pudiera evitar su presencia en juicio mediante la preconstitución de la prueba, a admitirla abiertamente en ciertos casos»[49].

3.2. LA DECLARACIÓN DE LA VÍCTIMA COMO FUENTE DE INFORMACIÓN

Las víctimas participan en el proceso como fuentes de información, además de poder ejercer todos los derechos que la legislación española les reconoce. En la fase de instrucción, su declaración constituye un medio de investigación y en la fase de juicio oral adquiere valor probatorio.

Si la víctima se persona en el proceso mediante el ejercicio de la acusación particular, el artículo 311 de la Ley de Enjuiciamiento Criminal la faculta para proponer la práctica de diligencias de investigación. Además, puede conocer las actuaciones procesales previas. Si la víctima tan solo ejerce la acción civil, el artículo 320 de la Ley de Enjuiciamiento Criminal le ofrece proponer diligencias de investigación que ayuden al esclarecimiento de los hechos relativos a la responsabilidad civil. Las víctimas que no participen en el proceso a través de la acusación particular también pueden aportar

---

de Enjuiciamiento Criminal», *Revista internacional de Estudios de Derecho Procesal y Arbitraje*, 3, 2015; JULLIEN DE ASIS, J. L., *La participación de la víctima menor de edad en el proceso penal. Avanzando hacia una justicia integral*, Editorial Tirant Lo Blanch, 2020.; YUST ESCOBAR, J. «La protección de la víctima en el Estatuto aprobado por Ley 4/2015 de 27 de abril». *Cuadernos Digitales de Formación*, 47, Consejo General del Poder Judicial. 2016; SEMPERES FAUS, S., «La grabación audiovisual de la declaración del menor de edad: la prueba preconstituida y la eficacia de la cámara gesell en la reducción de la victimización secundaria», *Revista General de Derecho Procesal*, 48, 2019.

48. JULLIEN DE ASIS, J. L., *La participación de la víctima menor de edad en el proceso penal. Avanzando hacia una justicia integral.*

49. VIGUER SOLER, P. L., «Estatuto de la víctima, protección del menor y prueba preconstituida», Diario La Ley, N.º 9116, 2018, p. 55.

material fáctico en la fase de instrucción, como contempla el artículo 11 del Estatuto de la víctima.

El aspecto más relevante de la participación de las víctimas en el proceso penal es que su declaración posee valor testifical en la fase de enjuiciamiento. Incluso, puede ser prueba de cargo suficiente para enervar la presunción de inocencia. La víctima de este tipo de delitos adquiere un estatus procesal específico de testigo-víctima[50]. No es una persona externa que observa los hechos, característica del *testigo* en el sentido estricto, pero su declaración posee valor testifical[51]. Es la única persona que ha percibido los hechos de forma directa.

La prueba testifical fue el eje de la actividad probatoria hasta pasado el siglo XIX[52]. El avance del conocimiento científico y la tecnología forense, especialmente a partir del siglo XX, ha provocado que las pruebas científicas cobren una importancia cada vez mayor en el proceso. Las pruebas periciales forenses, como las relacionadas con restos biológicos, análisis de ADN y huellas dactilares, han revolucionado la actividad probatoria. Aportan evidencia objetiva y científica para determinar la culpabilidad o inocencia del acusado.

La declaración de la víctima, sin embargo, es sumamente relevante en los delitos que se cometen en la intimidad, como la violación. Entre otras razones, debido a la falta de recogida de pruebas de ADN si la víctima no manifiesta su intención de interponer denuncia durante la primera atención médica. No sería posible disponer de tal prueba pericial si la víctima decidiese denunciar los hechos *a posteriori*. Además, en muchos de los delitos de violación, las pruebas forenses pueden probar únicamente la existencia de un contacto sexual. No pueden confirmar o negar que fuera una relación sexual consentida o una agresión sexual.

El Tribunal Supremo encuentra la declaración de la víctima como prueba de cargo suficiente para enervar la presunción de inocencia por sí sola[53]. Circunstancia que no es extraña en los delitos sexuales[54].

---

50. FUENTES SORIANO, O., *El enjuiciamiento de la violencia de género*, Iustel, España, 2009.
51. GONZÁLEZ MONJE, A. G., «La declaración de la víctima de violencia de género como única prueba de cargo: Últimas tendencias jurisprudenciales en España», *Revista Brasileira de Direito Processual Penal*, 6(3), 2020, pp. 1627-1660.
52. ALCOCEBA GIL, J. M., *El Análisis Genético Forense en el Proceso Penal Español, op. cit.*
53. Por todas, véase la Sentencia del Tribunal Supremo núm. 678/2019, de 6 de marzo, que cita las SSTS 706/2000, 313/2002, 1317/2004.
54. La resolución cita múltiple jurisprudencia sobre la cuestión: «Así lo ha declarado tanto el Tribunal Constitucional (SSTC. 229/1.991, de 28 de noviembre [RTC 1991, 229], 64/1.994, de 28 de febrero (RTC 1994, 64) y 195/2.002, de 28 de octubre), como esta misma Sala (SSTS núm. 339/2007, de 30 de abril [RJ 2007, 3860], núm. 187/2012, de 20 de marzo,

> «La declaración de la víctima, según ha reconocido en numerosas ocasiones la jurisprudencia de este Tribunal Supremo y la del Tribunal Constitucional, puede ser considerada prueba de cargo suficiente para enervar la presunción de inocencia, incluso aunque fuese la única prueba disponible, lo que es frecuente que suceda en casos de delitos contra la libertad sexual, porque al producirse generalmente los hechos delictivos en un lugar oculto, se dificulta la concurrencia de otra prueba diferenciada» Sentencia del Tribunal Supremo núm. 108/2023 de 16 febrero. RJ 2023, 1464.

Es posible dictar una sentencia condenatoria, incluso cuando el testimonio de la víctima se contradice con otros medios de prueba practicados, como se aprecia en la sentencia del Tribunal Supremo núm. 725/2007, de 13 de septiembre[55]. Ahora bien, que la declaración de la víctima sea suficiente para enervar la presunción de inocencia no implica que enerve la presunción de inocencia por sí sola y automáticamente. Debe cumplir los requisitos exigidos a las declaraciones testificales.

El Tribunal Supremo ha desarrollado unos parámetros de credibilidad con el objeto de valorar las declaraciones de las víctimas, que conviven con el principio de libre valoración de la prueba practicada en el marco del proceso penal (artículo 741 de la LECrim). Son la ausencia de incredibilidad subjetiva, la persistencia en la incriminación y la credibilidad objetiva. Es necesario puntualizar que no constituyen requisitos de validez, como los propios de un sistema de prueba legal o tasada. Son criterios que orientan la valoración de la prueba, totalmente compatibles con el principio de libre valoración, como se explica en la sentencia del Tribunal Supremo núm. 437/2015, de 9 de julio.

Estos criterios no deben concurrir acumulativamente de forma obligatoria. No es necesario que se cumplan todos los parámetros para enervar la presunción de inocencia [Sentencia del Tribunal Supremo (Sala de lo Penal, Sección 1.ª), núm. 194/2020 de 20 mayo]. Así se expresa en la sentencia del Tribunal Supremo núm. 381/2014, de 21 de mayo «no han de considerarse como requisitos, de modo que tuvieran que concurrir todos unidos para que la Sala de instancia pudiera dar crédito a la testifical de la víctima como prueba de cargo». Por otra parte, el valor de los criterios es siempre un valor relativo.

> «En un triple sentido: en la medida en que la insuficiencia en uno de los criterios puede compensarse con la fuerza de los demás; en el sentido de que "un insufi-

---

núm. 688/2012, de 27 de septiembre, núm. 788/2012, de 24 de octubre, núm. 469/2013, de 5 de junio, núm. 553/2014, de 30 de junio, etc.)».

55. Sentencia que cita a las STSS 409/2004, de 24 de marzo, 104/2002, de 29 de enero, y 2035/2002, de 4 de diciembre).

ciente cumplimiento de los tres módulos de contraste impide que la declaración inculpatoria pueda ser apta por sí misma para desvirtuar la presunción de inocencia"; y en el entendimiento de que la concurrencia de los tres criterios no supone automáticamente la enervación de la presunción de inocencia, sino que dependerá de la libre valoración del tribunal con una adecuada motivación»[56].

a) Credibilidad subjetiva

Los tribunales valoran como un parámetro de credibilidad que la víctima no posea circunstancias físicas o psíquicas que debiliten su testimonio, ni móviles espurios, ni otras razones. Así lo expresa el Tribunal Supremo en su sentencia núm. 717/2018, de 17 de enero:

> «La falta de credibilidad subjetiva de la víctima puede derivar de las características físicas o psíquicas del testigo (minusvalías sensoriales o psíquicas, ceguera, sordera, trastorno o debilidad mental, edad infantil) que sin anular el testimonio lo debilitan, o de la concurrencia de móviles espurios, en función de las relaciones anteriores con el sujeto activo (odio, resentimiento, venganza o enemistad) o de otras razones (ánimo de proteger a un tercero o interés de cualquier índole que limite la aptitud de la declaración para generar certidumbre)».

En cuanto a la falta de móviles espurios, la Sala Segunda del Tribunal Supremo indica en su sentencia núm. 194/2020, de 20 mayo, que pueden derivarse del entorno social de la víctima.

> «las relaciones procesado/víctima o denunciante que pudieran conducir a la deducción de la existencia de un móvil de resentimiento, enemistad o de otra índole que privase al testimonio de la aptitud necesaria para generar ese estado subjetivo de certidumbre en que la convicción judicial estriba esencialmente». [Sentencia del Tribunal Supremo (Sala de lo Penal, Sección 1.ª), núm. 194/2020 de 20 mayo].

Bajo este criterio, si la víctima y el acusado son desconocidos resulta más difícil que se aduzcan móviles espurios[57]. Este criterio puede resultar problemático en delitos cometidos contra las personas. Los delitos como el homicidio, las lesiones o los delitos sexuales por ejemplo, suelen cometerse por personas conocidas para la víctima. A diferencia de los delitos patrimoniales, donde la víctima y el acusado suelen ser desconocidos.

---

56. GONZÁLEZ MONJE, A. G., «La declaración de la víctima de violencia de género como única prueba de cargo: Últimas tendencias jurisprudenciales en España», *op. cit.*
57. ARNÁIZ SERRANO, A., «La prueba de testigos», *op. cit.*

En el caso de las victimizaciones sexuales, la *Macroencuesta de Violencia contra la Mujer 2019* indica que la estimación de mujeres que han sufrido una violación dentro de la pareja (1.535.941) es tres veces mayor que fuera del ámbito de la pareja (453.371). En este sentido, La *Macroencuesta de Violencia contra la Mujer 2015* desvelaba que, en las violaciones cometidas fuera del ámbito de la pareja, solo en el 18,8% la víctima y el agresor eran desconocidos.

b) Persistencia en la incriminación

Otro criterio valorado por el Tribunal Supremo es la persistencia en la incriminación. Valora que el relato de la víctima sea uniforme a lo largo de todo el proceso, desde que se incoa hasta que se celebra la vista. No se trata de una repetición idéntica, pero las diferentes declaraciones deben coincidir en los elementos esenciales [Sentencia del Tribunal Supremo (Sala de lo Penal, Sección 1.ª), núm. 849/1998, de 18 de junio]. Otro aspecto relevante para valorar un testimonio como persistente es que no sea general, sino detallado y que las diferentes declaraciones no sean contradictorias[58].

El Tribunal Supremo en la sentencia núm. 181/2023 de 15 marzo —con cita a su sentencia núm. 787/2015 de 1 de diciembre— indica que el objetivo de este requisito, la persistencia en la incriminación es permitir que el acusado ponga de relevancia las contradicciones en las que haya podido incurrir la víctima en todo el proceso.

> «Debe ser prolongada en el tiempo, plural, sin ambigüedades ni contradicciones, ya que la única posibilidad de evitar la situación de indefensión del acusado que proclama su inocencia, es la de permitirle que cuestione eficazmente la declaración que le incrimina, poniendo de relieve aquellas contradicciones que, valoradas, permitan alcanzar la conclusión de inveracidad».

Los tribunales han diseñado el criterio de la persistencia en la incriminación para valorar el testimonio de la víctima de cualquier delito. Sin embargo, es problemático si la víctima experimenta un trauma a consecuencia del delito, como puede suceder en las agresiones sexuales. La literatura científica ha demostrado que las experiencias traumáticas son recordadas con dificultad. El estrés complica prestar atención a los detalles de un hecho[59]. Asimismo,

58. GONZÁLEZ MONJE, A. G., «La declaración de la víctima de violencia de género como única prueba de cargo: Últimas tendencias jurisprudenciales en España», *op. cit.*

59. CLIFFORD, B. R., y SCOTT, J., «Individual and situational factors in eyewitness testimony», *Journal of Applied Psychology*, 63(3), 1978, pp. 352-359.; MANZANERO, A. L., «Recuerdo de hechos traumáticos: de la introspección al estudio objetivo», *Revista de Psicopatología Clínica, Legal y Forense*, 10, 2010, pp. 149-164.; DIGES, M., y MANZANERO,

la psicología del testimonio evidencia que los detalles irrelevantes no suelen recordarse con exactitud mientras que sí aquellos detalles centrales en los recuerdos sobre hechos traumáticos que generan miedo y hasta terror[60]. Este tipo de recuerdos son más confusos, aparecen de forma fragmentada, y se suelen recordar mejor a partir de los tres meses desde que ocurren.

c) Credibilidad objetiva

La credibilidad objetiva se concreta en «la lógica de la declaración (coherencia interna) y en el suplementario apoyo de datos objetivos de corroboración de carácter periférico (coherencia externa)» [Sentencia del Tribunal Supremo (Sala de lo Penal, Sección 1.ª) núm. 194/2020 de 20 mayo].

En cuanto a la lógica de la declaración, «exige valorar si su versión es o no insólita, u objetivamente inverosímil por su propio contenido» [Sentencia del Tribunal Supremo (Sala de lo Penal, Sección 1.ª) núm. 238/2011, de 21 de marzo]. Se plantea una problemática común respecto a la persistencia en la incriminación y a la coherencia interna del relato. La víctima de delitos sexuales posee un recuerdo traumático de los hechos, que puede aparecer de forma fragmentaria y confusa[61].

Como corroboraciones de carácter periférico, se valoran el resto de las pruebas practicadas, como informes periciales o pruebas sobre comunicaciones. El Tribunal Supremo destaca en su sentencia núm. 108/2023 de 16 febrero, la importancia de las corroboraciones. Específicamente si concurren motivos de incredibilidad subjetiva, derivada del vínculo social previo entre la víctima y el acusado.

A., «El recuerdo de los accidentes de tráfico: Memoria de los testigos», en L. MONTORO, E. J. CARBONELL, J. SANMARTÍN, y F. TORTOSA (Eds.), *Seguridad vial: Del factor humano a las nuevas tecnologías*, Ed. Síntesis, Madrid, 1995.; RUBIN, D. C., y BERNTSEN, D., «Life scripts help to maintain autobiographical memories of highly positive, but not highly negative, events», *Memory and Cognition*, 31(1), 2003, pp. 1-14.

60. CHRISTIANSON, S. A., «Emotional stress and eyewitness memory: A critical review», *Psychological Bulletin*, 112, 1992, pp. 284-309.; HERMAN, J. L., *Trauma and recovery*, Basic Books, Nueva York, 1992.; LOFTUS, E. F., LOFTUS, G. R., y MESSO, J., «Some facts about weapon focus», Law and Human Behavior, 11, 1987, pp. 55-62; MANZANERO, A. L., «Recuerdo de hechos traumáticos: de la introspección al estudio objetivo», Revista de Psicopatología Clínica, Legal y Forense, 10, 2010, pp. 149-164; PEACE, K. A., y PORTER, S., «A longitudinal investigation of the reliability of memories for trauma and other emotional experiences», *Applied Cognitive Psychology*, 18(9), 2004, pp. 1143-1159.; VAN DER KOLK, B. A., «Trauma and memory», en B. A. VAN DER KOLK, N. C. MCFARLANE y L. WESAETH (Eds.), *Traumatic Stress*. Nueva York: Guilford, 1996.

61. CLIFFORD, B. R., y SCOTT, J., «Individual and situational factors in eyewitness testimony», *op. cit.*; MANZANERO, A. L., «Recuerdo de hechos traumáticos: de la introspección al estudio objetivo», *op. cit.*

> «La comprobación de la credibilidad subjetiva, desde la segunda perspectiva enunciada con anterioridad, que consiste en el análisis de posibles motivaciones espurias, exige un examen del entorno personal y social que constituye el contexto en el que se han desarrollado las relaciones entre el acusado y la víctima, cuyo testimonio es el principal basamento de la acusación, para constatar si la declaración inculpatoria se ha podido prestar por móviles de resentimiento, venganza o enemistad u otra intención espuria que pueda enturbiar su credibilidad. El fundamento de este criterio responde a que cuando se formula una grave acusación, que afecta a ámbitos muy íntimos de la denunciante, y no cabe atisbar racionalmente motivo alguno que pueda justificarla, un simple razonamiento de sentido común puede llevarnos a la conclusión de que la acusación se formula simplemente porque es verdad. Cuando pueda atisbarse racionalmente otra motivación, de carácter espurio, esta conclusión no puede aplicarse, lo que no significa que el testimonio quede desvirtuado, pero sí que precisará elementos relevantes de corroboración» (Sentencia del Tribunal Supremo núm. 108/2023 de 16 febrero. RJ 2023, 1464).

El objetivo es otorgar fiabilidad al testimonio de la víctima en ausencia de otras pruebas. Una corroboración por sí sola no puede desvirtuar la presunción de inocencia[62]. No es una prueba, sino la confirmación de otra prueba.

Las corroboraciones periféricas no deben probar el hecho principal —es decir, el propio delito— sino hechos periféricos que confirmen la prueba principal de cargo[63]. Como explica Olga FUENTES SORIANO, si la corroboración versa sobre el hecho delictivo, nos encontraríamos ante otra prueba de los hechos y no una corroboración del testimonio de la víctima[64].

> «Para que la declaración de la víctima alcance credibilidad o fiabilidad es imprescindible entender que la corroboración que exige la jurisprudencia, lo sea respecto de datos periféricos de los hechos delictivos que la víctima haya

62. ANDRÉS IBÁÑEZ, P., «Acerca de la motivación de los hechos en la sentencia penal», *op. cit.*; FUENTES SORIANO, O., «La perspectiva de género en el proceso penal. ¿Refutación? de algunas conjeturas sostenidas en el trabajo de Ramírez Ortiz "El testimonio de la víctima en el proceso penal desde la perspectiva de género"», *Quaestio Facti. Revista Internacional sobre Razonamiento Probatorio*, 2, 2020 pp. pp. 271-284; GONZÁLEZ MONJE, A. G., «La declaración de la víctima de violencia de género como única prueba de cargo: Últimas tendencias jurisprudenciales en España», *op. cit.*; RAMÍREZ ORTÍZ, J. L., «El testimonio único de la víctima en el proceso penal desde la perspectiva de género», *Quaestio facti. Revista internacional sobre razonamiento probatorio*, 2, 2020, pp. 201-245.
63. ANDRÉS IBÁÑEZ, P., «Acerca de la motivación de los hechos en la sentencia penal», *op. cit.*; RAMÍREZ ORTÍZ, J. L., «El testimonio único de la víctima en el proceso penal desde la perspectiva de género», *op. cit.*
64. FUENTES SORIANO, O., «La perspectiva de género en el proceso penal. ¿Refutación? de algunas conjeturas sostenidas en el trabajo de Ramírez Ortiz "El testimonio de la víctima en el proceso penal desde la perspectiva de género"», *op. cit.*, p. 282.

emitido en su declaración; exigir que la corroboración lo sea respecto del relato fáctico principal o de concretos elementos del tipo supone exigir otras fuentes de prueba del delito; y ello redundaría de facto en la imposibilidad de que el testimonio único de la víctima pudiera alcanzar, en caso alguno, valor probatorio, pues se exigirían siempre otras pruebas corroboradoras de los hechos (no del testimonio de la víctima)».

En idéntica dirección, la doctrina del Tribunal Constitucional establece, entre otras, en la STC 198/2006, de 3 de julio y en la STC 125/2009, de 18 de mayo que «la corroboración es la confirmación de otra prueba, que es la que por sí sola no podría servir para la destrucción de la presunción de inocencia, pero que con dicha corroboración adquiere fuerza para fundar la condena». En este sentido, Perfecto ANDRÉS[65] indica que,

> «Corroborar es probar, pero no directamente la acción que da contenido a la imputación, sino un hecho relacionado con ella y con el inculpado, cuya producción en determinadas circunstancias abonaría en términos de la experiencia la certeza de que, en efecto, la misma ha tenido lugar con intervención de aquél».

Sin embargo, en investigaciones internacionales se ha constatado la tendencia a no creer a las víctimas que no aportan un parte de lesiones que pruebe los hechos[66]. Pero en múltiples ocasiones las víctimas sufren lesiones leves dado que adoptan una ***inmovilidad tónica*** fruto del miedo que pueden sentir[67].

Los medios de prueba aptos para corroborar el testimonio de la víctima son otro aspecto discutido sobre las corroboraciones. Algunas posturas son reacias a considerar aptos los informes periciales psicológicos y testificales de referencia. No obstante, el rechazo hacia tales medios de prueba no suele estar fundado en motivos rigurosos[68]. A efecto ilustrativo, en cuanto a la prueba pericial psicológica, se argumenta que, si el perito solo evalúa la declaración, su aporte es insignificante al valorar únicamente su testimonio. Si analiza otros datos externos y juzga el caso, excede su rol y la corroboración vendría de esos elementos externos, no de su pericia.

---

65. ANDRÉS IBÁÑEZ, P., *Prueba y convicción judicial en el proceso penal*, Editorial Hammurabi, 2009, p. 125.
66. LEVERICK, F., «What do we know about rape myths and juror decision making?», *The International Journal of Evidence & Proof*, 24(3), 2020, pp. 255-279.
67. RUBIO-MARTÍN, M. J., BLANCO MORENO, F., y BALLESTEROS DONCEL, E., «¿Qué queda del mito de la violación real? Un estudio de caso basado en análisis de sentencias judiciales», *op. cit.*
68. LARRAURI, E., «Cinco reflexiones feministas en torno al proceso penal», *InDret Criminología*, 2, 2022, pp. 149-162.

Capítulo II

Los procesos penales por delitos de violación

SUMARIO: 1. ANTES DEL PROCESO. TASA DE DENUNCIA Y CIFRA OCULTA DE LA VIOLENCIA SEXUAL. *1.1. Encuestas de victimización en España. 1.2. Tasa de denuncia y cifra oculta de la violencia sexual.* 2. FASE DE INSTRUCCIÓN Y FASE INTERMEDIA. TASA DE ENJUICIAMIENTO DE LOS DELITOS DE VIOLACIÓN. *2.1. Estadística policial y judicial en España. 2.2. Incoación de proceso. Hechos denunciados ante las Fuerzas y Cuerpos de Seguridad. 2.3. Procesos que superan la fase de instrucción. Tasa de enjuiciamiento.* 3. FASE DE JUICIO ORAL. TASA DE CONDENA DE LOS DELITOS DE VIOLACIÓN. 4. LA ATRICIÓN EN LOS PROCESOS PENALES POR DELITOS DE VIOLACIÓN EN ESPAÑA.

1. ANTES DEL PROCESO. TASA DE DENUNCIA Y CIFRA OCULTA DE LA VIOLENCIA SEXUAL[1]

1.1. ENCUESTAS DE VICTIMIZACIÓN EN ESPAÑA

A mediados del siglo XX, la criminóloga finlandesa Inkere ANTTILA propuso el uso de encuestas para medir la cifra oculta de los delitos[2]. Hasta finales de la década de los años ochenta, estas encuestas eran poco frecuentes en Europa. Sin embargo, en esa década, el Reino Unido y los Países Bajos lanzaron encuestas nacionales periódicas, y en 1989, la creación de la *Encuesta*

1. En el presente capítulo se reproduce parcialmente la publicación: DE LAMO VELADO, I., «De la denuncia a la sentencia. La atrición en los delitos de violación en España desde la perspectiva del Derecho Procesal,», Revista de Estudios Jurídicos y Criminológicos, N.º 10, 2024, pp. 265-308.
2. AEBI, M. y LINDE, A., «Las encuestas de victimización en Europa: Evolución histórica y situación actual», en *Revista de Derecho Penal y Criminología*, 3, 2010, pp. 211-298.

Internacional de Criminalidad y Victimización (en adelante, ICVS) marcó un punto de inflexión, impulsando el uso extendido de estas encuestas, especialmente en Europa Occidental y Central.

España ha participado en la ICVS en 1989 y 2005[3], también en los Eurobarómetros 44,3 (1996), 54,1 (2000) y 58,1 (2002). Además, en 2009 realizó un estudio piloto del módulo de victimización de la UE, liderado por la Secretaría de Estado de Seguridad y el INE, junto con la Universidad de Granada. El CIS también ha realizado ocho encuestas de victimización, seis de ellas a nivel nacional (1978, 1980, 1991 y 1995), una en Madrid en 1980 y otra en varias ciudades en 1982.

No es posible comparar los resultados de estas encuestas y analizar con precisión la evolución de la delincuencia en España debido a diferentes problemas metodológicos. José Luis DÍEZ RIPOLLÉS y Elisa GARCÍA ESPAÑA identifican algunas razones, como el empleo de diferentes ámbitos temporales[4]. Algunas encuestas preguntan a las personas entrevistadas sobre delitos ocurridos en el año actual, otras sobre el último año, cinco años o incluso toda la vida del encuestado. También es posible señalar la variación en el ámbito espacial y la selección de la muestra. Otro factor son las diferentes definiciones de *víctima*. Se centran en los delitos sufridos solo por la persona entrevistada, mientras que otras incluyen delitos que afectaron a su familia o incluso a sus conocidos. Además, la definición de los delitos varía, aspecto que dificulta la comparación entre encuestas[5].

A efecto ilustrativo, en la encuesta del CIS en 1999 se entrevistó personalmente a mayores de dieciocho. En cambio, la encuesta del ODA en 2008, basada la ICVS, se realizó telefónicamente a personas de dieciséis años o más. Tal y como señalan DIEZ RIPOLLÉS y GARCÍA ESPAÑA «En España la disponibilidad de encuestas de victimización nacionales ha sido siempre muy limitada, ya que ningún organismo oficial ha asumido hasta el momento la tarea de realizarlas de modo sistemático»[6].

En cuanto a la violencia de género, en España se realiza la macroencuesta de violencia contra la mujer. Es la encuesta más importante en cuanto a su muestra y a su continuidad. Posee ámbito nacional y se realiza cada cuatro

---

3. AEBI, M. y LINDE, A., «Las encuestas de victimización en Europa: Evolución histórica y situación actual», *op. cit.*
4. DÍEZ RIPOLLÉS, J. L. y GARCÍA ESPAÑA, E., *Encuesta a víctimas en España*, Universidad de Málaga (UMA), Instituto Andaluz Interuniversitario de Criminología, 2009.
5. BARBERET, R., «Spain», *op. cit.*
6. DÍEZ RIPOLLÉS, J. L. y GARCÍA ESPAÑA, E., *Encuesta a víctimas en España, op. cit.*

años desde 1999. Su universo abarca a todas las mujeres mayores de dieciocho años, y destaca por su gran tamaño muestral, con más de 20.000 entrevistas telefónicas. La Macroencuesta representa un importante esfuerzo para obtener una visión amplia y representativa de la violencia de género en el país y se ha convertido en una referencia para medir la violencia de género[7]. Fátima ARRANZ destaca que numerosas investigaciones han tomado como base los resultados de la Macroencuesta[8]. Además, ha sido la referencia que han empleado las encuestas de victimización de ámbito autonómico o provincial[9].

No obstante, la Macroencuesta no está exenta de críticas[10]. El examen minucioso de sus problemas metodológicos excede el objeto de esta investigación. Brevemente, en un informe liderado por la consultora Red2Red y Begoña PERNAS, se condensan los principales problemas de los que adolece la Macroencuesta. Pueden resumirse en tres aspectos, «¿A quién se pregunta? El universo de estudio y la unidad de análisis. ¿Qué tipo de violencia se mide? Los actores de la violencia ¿Cómo se mide la violencia? Los indicadores que expresan la violencia de género»[11].

7. CASADO APARICIO, E., GARCÍA GARCÍA, A. y GARCÍA SELGAS, F., «Análisis crítico de los indicadores de violencia de género en parejas heterosexuales en España», *Empiria: Revista de metodología de ciencias sociales,* núm. 24, 2012, pp. 163-186; RED2RED y PERNAS RIAÑO, B., *El estado de la cuestión en el estudio de la violencia de género, op. cit.*

8. ARRANZ LOZANO, F., «Meta-análisis de las investigaciones sobre la violencia de género: El Estado produciendo conocimiento», Athenea Digital. Revista de pensamiento e investigación social, núm.15(1), pp. 171-203 cita los siguientes: ALBERDI, I. y MATAS, N., *La violencia doméstica. Informe sobre los malos tratos a mujeres en España*, Fundación La Caixa, Barcelona, 2002; INSTITUTO ARAGONÉS DE ESTADÍSTICA, *Macroencuesta sobre violencia contra las mujeres en Aragón*, Instituto Aragonés de la Mujer, Zaragoza, 2006; GARCÍA SELGAS, F., «La investigación social sobre violencia de género: Una propedéutica», En: MIRANDA LÓPEZ, MARTÍN-PALOMO y MARUGÁN PINTOS (Eds.), *Amor, razón, violencia*, Catarata, Madrid, 2009, pp. 55-84; CASADO APARICIO, E., GARCÍA GARCÍA, A. y GARCÍA SELGAS, F., «Análisis crítico de los indicadores de violencia de género en parejas heterosexuales en España», *op. cit.*; y FUNDACIÓN EDE. SERVICIO DE INVESTIGACIÓN SOCIAL, *Violencia machista contra las mujeres en la CAPV: Percepción, incidencia y seguridad*, Servicio Central de Publicaciones del Gobierno Vasco, Vitoria-Gasteiz, 2012.

9. DIPUTACIÓN FORAL DE BIZKAIA, *Violencia contra las mujeres en el ámbito doméstico. Resultados de una investigación en el Territorio Histórico de Bizkaia*, Bizkaia: Autor, 2006.

10. Se aborda este tema en profundidad en ARRANZ LOZANO, F., «Meta-análisis de las investigaciones sobre la violencia de género: El Estado produciendo conocimiento», *op. cit.*; GARCÍA SELGAS, F., «La investigación social sobre violencia de género: Una propedéutica», *op. cit.*; y RED2RED y PERNAS RIAÑO, B., *El estado de la cuestión en el estudio de la violencia de género, op. cit.*

11. RED2RED y PERNAS RIAÑO, *El estado de la cuestión en el estudio de la violencia de género*, Violencia de Género, *op. cit.*, p. 20.

En cuanto a su universo y su unidad de análisis, un sector critica el propio concepto de *violencia de género*, al considerar que la violencia también puede provenir de las mujeres. La Macroencuesta resuelve esta crítica al tomar como premisa teórica que la violencia de género es un tipo de violencia específica y más perjudicial que aquella sufrida por los varones[12]. También ha sido criticada que las personas entrevistadas disponen de un teléfono, y son excluidas otras mujeres en situación de vulnerabilidad[13].

Por otra parte, se recomienda la inclusión de hombres en la muestra[14]. Admitir que las mujeres pueden ser violentas, humillar y acosar, no neutraliza que sufran un tipo de violencia específica y singular, como es la violencia de género.

> «Reconocer que las mujeres pueden ser violentas y humillar o controlar a sus parejas, hijos/as o padres, no disminuye en nada la gravedad de la violencia. Además, que los varones se sientan maltratados forma parte de la realidad social, y las encuestas, como sabemos, no miden "realidades objetivas" sino opiniones y percepciones. El problema es que se ha intentado separar la violencia de género de la conflictividad familiar (que también sufren los varones), pero esta operación se puede haber quedado a medias. La conclusión es que pareciera que la violencia es "de género" porque la sufren mujeres, una idea errónea. La violencia es "de género" porque su raíz está en la desigual posición social de hombres y mujeres y en la construcción de la subjetividad, el cuerpo y la realidad social que esta desigualdad crea»[15].

Además, incluir varones puede ofrecer un término de comparación que permita perfilar de forma más específica el fenómeno de la violencia de género. En una encuesta sobre acoso laboral impulsada por CC. OO, se incluyeron varones y mujeres[16]. Una minoría de hombres refirieron sentirse acosados

12. RED2RED y PERNAS RIAÑO, *El estado de la cuestión en el estudio de la violencia de género*, *op. cit.*, p. 20.
13. «Excluye a la población sin teléfono fijo, lo que puede ser significativo en situaciones de exclusión social, mujeres sordas, o mujeres que sólo disponen de móvil; por no recordar que muchas mujeres maltratadas manifiestan tener serias dificultades para hablar libremente desde el teléfono de su hogar». En CASADO APARICIO, E., GARCÍA GARCÍA, A. y GARCÍA SELGAS, F., «Análisis crítico de los indicadores de violencia de género en parejas heterosexuales en España», *op. cit.*
14. RED2RED y PERNAS RIAÑO, B., *El estado de la cuestión en el estudio de la violencia de género*, *op. cit.*
15. RED2RED y PERNAS RIAÑO, B., *El estado de la cuestión en el estudio de la violencia de género*, *op. cit.*
16. PERNAS, B., OLZA, J. y ROMÁN, M., *El acoso sexual en el trabajo en España*, Paralelo Edición, Madrid, 2000.

y los resultados evidenciaron que las causas, dinámicas y consecuencias del acoso laboral eran muy diferentes a las que sufrían las mujeres.

En cuanto a la forma de medir la violencia a través de indicadores y preguntas directas, las principales críticas señalan que los indicadores son ambiguos[17]. No diferencian adecuadamente entre violencia, machismo o conflicto. Muestran situaciones injustas o dolorosas, pero no siempre reflejan una situación de maltrato. Además, computar como mujer maltratada a cualquiera que responda afirmativamente a uno de estos indicadores, ya sea ocasionalmente o con frecuencia, confunde situaciones muy distintas, desde sufrir amenazas o violencia física, hasta comentarios sexistas, sin valorar otros factores, como la reiteración de estos actos, por ejemplo[18]. A pesar de los problemas metodológicos que padece la Macroencuesta, es la única encuesta de victimización de ámbito nacional que se realiza en España desde 1999. Provee información sumamente valiosa.

1.2. TASA DE DENUNCIA Y CIFRA OCULTA DE LA VIOLENCIA SEXUAL

La Macroencuesta sobre Violencia contra la Mujer recoge datos sobre violencia sexual en función de si se comete a manos de una pareja o fuera del ámbito íntimo a partir de la edición de 2015. Los datos sobre victimizaciones que arrojan las ediciones de 2015 y 2020 indican que la violencia contra las mujeres se ha mantenido constante, con variaciones de pocos puntos porcentuales. La violencia más frecuente que sufren las mujeres es el acoso sexual (40,40%)[19]. Seguida por la violencia psicológica de control (27,00%)[20] y la violencia psicológica emocional (23,20%) a manos de sus parejas o exparejas[21].

Los delitos sexuales que abarcan conductas calificables como agresión o abuso sexual poseen una frecuencia más baja y se sufren más en el ámbito de la pareja que fuera de ella. En la *Macroencuesta de Violencia contra la Mujer*

---

17. En profundidad, ARRANZ LOZANO, F., «Meta-análisis de las investigaciones sobre la violencia de género: El Estado produciendo conocimiento», *op. cit.*, examina algunos ítems especialmente problemáticos como la pregunta número 19, que enumera una serie de conductas.
18. RED2RED y PERNAS RIAÑO, B., *El estado de la cuestión en el estudio de la violencia de género, op. cit.*
19. DELEGACIÓN DEL GOBIERNO CONTRA LA VIOLENCIA DE GÉNERO, *Macroencuesta de Violencia contra la Mujer 2019, op. cit.*, p. 182.
20. DELEGACIÓN DEL GOBIERNO CONTRA LA VIOLENCIA DE GÉNERO, *Macroencuesta de Violencia contra la Mujer 2019, op. cit.*, p. 46.
21. DELEGACIÓN DEL GOBIERNO CONTRA LA VIOLENCIA DE GÉNERO, *Macroencuesta de Violencia contra la Mujer 2019, op. cit.*, p. 36.

2015[22] se evidenció que el 8,10% de las mujeres habían sufrido una agresión a manos de su pareja o expareja a lo largo de su vida. La *Macroencuesta de Violencia contra la Mujer 2019* mostró que esta cifra fue del 8,90%. Porcentaje que equivale a 1.810.948 de mujeres[23]. Dentro de la violencia sexual en el ámbito de la pareja, la más frecuente fue la violación, la sufrieron 7,5% de las mujeres dentro de la pareja. Cifra que se extrapola a 1.535.941 mujeres[24].

Fuera del ámbito de la pareja, en la *Macroencuesta de Violencia contra la Mujer 2015* se mostró que un 7,2 % de las mujeres sufren violencia sexual[25]. En la *Macroencuesta de Violencia contra la Mujer 2019* este porcentaje disminuye un punto porcentual, en un 6,5%, si se extrapola, equivale a 1.322.052 mujeres[26]. En cuanto a la violación, un 2,2% de las mujeres sufrieron una violación fuera del ámbito de la pareja, que equivale a 453.371 mujeres[27]. En virtud de los datos extraídos de la *Macroencuesta de Violencia contra la Mujer 2019* se aprecia que la estimación de mujeres que han sufrido una violación dentro de la pareja (1.535.941) es tres veces mayor que fuera del ámbito de la pareja (453.371)[28].

Los datos que se ofrecen en las macroencuestas indican que han aumentado las denuncias por violencia sexual que se comete en el ámbito de la pareja, hasta llegar a un 32,1% en 2019. Así, la *Macroencuesta de Violencia contra la Mujer 2011*, solo ofrece datos al respecto relativos al maltrato, es decir de la violencia infringida por la pareja. Esta macroencuesta estima que solo un 25,8% de las mujeres que sufrieron algún tipo de maltrato, incluyendo violencia sexual, denunciaron los hechos[29]. La *Macroencuesta de Violencia*

22. DELEGACIÓN DEL GOBIERNO CONTRA LA VIOLENCIA DE GÉNERO, *Macroencuesta de Violencia contra la Mujer 2015*, Ministerio de Igualdad del Gobierno de España, 2015, p. 48.
23. DELEGACIÓN DEL GOBIERNO CONTRA LA VIOLENCIA DE GÉNERO, *Macroencuesta de Violencia contra la Mujer 2019*, *op. cit.*, p. 25.
24. DELEGACIÓN DEL GOBIERNO CONTRA LA VIOLENCIA DE GÉNERO, *Macroencuesta de Violencia contra la Mujer 2019*, Ministerio de Igualdad del Gobierno de España, 2020, p. 27.
25. DELEGACIÓN DEL GOBIERNO CONTRA LA VIOLENCIA DE GÉNERO, *Macroencuesta de Violencia contra la Mujer 2015*, *op. cit.*, p. 285.
26. DELEGACIÓN DEL GOBIERNO CONTRA LA VIOLENCIA DE GÉNERO, *Macroencuesta de Violencia contra la Mujer 2019*, *op. cit.*, p. 153.
27. DELEGACIÓN DEL GOBIERNO CONTRA LA VIOLENCIA DE GÉNERO, *Macroencuesta de Violencia contra la Mujer 2019*, *op. cit.*, p. 154.
28. DELEGACIÓN DEL GOBIERNO CONTRA LA VIOLENCIA DE GÉNERO, *Macroencuesta de Violencia contra la Mujer 2019*, *op. cit.*, p. 27 y 154.
29. DELEGACIÓN DEL GOBIERNO CONTRA LA VIOLENCIA DE GÉNERO, *Macroencuesta de Violencia contra la Mujer 2011*, *op. cit.*, p. 56.

contra la Mujer 2015 muestra que un 26,8% de las mujeres que habían sufrido violencia física o sexual informó a la policía y un 1,7% denunció los hechos ante el juzgado[30]. La *Macroencuesta de Violencia contra la Mujer 2019* ha evidenciado que el 32,1% de las mujeres que han sufrido violencia sexual por parte de sus parejas denuncian los hechos[31]. No obstante, la denuncia de la violencia sexual sufrida fuera del ámbito de la pareja tan solo alcanza a un 8%[32].

Las categorías empleadas por la Macroencuesta dificultan establecer una única cifra sobre la denuncia de la violencia sexual. En la edición de 2011, solo se ofrece esta información respecto a la violencia sufrida a manos de la pareja, incluyendo la violencia sexual. En 2015, la Macroencuesta ofrece esta información respecto a todas las mujeres que hayan sufrido violencia física o sexual, es decir, agrupa estos dos tipos de violencia. Respecto a 2019, se ofrece información sobre el porcentaje de violencia sexual denunciada en dos categorías, en el ámbito de la pareja y fuera de este ámbito. Estos últimos datos permiten afirmar que la tasa de denuncia de la violencia sexual oscila entre un 8% y un 32,1%.

Entre los motivos más habituales para no denunciar la violencia sufrida, la *Macroencuesta de Violencia contra la Mujer 2015* señala que un 44,6% de las mujeres no lo hicieron porque le otorgaron poca importancia. Un 26,6% no denunciaron por miedo a las represalias, y un 21,1% por vergüenza[33].

No se realizan encuestas de victimización de ámbito nacional sobre otros delitos que permitan comparar la cifra oculta de los delitos sexuales con otros ilícitos penales[34], a diferencia de otros países como Francia o

30. DELEGACIÓN DEL GOBIERNO CONTRA LA VIOLENCIA DE GÉNERO, *Macroencuesta de Violencia contra la Mujer 2015, op. cit.*, p. 127.
31. DELEGACIÓN DEL GOBIERNO CONTRA LA VIOLENCIA DE GÉNERO, *Macroencuesta de Violencia contra la Mujer 2019, op. cit.*, p. 116.
32. DELEGACIÓN DEL GOBIERNO CONTRA LA VIOLENCIA DE GÉNERO, *Macroencuesta de Violencia contra la Mujer 2019, op. cit.*, p. 167.
33. DELEGACIÓN DEL GOBIERNO CONTRA LA VIOLENCIA DE GÉNERO, *Macroencuesta de Violencia contra la Mujer 2015, op. cit.*, p. 183.
34. AEBI, M. y LINDE, A., «Las encuestas de victimización en Europa: Evolución histórica y situación actual», *op. cit.*; BALLESTEROS DONCEL, E. y BLANCO MORENO, F., «Las estadísticas de criminalidad sexual en España: una propuesta de caracterización» *Empiria. Revista de metodología de ciencias sociales*, 50, 2021,137-174., BALLESTEROS DONCEL, E. y BLANCO MORENO, F., «Las estadísticas de criminalidad sexual en España: una propuesta de caracterización» *Empiria. Revista de metodología de ciencias sociales*, 50, 2021,137-174. AEBI, M. y LINDE, A., «Las encuestas de victimización en Europa: Evolución histórica y situación actual», *op. cit.*

EE. UU[35]. Únicamente el Ayuntamiento de Barcelona ha recopilado datos sobre delincuencia real de forma anual desde 2012 a través de la *Encuesta de Victimización de Barcelona* (2012-2021). Tan solo a efectos ilustrativos, la información recopilada en Barcelona muestra que se han llegado a denunciar el 46,60% de los delitos cometidos en la ciudad condal en 2013, no obstante, la denuncia ha decrecido hasta el 17,60% en 2021. Puede afirmarse que la denuncia del conjunto de todos los delitos oscila entre un 17,60% y un 46,60%.

La tasa de denuncia (8%-32%), a nivel comparado, es similar la mostrada en otras investigaciones, pero posee un rango ligeramente superior a la de con otros países anglosajones. En su metarevisión de literatura científica, DALY y BOUHOURS sintetizan más de noventa publicaciones sobre procesos por delitos de violación en cinco países anglosajones[36]. Señalaron que la proporción de víctimas que denuncian a la policía varían entre un 6% (Canadá) y un máximo de 32% (en EE. UU) y que la tasa promedio de denuncia por parte de las víctimas es del 14 %. En los países analizados, los índices de denuncias varían entre 15-32 % (Estados Unidos), 14-18 % (Inglaterra y Gales), 12-20 % (Australia), 6-19 % (Canadá) y 12 % (Nueva Zelanda)[37].

2. FASE DE INSTRUCCIÓN Y FASE INTERMEDIA. TASA DE ENJUICIAMIENTO DE LOS DELITOS DE VIOLACIÓN

2.1. ESTADÍSTICA POLICIAL Y JUDICIAL EN ESPAÑA

En el ámbito de la estadística policial, los dos instrumentos principales en España son el Anuario MIR y el Balance MIR. Ambas publicaciones recopilan y analizan estadísticas sobre criminalidad en España, y son publicadas por el Ministerio del Interior. El Anuario MIR es un compendio anual de datos estadísticos sobre la criminalidad en España. Incluye información sobre delitos, detenciones, y otras actividades relacionadas con la seguridad y el orden público. Su propósito es ofrecer un análisis detallado de las tendencias en la criminalidad y la actuación de las fuerzas de seguridad. Incluye datos desglosados por tipo de delito, Comunidades Autónomas, y otras variables relevantes. El Balance MIR es un informe que resume y evalúa la situación de la criminalidad en el país. Generalmente, presenta cifras agregadas y análisis sobre los cambios

35. AEBI, M. y LINDE, A., «Las encuestas de victimización en Europa: Evolución histórica y situación actual», *op. cit.*
36. DALY, K. y BOUHOURS, B., «Rape and attrition in the legal process: A comparative analysis of five countries» *op. cit.*
37. DALY, K. y BOUHOURS, B., «Rape and attrition in the legal process: A comparative analysis of five countries», *op. cit.*

en la criminalidad, además de comentarios sobre las medidas tomadas por el gobierno y las fuerzas policiales.

En España no existe una estadística policial integral que abarque todo el territorio nacional durante el período analizado[38]. La estadística policial posee un alto nivel de fragmentación y las Fuerzas y Cuerpos de Seguridad no se coordinan adecuadamente[39]. Los datos presentados en el Anuario MIR y el Balance MIR solo recogen sistemáticamente datos suministrados por el Cuerpo Nacional de Policía (CNP) y la Guardia Civil. En determinados años, las policías autonómicas —Los *Mossos d'Esquadra* en Cataluña, la *Ertzaintza* en País Vasco y la Policía Foral de Navarra— no aportaron la información completa de la que disponen. Además, las estadísticas de las fuerzas policiales autonómicas son escasas o poco precisas[40].

Desde 2017, España publica los *Informes sobre delitos contra la libertad e indemnidad sexual*. Representan un avance. Se nutren de información sobre hechos conocidos por la Policía Nacional, Guardia Civil, las diferentes policías autonómicas y las policías locales. En lo referente al contenido del Anuario y los Informes, la confusa técnica legislativa y las numerosas modificaciones de los delitos sexuales en España hacen sumamente complicado evaluar con precisión las tendencias criminales del país[41]. Como se ha analizado, desde 1995 hasta 2022, la regulación de los delitos sexuales ha sufrido al menos cinco modificaciones.

Tanto el Anuario como los Informes clasifican la información en función de la tipificación de los delitos sexuales, pero agrupan los delitos de forma diferente. Tampoco publican información pormenorizada de todos los delitos. En cuanto a los delitos sexuales, en el Anuario se publican datos sobre *Libertad sexual*, categoría en la que ofrece información sobre todos los delitos sexuales y prevé las siguientes subcategorías: agresión sexual con penetración, corrupción de menores o incapacitados, pornografía de menores, y otras infracciones contra la libertad/indemnidad sexual. Los datos que se publican en los Informes se estructuran en diferentes categorías, más completas que las del Anuario: agresión y abuso sexual, agresión y abuso sexual con penetración, exhibicionismo, pornografía de menores pornografía de menores, acoso sexual, delito de contacto mediante tecnología con menor de dieciséis años

38. AEBI, M. y LINDE, A., «El misterioso caso de la desaparición de las estadísticas policiales españolas», *op. cit.*
39. BARBERET, R., «Spain», *op. cit.*
40. AEBI, M. y LINDE, A., «El misterioso caso de la desaparición de las estadísticas policiales españolas», *op. cit.*
41. BARBERET, R., «Spain», *op. cit.*

con fines sexuales, corrupción de menores/incapacitados, delitos relativos a la prostitución delitos relativos a la prostitución y provocación sexual.

Las denuncias ante las fuerzas y cuerpos de seguridad solo ponen en conocimiento de las autoridades unos hechos. La calificación provisional la realizan las acusaciones tras la apertura de la fase de juicio oral. Se desconocen los criterios que emplean las Fuerzas y Cuerpos de Seguridad para clasificar una conducta como un determinado tipo de delito. Por ejemplo, los parámetros para diferenciar los delitos de agresión sexual de los delitos de abuso sexual.

Además, como señalan Antonia LINDE y Linda SUMMERS, otro aspecto negativo de estadística policial en España es la escasa información sobre los indicadores o variables. Es necesario mejorar la transparencia y accesibilidad de los datos[42]. Simplemente se agregan las estadísticas sin proporcionar ningún análisis contextual. Dentro de la violencia sexual, sin embargo, son positivos los *Informes sobre delitos contra la libertad e indemnidad sexual en España*, que se publican desde 2017. Suponen un avance importante al simplificar y explicar los datos mediante numerosos diagramas y texto descriptivo.

En cuanto a la estadística judicial, el Consejo General del Poder Judicial (en adelante, CGPJ), publica anualmente *La Justicia Dato a Dato*, que proporciona un resumen de la actividad del Poder Judicial en el año correspondiente. Estos informes incluyen secciones sobre violencia de género y violencia doméstica, pero no se presentan datos específicos sobre delincuencia sexual[43].

En el ámbito de la violencia de género, el CGPJ proporciona información específica[44]. Además, desde 2008, el CGPJ ha publicado análisis de sentencias relacionadas con homicidios y violencia de género, proporcionando datos sobre las decisiones judiciales y factores socioeconómicos que afectan la vulnerabilidad de las víctimas. Permiten obtener un panorama amplio y detallado del tratamiento de la violencia de género en el Sistema Judicial español, así como de las características de las víctimas y los agresores. Ahora bien, estos datos no contienen información sobre delitos sexuales. Únicamente, en 2021,

42. LINDE, A. y SUMMERS, L., «Fuentes de datos para la investigación de la delincuencia en España», *Revista Española De Investigación Criminológica*, núm. 19(2), 2021, pp. 1-20.

43. BALLESTEROS DONCEL, E. y BLANCO MORENO, F., «Las estadísticas de criminalidad sexual en España: una propuesta de caracterización», *op. cit.*

44. CEREZO, A. y IZCO, M., «Análisis de las fuentes de datos estadísticos oficiales en materia de violencia de género en España», *Revista Española de Investigación Criminológica*, núm. 19(2), 2022.

el CGPJ publicó el *Estudio sobre sentencias del Tribunal Supremo dictadas en 2020 por delitos contra la libertad sexual.* Ofrece información útil y completa sobre las sentencias dictadas por delitos sexuales, pero se trata de una publicación puntual que ofrece información sobre el año 2020.

La única fuente oficial de estadística judicial sobre delitos sexuales es la *Memoria de la Fiscalía General del Estado.* Este documento ofrece información sobre el número de procedimientos incoados y calificados por el Ministerio Fiscal y de sentencias dictadas por los tribunales. Solo se dispone de información sobre sentencias desde 2011. Con anterioridad, solo se publicaban datos sobre las diligencias urgentes incoadas por el Ministerio Fiscal. En la Memoria no se proporciona información sobre el sentido de las sentencias dictadas por delitos sexuales.

La *Memoria de la Fiscalía General del Estado* estructura los datos sobre sentencias en función de delitos. Ahora bien, en la Memoria tampoco se indican los criterios empleados para clasificar una sentencia en un tipo de delito o en otro. Si se clasifican en función de la calificación provisional, de la calificación definitiva o del sentido del fallo de la sentencia. Emplea las siguientes categorías: agresiones sexuales, violación, abusos sexuales, abuso sexual con acceso carnal, abuso sexual con engaño, acoso sexual, exhibicionismo y provocación sexual, prostitución de persona menor de edad o incapaz, prostitución de persona mayor de edad, utilización de menores con fines pornográficos, producción, distribución o tenencia material pornográfico, corrupción de menores, abuso sexual de menores, agresión sexual de menores, acoso menores-telecomunicaciones, abuso sexual a menores de 16 años, agresión sexual a menores de 16 años, acoso por telecomunicaciones a menores de 16 años, abuso sexual con engaño sobre mayores de 16 y menores de 18 años, agresión sexual de menores de 16 años con acceso carnal (violación), omisión de los deberes de guarda del menor estado prost/corrup, exhibición y provocación sexual sobre menores de 16 años, uso de prostitución de persona menor de edad o incapaz y asistencia a espectáculos exhibicionistas o porno.

La estadística judicial adolece de múltiples problemas metodológicos que afectan directamente a la fiabilidad de los datos que ofrecen. GONZALO ESCOBAR explica que «las cifras judiciales de la criminalidad no tienen una correlación con las cifras policiales, existe una gran descoordinación y errores que hacen que las indicadas cifras, fundamentalmente las judiciales, sean muy poco fiables»[45]. Valorar las limitaciones que ofrecen los datos oficiales es esencial para comprender tanto el contenido de las estadísticas como las

45. ESCOBAR, G., «Extranjeros y prisiones», *Revista De Estudios De La Justicia*, núm. 12, 2010, pp. 261-277, p. 268.

omisiones que contienen[46]. Sin embargo, no debe olvidarse que la estadística policial y judicial, aunque no son un reflejo del todo fiel, «son fuentes de información esenciales que nos permiten medir la criminalidad, analizar sus tendencias, evaluar tipologías delictivas concretas y analizar su evolución a lo largo del tiempo»[47].

2.2. INCOACIÓN DE PROCESO. HECHOS DENUNCIADOS ANTE LAS FUERZAS Y CUERPOS DE SEGURIDAD

El proceso penal puede incoarse mediante denuncia, querella o de oficio. Los delitos sexuales poseen naturaleza semipública en virtud del artículo 191.1 del Código Penal vigente. Solo podrán ser perseguidos si la víctima ha denunciado los hechos o interpone querella. Ni las Fuerzas y Cuerpos de Seguridad ni cualquier otra autoridad puede actuar de oficio. Es necesario puntualizar que las autoridades españolas no publican datos oficiales sobre la incoación de procesos mediante querella. Solo se ofrecen aquellos datos relativos a los hechos conocidos por las Fuerzas y Cuerpos de Seguridad a través de denuncia.

En cuanto a los delitos sexuales, el Ministerio del Interior publica datos sobre *Libertad sexual* en su Anuario. Categoría en la que ofrece información sobre todos los delitos sexuales. Prevé las siguientes subcategorías: agresión sexual con penetración, corrupción de menores o incapacitados, pornografía de menores, y otras infracciones contra la libertad/indemnidad sexual. Se analizan en esta investigación las categorías de *Libertad sexual y agresión sexual con penetración.*

Los hechos conocidos se definen como el conjunto de infracciones penales de las que han tenido noticia las distintas Fuerzas y Cuerpos de Seguridad, bien por medio de denuncia o por actuación policial realizada *motu proprio* (labor preventiva o de investigación.) Los delitos sexuales poseen naturaleza semipública, por tanto, se menciona indiferentemente *hechos conocidos* y *denuncias* en la presente investigación.

La tendencia de las denuncias por delito de violación entre 1987 y 2021 es constante. El promedio es de 1488 delitos al año y oscila entre un mínimo

46. PALMA HERRERA, J. M., «El sistema estadístico de criminalidad y su eficacia en el estudio de la conexión entre criminalidad organizada e inmigración en España», *Revista Electrónica de Ciencia Penal y Criminología*, RECPC 14-r1, 2012.

47. GIMÉNEZ-SALINAS, A. y PÉREZ RAMÍREZ, M. «La trazabilidad de los datos oficiales sobre delincuencia en España», *Revista Española De Investigación Criminológica*, núm. 19(2), 2022.

de 1094 en 1997 y un máximo de 2143 en 2021. Si se compara con los delitos sexuales en general, la tendencia hasta 2021 ha sido ascendente, con un promedio de 10297 hechos conocidos anuales.

Figura 3. Evolución de los hechos conocidos por delitos sexuales (1987-2021)

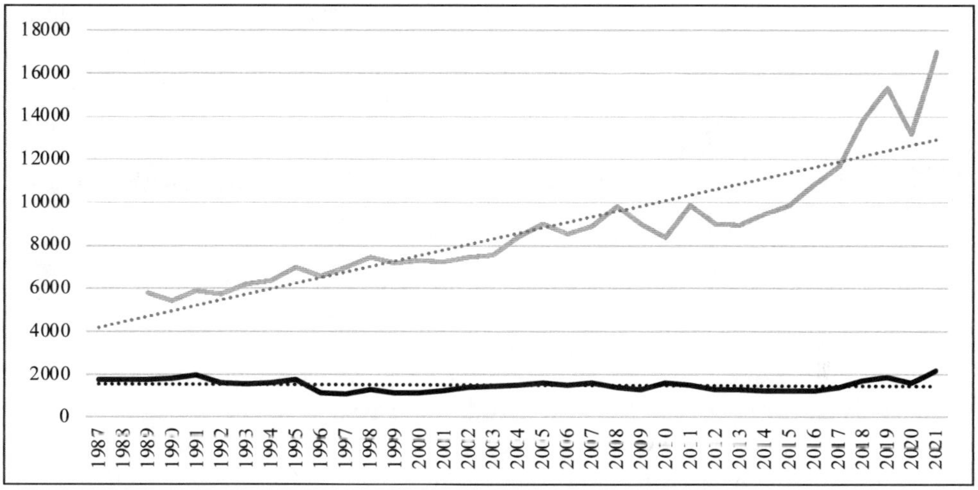

Fuente: Ministerio del Interior, Gobierno de España. Elaboración propia.

El Ministerio del Interior también publica los hechos esclarecidos por las Fuerzas y Cuerpos de Seguridad desde el 2011. Se consideran esclarecidos si el autor es detenido in fraganti, si se identifica plenamente al autor, aunque no sea detenido, si existe una confesión verificada o pruebas sólidas y cuando la investigación muestre que no existe infracción. La consideración de unos hechos conocidos como esclarecidos no posee relevancia en el proceso penal. Será el Juez o Jueza de Instrucción en la fase intermedia del proceso quien decida si debe sobreseerse o debe darse apertura a la fase de juicio oral.

Como promedio un 80,82% de los hechos conocidos por el delito de violación son esclarecidos, según los datos del Ministerio del Interior. Cinco puntos por encima del esclarecimiento del conjunto de delitos sexuales. Esta proporción es bastante superior en comparación con el esclarecimiento de los todos los hechos conocidos por las Fuerzas y Cuerpos de Seguridad, que se encuentra de promedio en un 32,88%.

Si se compara con los delitos contra las personas, el porcentaje de hechos esclarecidos es más elevado que el relativo a los delitos de violación. Asciende a un 84,66%, como promedio desde 2011 hasta 2021. De tales cifras se desprende que aquellos delitos contra las personas, como los delitos contra la vida, la integridad física, y también los delitos sexuales —incluyendo la violación— pueden poseer un alto índice de esclarecimiento por las Fuerzas y Cuerpos de Seguridad españoles. Los delitos patrimoniales, en cambio, mostraban un 17,45% de esclarecimiento desde 2011 hasta 2021, como promedio. Este bajo esclarecimiento puede tener su origen la relación previa de la víctima y el autor de los hechos. En los delitos patrimoniales suelen ser desconocidos, dificultando la identificación del responsable a las Fuerzas y Cuerpos de Seguridad. Sin embargo, en los delitos contra las personas, víctima e investigado suelen poseer una relación previa.

Desde 2017, el Estado español publica anualmente el *Informe sobre delitos contra la libertad e indemnidad sexual en España*. Los datos que se publican se estructuran en diferentes categorías, más completas que las del Anuario del Ministerio del Interior: agresión y abuso sexual, agresión y abuso sexual con penetración, exhibicionismo, pornografía de menores pornografía de menores, acoso sexual, delito de contacto mediante tecnología con menor de dieciséis años con fines sexuales, corrupción de menores/incapacitados, delitos relativos a la prostitución delitos relativos a la prostitución y provocación sexual. Se analizan los datos ofrecidos sobre *agresión y abuso sexual con penetración*. Se puede observar una tendencia ascendente, coherente con los datos contenidos en el Anuario, que alcanza su máximo en 2021 con 3.795 denuncias por delitos de abuso y agresión con penetración.

Figura 4. Evolución de los hechos conocidos por delitos de abuso y agresión sexual con acceso carnal (2012-2021)

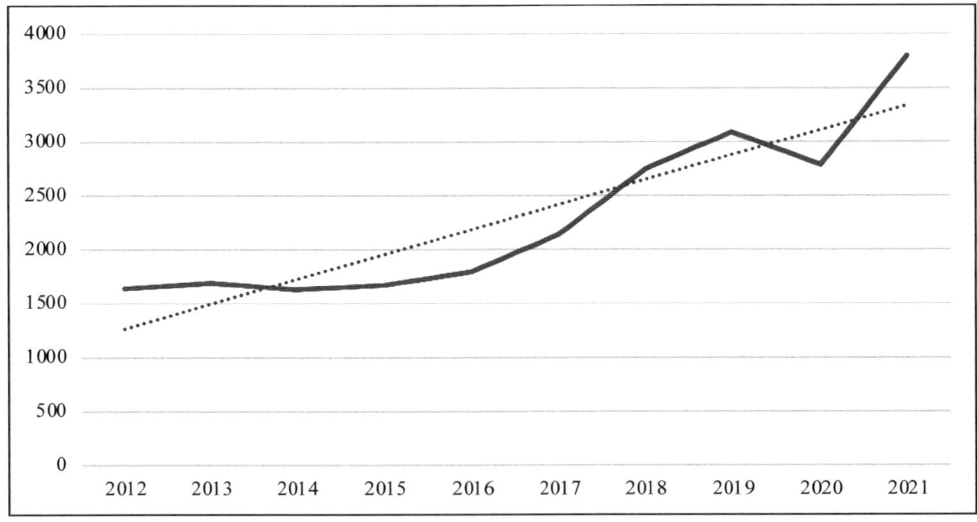

Fuente: Ministerio del Interior, Gobierno de España. Elaboración propia.

2.3. PROCESOS QUE SUPERAN LA FASE DE INSTRUCCIÓN. TASA DE ENJUICIAMIENTO

Después de la incoación del proceso penal, da comienzo la fase de instrucción. Su objetivo es reunir suficiente información sobre unos hechos que presenten indicios de criminalidad y sobre la identificación del autor de estos hechos. Tras la práctica de diferentes diligencias de investigación, en la fase intermedia del proceso, el o la Jueza de Instrucción puede dictar un auto de sobreseimiento, que implica la terminación del proceso.

El sobreseimiento puede justificarse en la ausencia de indicios sobre la existencia del hecho denunciado. Por ejemplo, que los hechos denunciados fueran fruto de una simulación. También en la ausencia de indicios de criminalidad en el hecho denunciado. En el caso del delito de violación puede considerarse que el contacto sexual fue consentido. O la no identificación del responsable.

En la fase intermedia también puede dictarse un auto de apertura de juicio oral. En este supuesto, las acusaciones calificarán provisionalmente los hechos, y se iniciará la fase de enjuiciamiento. Si el o la Jueza de Instrucción dictan un auto de apertura de juicio oral, las acusaciones pueden calificar el hecho denunciado como un delito de violación. Ahora bien, también es posible que califiquen el hecho como un delito de abusos sexuales con acceso carnal.

La Memoria Anual de la Fiscalía General del Estado es la única fuente de datos oficial sobre las sentencias que enjuician de delitos sexuales desde 2011. Para analizar la evolución del delito de violación se han agregado los datos relativos dos indicadores de la memoria: *delito de violación*, que incluyen los datos sobre los delitos de violación cometidos contra personas mayores de la edad de consentimiento (art. 179 CP); y el *delito de agresión sexual con acceso carnal a menores (violación), que* ofrece los datos sobre los delitos de violación cometidos contra personas mayores de la edad de consentimiento (art. 183.3 CP). En virtud de los datos recopilados por la Fiscalía General del Estado en sus memorias anuales, el máximo histórico de sentencias dictadas por un delito de violación es de 94 resoluciones en 2019, seguido por 2012 y 2021 con 88 sentencias. El promedio se encuentra en 68 sentencias al año.

Para calcular la tasa de enjuiciamiento se comparan estos datos publicados por el Ministerio Fiscal con la información que proporciona el Ministerio de Interior en su Anuario Estadístico sobre los hechos conocidos por delitos de agresión sexual con penetración[48]. Esta tasa determina el porcentaje de

48. En el análisis de los datos secundarios y primarios, cada año se comparan las denuncias interpuestas con las sentencias dictadas. Diferentes investigaciones han criticado

procesos que superan la fase de instrucción y son juzgados. En los delitos de violación se observa una tasa de enjuiciamiento de un 4,62%. Solo esta proporción de las denuncias por violación superan la fase de instrucción y se juzgan como delitos de violación, como promedio desde el 2011 hasta el 2021.

Figura 5. Evolución de las denuncias por delitos de violación y sentencias dictadas por delitos de violación (2011-2021)

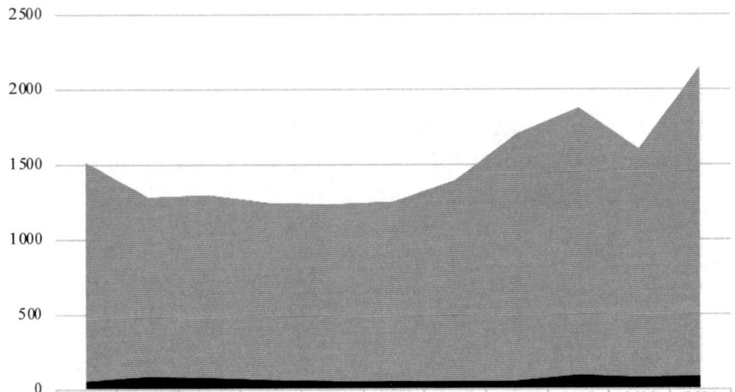

	2011	2012	2013	2014	2015	2016	2017	2018	2019	2020	2021
DENUNCIAS POR DELITOS DE VIOLACIÓN	1513	1280	1298	1239	1229	1249	1387	1700	1873	1596	2143
SENTENCIAS POR DELITO DE VIOLACIÓN	50	88	77	60	55	56	53	56	94	74	88

Fuente: Ministerio de Justicia y Ministerio del Interior, Gobierno de España. Elaboración propia.

El resto de los delitos de violación denunciados pueden ser sobreseídos. También es posible que una proporción de los hechos contenidos en las denuncias de violación sean calificados provisionalmente por las acusaciones como abusos sexuales con acceso carnal y sean juzgados por este delito. Se comparan las cifras sobre denuncias por delitos de agresión sexual con penetración publicadas en el Anuario con los datos que ofrece la Memoria sobre *delitos de violación, delitos de agresión sexual con acceso carnal a menores (violación)* y

esta metodología, dado que los hechos denunciados no son necesariamente juzgados y condenados durante ese mismo año. Proponen el seguimiento de casos (*case tracking* en inglés), que permite identificar con precisión los hechos denunciados que han culminado en sentencia. Sin embargo, la comparación de datos oficiales sobre denuncias y sentencias cada año es ampliamente aceptada y esta metodología se emplea en investigaciones referentes en este ámbito. Véase LOVETT, J. y KELLY, L., *Different Systems, Similar Outcomes? Tracking Attrition in Reported Rape Cases in Eleven Countries*, London Metropolitan University, Londres, 2011.

delitos de abuso sexual con acceso carnal. Se calcula una tasa de enjuiciamiento de un 8,40%. Porcentaje de las denuncias por delitos de violación que superan la fase de juicio oral y son juzgadas como delitos de violación o como delitos de abuso sexual con acceso carnal.

Figura 6. Evolución de las denuncias por delitos de violación y las sentencias dictadas por delitos de violación y abuso sexual con penetración (2011-2021)

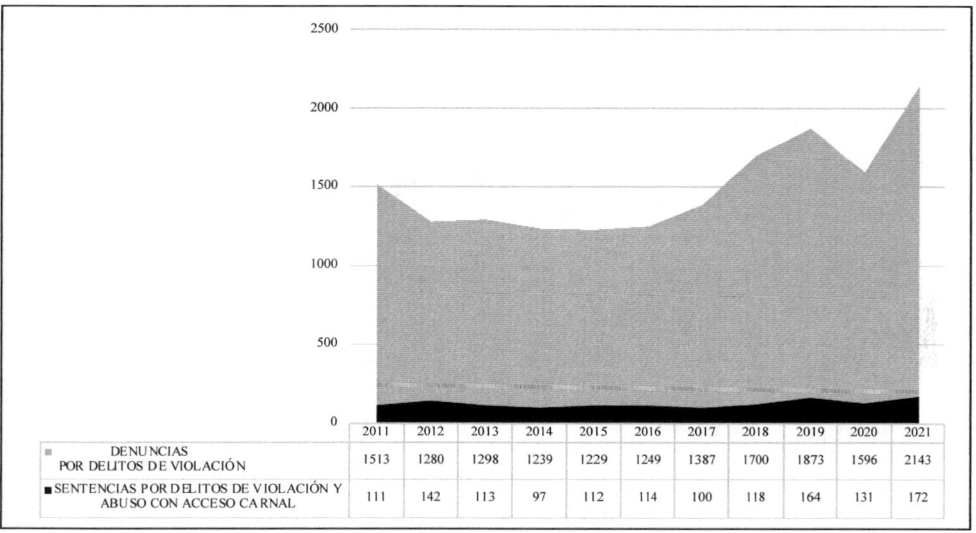

	2011	2012	2013	2014	2015	2016	2017	2018	2019	2020	2021
DENUNCIAS POR DELITOS DE VIOLACIÓN	1513	1280	1298	1239	1229	1249	1387	1700	1873	1596	2143
SENTENCIAS POR DELITOS DE VIOLACIÓN Y ABUSO CON ACCESO CARNAL	111	142	113	97	112	114	100	118	164	131	172

Fuente: Ministerio de Justicia y Ministerio del Interior, Gobierno de España. Elaboración propia.

Sin embargo, los delitos de abuso sexual con acceso carnal juzgados pueden tener su origen en denuncias por delitos de abuso sexual con acceso carnal. Además de en denuncias por delitos de violación que son calificadas provisionalmente como abusos con acceso carnal. Por tanto, la proporción de denuncias por delitos de violación que son juzgadas, por delito de violación o abuso sexual, parece encontrarse entre las dos tasas de enjuiciamiento calculadas, entre un 4,62% y un 8,40%.

Con el objetivo de arrojar luz sobre esta cuestión, se calcula la tasa de enjuiciamiento comparando los datos contenidos en la Memoria sobre sentencias dictadas por *delitos de violación*, *delitos de agresión sexual con acceso carnal a menores (violación)* y *delitos de abuso sexual con acceso carnal* y las cifras sobre denuncias interpuestas por *delitos de abuso y agresión sexual con acceso carnal* contenidas en el *Informe sobre delitos contra la libertad sexual en España*. Se observa una tasa de enjuiciamiento de 5,80%.

Figura 7. Evolución de las denuncias y sentencias dictadas por delitos de agresión y abuso sexual con penetración (2011-2021)

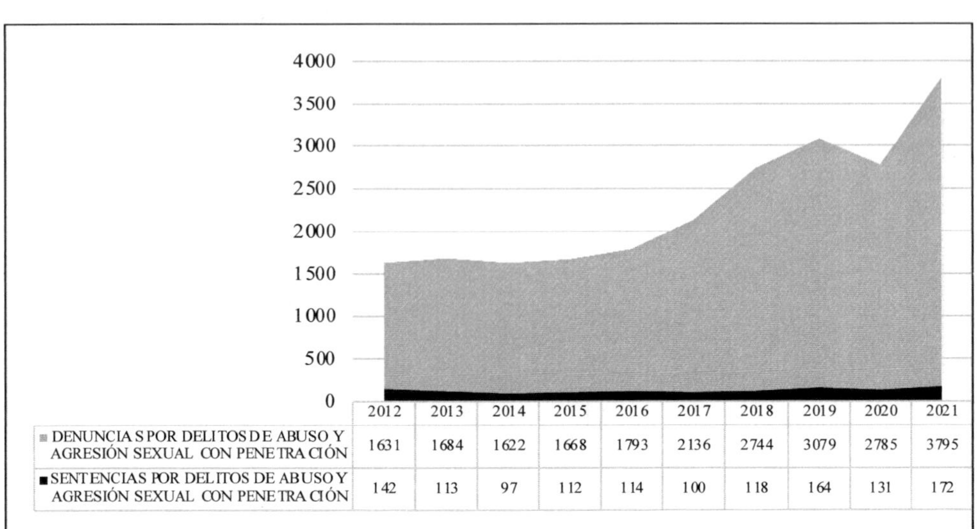

	2012	2013	2014	2015	2016	2017	2018	2019	2020	2021
DENUNCIAS POR DELITOS DE ABUSO Y AGRESIÓN SEXUAL CON PENETRACIÓN	1631	1684	1622	1668	1793	2136	2744	3079	2785	3795
SENTENCIAS POR DELITOS DE ABUSO Y AGRESIÓN SEXUAL CON PENETRACIÓN	142	113	97	112	114	100	118	164	131	172

Fuente: Ministerio de Justicia y Ministerio del Interior, Gobierno de España. Elaboración propia.

La tasa de enjuiciamiento se encuentra entre el 4,62% y un 8,40% como promedio en el período de 2011 a 2021. En cualquier caso, es inferior al 10%. Menos de una de cada diez denuncias interpuestas por delitos de violación superaron la fase de investigación y fueron enjuiciadas.

En cualquier caso, no existe gran diferencia entre la tasa de enjuiciamiento de los delitos de violación —inferior al 10 %— y la de todos los delitos cometidos, que representa un 11,80%. La comparación es tramposa. La tasa de enjuiciamiento de todos los delitos está condicionada por los delitos patrimoniales, que son los más denunciados en España y poseen una tasa de enjuiciamiento de un 3,08%. Esta reducida proporción de delitos enjuiciados puede tener su origen en la relación previa entre la víctima y el autor de los hechos.

Los delitos patrimoniales suelen ser cometidos por desconocidos y puede ser complejo identificar al autor de los hechos durante la fase de instrucción. En cambio, los autores de los delitos contra las personas, como en el caso de la violencia sexual, suelen ser personas conocidas para la víctima. Si se compara la tasa del juzgamiento del delito de violación con la de otros delitos contra la persona se identifica una gran diferencia. El 58,25% de las denuncias por delitos contra las personas (delitos contra la vida y delitos contra la integridad física) fueron enjuiciadas.

La reducida tasa de enjuiciamiento de los delitos de violación es coherente con la literatura científica previa sobre el caso español, que revela que la mayoría de las denuncias no superan la fase de investigación y no son juzgadas ante un tribunal. BALLESTEROS y BLANCO analizan la actividad de la Audiencia Provincial de Madrid y los datos estadísticos disponibles para la provincia de Madrid que indica una elevada atrición, con una tasa de enjuiciamiento del 12,6%[49]. Otro estudio se basa en el seguimiento de doscientos procesos sobre delitos de agresión sexual denunciados en la ciudad de Barcelona[50]. Esta investigación, liderada por BERTOMEU, evidenció una tasa de enjuiciamiento del 11%. En España la proporción de procesos que son enjuiciados es inferior a los resultados hallados en otros países. Específicamente, la tasa de enjuiciamiento se hallaba entre un 8% y un 32% en la meta revisión realizada por DALY y BOUHOURS en países anglosajones[51]. Son reseñables los resultados obtenidos por KELLY, LOVETT y REGAN en su informe *Gap or a Chasm?: Attrition in Reported Rape Cases*[52]. Este informe analiza dos Centros de Derivación de Asuntos de Agresión Sexual (*Sexual Assault Referral Centers* en inglés) en Reino Unido, un servicio de apoyo y tres centros donde no se ofrecen servicios especializados para víctimas de violación. Se halló que la gran mayoría de las denuncias por delitos de violación no avanzaron más allá de la etapa de investigación. Solo el 14% de los procesos alcanzaron la etapa de juicio.

La tasa de enjuiciamiento en España es ligeramente elevada en comparación con los resultados hallados en la investigación liderada por LOVETT y KELLY sobre delitos de violación en Europa. El propósito de esta investigación era actualizar los datos estadísticos oficiales sobre la atrición en treinta países europeos, entre los que no se halla España, desde 1982 hasta 2008. Además, en esta investigación se realiza un seguimiento de cien procesos en once países europeos durante 2004, Austria, Bélgica, Francia, Alemania, Grecia, Hungría, Irlanda, Portugal, Escocia, Suecia, Inglaterra y Gales. Debido a las disparidades de la legislación procesal, específicamente en la fase de investigación del delito, no es posible comparar datos sobre los procesos que superan la

---

49. BALLESTEROS DONCEL, E. y BLANCO MORENO, F., «Impunidad ante las violencias sexuales: análisis sociológico desde un estudio de caso», *op. cit.*

50. BERTOMEU RUIZ, A., PEÑACOBA PÉREZ, M., PUJOL ROBINAT, A., SANCHO DE SALAS, M., VIDAL GUTIÉRREZ, C., y XIFRÓ COLLSAMATA, A., *Taxa de condemna en delictes d'agressió sexual*, Àrea d'Investigació i Formació en Execució Penal (CEJFE), Repositori de justícia de la Generalitat de Catalunya, 2017, p. 48.

51. DALY, K. y BOUHOURS, B., «Rape and attrition in the legal process: A comparative analysis of five countries», *op. cit.*

52. KELLY, L., LOVETT, J. y REGAN, L., *Gap or a Chasm?: Attrition in Reported Rape Cases*, Home Office Research Study 293, Home Office Research Development and Statistics Directorate, Londres, Reino Unido, 2005.

investigación y finalmente son enjuiciados. Sin embargo en el seguimiento de casos sí se obtienen datos suficientes para calcularla tasa de enjuiciamiento, que se encontraba como promedio en un 20%[53].

3. FASE DE JUICIO ORAL. TASA DE CONDENA DE LOS DELITOS DE VIOLACIÓN

Los procesos que superan la fase de instrucción son enjuiciados y pueden culminar con una sentencia condenatoria o absolutoria. Se describen los resultados del estudio cuantitativo de sentencias sobre los datos sobre el fallo[54]. Como se aprecia en la tabla 4, en una primera recodificación se emplearon tres categorías, *absolución* (15,20%; n=68) cuando se absolvió por todos los delitos; *condena* (79,90%; n=358) cuando se condenó por todos los delitos por los que se acusaba; y *condena y absolución* cuando se condenó por algunos delitos por los que se acusaba y se absolvió por otros (4,90%; n=22).

En una segunda recodificación se incluyeron aquellos casos donde se condenó y se absolvió por delitos sexuales en la categoría de «condena», para simplificar el análisis en el cruce esta variable con otras.

Tabla 4. Recodificación de las variables sobre la condena y absolución de delitos sexuales

Segunda recodificación	**Porcentaje**	**Recuento**
Condena	84,80%	380
Absolución	15,20%	68
Total	**100,00%**	**448**
Primera recodificación	**Porcentaje**	**Recuento**
Condena	79,90%	358
Condena y absolución	4,90%	22
Absolución	15,20%	68
Total	**100,00%**	**448**

Fuente: Elaboración propia.

53. LOVETT, J y KELLY, L., *Different Systems, Similar Outcomes? Tracking Attrition in Reported Rape Cases in Eleven Countries, op. cit.*
54. En el análisis se han recodificado dos variables, la que recogía la condena por delitos sexuales (DelitoSexual_Condena) y la variable que recogía la absolución por delitos sexuales (DelitoSexual_Absolución).

En las sentencias analizadas ha registrado un 84, 80% (n=358) de sentencias condenatorias, mientras que los tribunales solo absolvieron en un 15,20% de los casos (n=68).

Figura 8. Decisión del fallo respecto al delito de violación y evolución temporal (2000-2019)

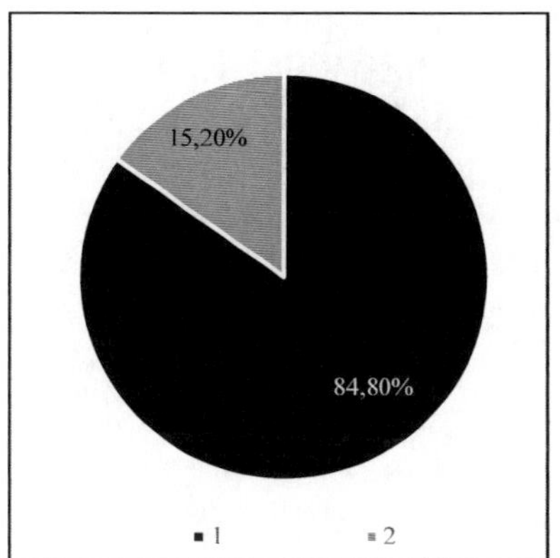

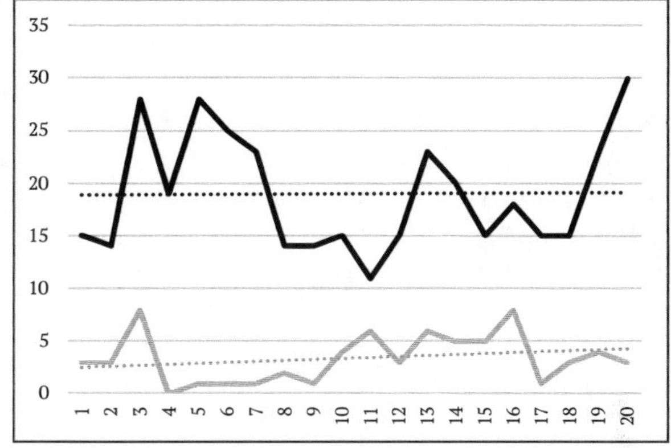

Fuente: Elaboración propia.

Se halla una elevada tasa de condena. Resultado que confirma las investigaciones previas sobre delitos sexuales en España, e incluso muestra una tasa de condena más elevada. El estudio de CAZORLA sobre agresiones sexuales grupales muestra un 65,16% de tasa de condena respecto a las denuncias enjuiciadas[55]. La investigación liderada por BALLESTEROS, en la Audiencia Provincial de Madrid indica también un nivel elevado de condena (65%), aunque inferior al resultado de esta investigación[56].

Sorprende esta tasa de condena si se considera el criterio de la *duda razonable* que opera en la valoración de la prueba en los procesos penales. La combinación del principio de *libre valoración de la prueba* y la *presunción de inocencia* configura una concepción probabilística de la valoración de la prueba en el proceso penal español[57]. Las pruebas a favor y en contra de la inocencia

55. CAZORLA GONZÁLEZ, C., «Aproximación al perfil criminológico de las agresiones sexuales en grupo: un análisis a partir de su casuística jurisprudencial», *op. cit.*

56. RUBIO-MARTÍN, M. J., BLANCO MORENO, F. y BALLESTEROS DONCEL, E., «¿Qué queda del mito de la violación real? Un estudio de caso basado en análisis de sentencias judiciales», *op. cit.*

57. GASCÓN ABELLÁN, M., *Los hechos en el Derecho. Bases argumentales de la prueba, op. cit.*

del acusado se *pesan* de forma asimétrica. No se trata de identificar quién es más creíble —la víctima o el agresor—, sino de comprobar que no existe una duda razonable de la culpabilidad del acusado. En palabras del Tribunal Constitucional, en su Sentencia 55/1982, de 26 de julio, la presunción de inocencia exige *certeza* sobre la comisión de hechos por los que se acusa para poder dictar una sentencia condenatoria.

Si se compara con investigaciones realizadas en otros países, la tasa de condena respecto a los procesos enjuiciados es sumamente alta. En la meta-revisión de DALY y BOUHOURS, esta tasa de condena oscila entre un 47% y un 52%[58]. En Reino Unido el promedio se encuentra en un 43%[59]. En el ámbito europeo, se han identificado tres niveles relativos a la tasa de condena respecto a los procesos enjuiciados[60]. Aquellos con una alta tasa de condena, entre un 85% y un 26%, países con una tasa media de condena, entre un 25% y un 12%, y países con una baja tasa de condena, entre un 10% y un 3%. España se encontraría en el primer grupo, posee una alta tasa de condena (84,80%) respecto a los procesos que alcanzan la fase de enjuiciamiento.

LOVETT y KELLY señalaron que era habitual que cuanto más baja fuera la tasa de enjuiciamiento, más alta fuese la tasa de condena, como ocurre en Austria, Alemania y Hungría[61]. España parece hallarse dentro de este patrón. Más de un 90% de los procesos incoados por delitos de violación finalizaron en la fase intermedia del proceso, con un auto de sobreseimiento dictado por el Juez o Jueza de Instrucción. Ahora bien, aquellos procesos que superaron la fase de instrucción culminaron con una sentencia condenatoria en una elevadísima proporción.

4. LA ATRICIÓN EN LOS PROCESOS PENALES POR DELITOS DE VIOLACIÓN EN ESPAÑA

La atrición ha sido definida como el *abandono* (*drop out* en inglés), *pérdida* (*loss* en inglés) o *filtrado* (*filtering out* en inglés) de hechos denunciados en las

58. DALY, K. y BOUHOURS, B., «Rape and attrition in the legal process: A comparative analysis of five countries», *op. cit.*
59. KELLY, L., LOVETT, J. y REGAN, L., *Gap or a Chasm?: Attrition in Reported Rape Cases*, Home Office Research Study 293, Home Office Research Development and Statistics Directorate, Londres, Reino Unido, 2005.
60. LOVETT, J y KELLY, L., *Different Systems, Similar Outcomes? Tracking Attrition in Reported Rape Cases in Eleven Countries, op. cit.*
61. LOVETT, J y KELLY, L., *Different Systems, Similar Outcomes? Tracking Attrition in Reported Rape Cases in Eleven Countries, op. cit.*

diferentes fases del procedimiento penal[62]. La bibliografía española ha traducido este término como *abandono* o *desistimiento*[63] y también se ha adoptado el anglicismo *atrición*[64]. En este ensayo sugiero el término *desgaste procesal*. Propuesta de traducción que alude precisamente a la pérdida de procesos en diferentes fases del procedimiento.

La atrición o desgaste procesal se operacionaliza a través de la tasa de atrición o de desgaste, que identifica el porcentaje de procesos que no superan una fase específica del procedimiento[65]. No debe ser confundida la *certeza de la condena*[66], que mide la proporción de delitos que sí superan todas las etapas del procedimiento y culminan con sentencia condenatoria[67]. La atrición ha sido investigada intensamente en países anglosajones. Comprender estas investigaciones no es sencillo, debido a las diferentes definiciones empleadas y las variaciones contextuales de cada país[68].

Los resultados hallados en el estudio de sentencias y los datos oficiales permiten estimar que la tasa de condena respecto a la denuncia oscila entre el 3,83% y el 6,94%, como promedio entre los años 2011 y 2019. Porcentaje que desvela una tasa de atrición superior al 90%. Resultado coherente con los

62. HEISKANEN, M., VAN DER BRUGGE, W. y JEHLE, G., Aims of the project, En: HEISKANEN, M. *et al.* (eds.), *Recording Community Sanctions and Measures and Assessing Attrition: A Methodological Study on Comparative Data in Europe*, HEUNI, Helsinki, 2014, pp. 15-22; JEHLE, J. M., «Attrition and conviction rates of sexual offences in Europe: Definitions and criminal justice responses», *European Journal of Crime Policy and Research*, núm. 18(1), 2012, pp. 145-161; LEA, S. J., LANVERS, U. y SHAW, S., «Attrition in rape cases: Developing a profile and identifying relevant factors», *British Journal of Criminology,* núm. 43(3), 2003, pp. 583-599.
63. LARRAURI, E., «Cinco reflexiones feministas en torno al proceso penal», *op. cit.*
64. BALLESTEROS DONCEL, E. y BLANCO MORENO, F., «Impunidad ante las violencias sexuales: análisis sociológico desde un estudio de caso», en PASTOR GOSÁLBEZ, I. y TRUJILLO CRISTOFFANINI, M. (coords.), *La violencia contra las mujeres desde las ciencias sociales: análisis crítico y propuestas para su comprensión,* 2021, pp. 103-126.
65. CHOPIN, J. y AEBI, M., «The level of attrition in domestic violence: A valid indicator of the efficiency of a criminal justice system?», *European Journal of Criminology*, núm. 17(3), 2020, pp. 269-287.
66. BLUMSTEIN, A., TONRY, M. y VAN NESS, A., «Cross-national measures of punitiveness», *Crime and Justice*, núm. 33(1), 2005, pp. 347-376.
67. WALBY, S., ARMSTRONG, J. y STRID, S., «Developing measures of multiple forms of sexual violence and their contested treatment in the criminal justice system», En: BROWN, J. M. y WALKLATE, S. L. (eds), *Handbook on Sexual Violence*, Routledge, Londres, 2011, pp. 90-113.
68. LEA, S., LANVERS, U. Y SHAW, S., «Attrition in rape cases: Developing a profile and identifying relevant factors», *op. cit.*

dos estudios previos realizados en España. En la investigación liderada por BERTOMEU se halla un resultado similar, una tasa de condena (respecto a la denuncia) de un 5,5%[69] y en el estudio de BALLESTEROS y BLANCO, asciende a un 9,6%. En ningún caso supera el 10%[70].

Desde una perspectiva comparada, esta tasa de condena es ligeramente inferior a niveles evidenciados en otros países anglosajones. La meta revisión de DALY y BOUHOURS identificó que las tasas medias de condena oscilan entre un 20% y un 10%[71]. Por ende, la tasa de atrición suele hallarse entre el 80% y el 90%. KELLY, LOVETT y REGAN en su investigación realizada en Londres, identificaron una tasa de atrición del 92%[72]. Sólo el 8% de las denuncias por delitos de violación culminaban con sentencia condenatoria. Investigaciones posteriores han obtenido resultados similares[73].

Tabla 5. Resultados hallados sobre el desgaste procesal o atrición de los delitos de violación

Tasa de denuncia	8%-32%
Tasa de enjuiciamiento (*trial rate* en inglés)	4,62%-8,40%
Tasa de condena respecto del enjuiciamiento (*conviction rate* en inglés)	79,90%-84,80%
Tasa de condena respecto a todo el proceso (*conviction rate* en inglés)	3,83%-6,94%,
Tasa de atrición o desgaste (global) (*attrition rate* en inglés)	93,06%-96,17%

Fuente: Elaboración propia.

Es necesario aclarar que la condena no es el destino ideal de toda denuncia. Como indican CHOPIN y AEBI, las investigaciones sobre atrición pueden ofre-

69. BERTOMEU RUIZ, A., PEÑACOBA PÉREZ, M., PUJOL ROBINAT, A., SANCHO DE SALAS, M., VIDAL GUTIÉRREZ, C., y XIFRÓ COLLSAMATA, A., *Taxa de condemna en delictes d'agressió sexual, op. cit.*

70. BALLESTEROS DONCEL, E. y BLANCO MORENO, F., «Impunidad ante las violencias sexuales: análisis sociológico desde un estudio de caso», *op. cit.*

71. DALY, K. y BOUHOURS, B., «Rape and attrition in the legal process: A comparative analysis of five countries», *op. cit.*

72. KELLY, L, LOVETT, J. y REGAN, L., *Gap or a Chasm? Attrition in Reported Rape Cases, op. cit.*

73. FEIST, A. ASHE, J., LAWRENCE, J., MCPHEE, D., y WILSON, R., *Investigating and Detecting Recorded Offences of Rape*, Home Office Online Report 18/07, Home Office, 2007; HOHL, K. y STANKO, E., «Complaints of rape and the criminal justice system», *European Journal of Criminology*, vol. 12, núm. 3, 2015, pp. 324-341; SINCLAIR, O. «The attrition problem: The role of police officer's decision making in rape cases», *Journal of Investigative Psychology and Offender Profiling*, vol. 19, núm. 3, 2022.

cer una imagen simplista del procedimiento penal, como un filtro donde sólo unos pocos procesos culminan mediante sentencia condenatoria[74]. BRYDEN y LENGNICK destacan que tales planteamientos poseen el riego de concluir que la solución más eficaz sería que cada proceso culminara con una sentencia condenatoria[75].

Esta investigación no sugiere que la condena sea la mejor solución que el proceso puede ofrecer, ni la más eficiente, ni la más eficaz. El diseño del procedimiento penal en España tampoco tiene como objetivo que todas las denuncias culminen con una sentencia condenatoria. Así se aprecia en la regulación de las diferentes fases del proceso penal. En la fase intermedia, se contempla como una opción posible que los hechos denunciados no sean enjuiciados si durante la investigación del delito no se ha identificado información suficiente sobre su criminalidad o sobre su existencia, o sobre la identificación de un autor responsable de los hechos.

Sin embargo, es sorprendente que la tasa de atrición de los delitos de violación sea tan elevada. De forma específica, que la tasa de enjuiciamiento sea sumamente reducida. En el proceso penal español, la fase intermedia representa el *filtro* más restrictivo. Realidad que no puede imputarse a la imposibilidad de identificar al responsable de los hechos. Como indica LARRAURI, en la violencia sexual, el autor de los hechos suele ser conocido[76]. Igualmente que en otros delitos cometidos contra las personas, como las lesiones o el homicidio. Se ha evidenciado que en estos delitos más del 50% de las denuncias superaron la fase de instrucción. Una cifra muy distante del porcentaje de delitos de violación que son enjuiciados, inferior al 10%. Esta realidad puede explicarse porque en la investigación del delito de violación no se identifican indicios de criminalidad de los hechos —que el contacto sexual fue consentido— o que no concurren indicios sobre la existencia del hecho denunciado, es decir, que se ha simulado la violación. En cualquier caso, las denuncias que superan la fase de instrucción y finalmente son enjuiciadas representan una reducida parte de todas las denuncias que se interponen por un delito de violación.

74. CHOPIN, J. y AEBI, M., «The level of attrition in domestic violence: A valid indicator of the efficiency of a criminal justice system?» AEBI, M. y LINDE, A., «Las encuestas de victimización en Europa: Evolución histórica y situación actual», *op. cit.*

75. BRYDEN, D. y LENGNICK, S., «Criminal law: Rape in the criminal justice system», *Journal of Criminal Justice and Criminology,* núm. 87(4), 1997, pp. 1194-1384.

76. LARRAURI, E. «¿Tienen género las garantías del proceso penal?», *op. cit.*, p. 5.

Capítulo III

La valoración del testimonio de las víctimas de violación

SUMARIO: 1. LA CREDIBILIDAD DE LAS VÍCTIMAS DE VIOLACIÓN. UNA PROPUESTA DE CLASIFICACIÓN. *1.1. La violación como pura violencia. 1.2. La violación como abuso de poder. 1.3. La violación como reacción al rechazo femenino. 1.4. La violación como juego erótico.* 2. LA LLAVE DE LA CREDIBILIDAD: LAS CORROBORACIONES PERIFÉRICAS DEL TESTIMONIO DE LA VÍCTIMA. *2.1. La acreditación de las corroboraciones: medios de prueba. 2.2. El objeto de prueba de las corroboraciones periféricas. 2.3. La duda sistemática de la palabra de las mujeres. Estereotipos de género en la credibilidad de víctima de violación.*

1. LA CREDIBILIDAD DE LAS VÍCTIMAS DE VIOLACIÓN. UNA PROPUESTA DE CLASIFICACIÓN

Las metodologías cuantitativas permiten observar la distribución del fenómeno que se investiga[1]. En este ensayo, los factores que poseen una correlación con el sentido del fallo. Es decir, los elementos que influyen en la decisión de los tribunales. La correlación estadística indica la relación entre dos variables. Indica si los cambios en una variable están asociados con cambios en otra y cómo se relacionan. La correlación puede ser positiva, si una variable aumenta, la otra también. También puede ser negativa si al aumentar una variable la otra disminuye. Existe una correlación nula si el aumento o disminución de una de las variables no influye en la otra.

1. IBÁÑEZ, J., «Perspectivas de la investigación social: El diseño en la perspectiva estructural», en M. GARCÍA FERRANDO, J. IBÁÑEZ y F. ALVIRA, *El análisis de la realidad social: Métodos y técnicas de investigación*, Alianza Editorial, Madrid, 1986, pp. 31-65.

La correlación se cuantifica mediante diferentes coeficientes y en este ensayo se emplea el coeficiente de chi-cuadrado. Se ha hallado una correlación estadísticamente significativa entre el sentido del fallo y diferentes variables (con valores de chi-cuadrado menores a 0,050): el número de víctimas, la relación previa entre las partes, el comportamiento anterior y posterior a la violación de la víctima, los rasgos del testimonio de las víctimas analizados, como el lenguaje no verbal, las pruebas periciales médicas, las pruebas periciales sobre restos biológicos, las pruebas periciales indirectas, las declaraciones policiales y la persistencia en la incriminación de la víctima.

La correlación no implica causalidad[2]. Las metodologías cualitativas sí permiten indagar en las causas que explican un fenómeno. El análisis de contenido de sentencias ayuda a comprender las correlaciones encontradas en el estudio cuantitativo previo. Apunta hacia cuatro factores de los que depende la credibilidad de la víctima:

1. La violencia ejercida por el acusado. Puede ser leve —como agarrarle las muñecas a la víctima— hasta extrema. Incluyendo bofetadas, cortes con armas blancas, abrasiones o golpes con objetos tales como piedras o ramas.
2. La relación previa entre las partes. Desde sentencias donde las partes son desconocidas hasta resoluciones donde poseen una relación personal de amistad, pareja o familiar.
3. La identidad de la víctima. Fundamentalmente, si los tribunales consideran a la víctima *vulnerable*.
4. El comportamiento de la víctima. Comprende los actos anteriores y posteriores a la agresión, el comportamiento de la víctima durante la violación y la forma de declarar a lo largo del proceso penal, de forma específica en la celebración del juicio oral, donde su testimonio se practica como prueba de cargo.

Se proponen cuatro tipos de violación en las sentencias analizadas en función de tales criterios: la violación como pura violencia, la violación como abuso de poder, la violación como reacción al rechazo femenino y la violación como juego erótico. En cada tipo se identifica un esquema probatorio diferente. Los

2. Esta afirmación es básica en el ámbito de la sociología y otras disciplinas como la psicología. Un ejemplo habitual es que las ventas de helados y los ataques de tiburones muestran una alta correlación, pero ni el consumo de helados causa más ataques de tiburones, ni los ataques de tiburones causan más ventas de helados. En realidad, durante el verano las personas visitan la playa con mayor frecuencia. Aumentan las ventas de helados como la probabilidad de ataques de tiburones.

tribunales consideran más idóneos unos medios de prueba para corroborar el testimonio de la víctima en cada grupo de agresión identificada. Los cuatro tipos de violaciones se reparten de forma fundamentalmente homogénea en todo el período analizado, desde el 2000 hasta el 2019.

1.1. LA VIOLACIÓN COMO PURA VIOLENCIA

En este tipo de violación, la víctima y el acusado son desconocidos. La agresión suele consistir en ataques sorpresivos. Con una violencia que oscila desde una intensidad media hasta extrema. Un ejemplo de violencia media-alta se encuentra en la sentencia del Tribunal Supremo (Sala de lo Penal), núm. 252/2006 de 6 marzo. El acusado asalta por sorpresa a la víctima en la calle a las cinco de la madrugada. Se abalanza sobre ella, le agarra el cuello y se coloca encima. Empieza a quitarse la ropa y a desvestirla. Es sorprendido por el hermano de la víctima, quien frustra su intento de agresión.

En otras sentencias la violencia es extrema. Es el caso de resolución de la Audiencia Provincial de Zaragoza (Sección 3.ª), núm. 249/2016 de 16 mayo. El condenado por violación es un hombre que, junto a cuatro conocidos, fue a un club de alterne por la mañana después de haber consumido diferentes sustancias durante la noche. Estaba cerrado, pero consiguieron acceder al pasillo donde se encuentran las habitaciones. El acusado fue el único que encontró una habituación abierta. Entró y después de golpear a la víctima, que estaba dormida, la agredió con violencia y múltiples penetraciones.

En la sentencia de la Audiencia Provincial de Murcia (Sección 5.ª), núm. 35/2004 de 3 diciembre, los acusados sorprenden a la víctima cuando está aparcando su coche. En este caso la violencia es particularmente degradante. Tras amenazarla con una navaja, hacen conducir a la víctima hasta un descampado mientras la insultan. Allí la violan dos veces y después orinan sobre ella.

> «No solo durante el viaje en el coche la víctima fue objeto de tocamientos por debajo del jersey y le dijeron en varias ocasiones "puta, te vamos a follar", luego, una vez en Cartagena, la agarraron fuertemente del cabello para obligarla a salir del vehículo y los dos individuos la penetraron vaginalmente en dos ocasiones cada uno, sino que, además, tras consumar su lascivo propósito, uno de ellos, el ignoto acompañante del acusado, orinó sobre Daniela, aún desnuda (tal y como precisa aquella en el plenario)». [Sentencia de la Audiencia Provincial de Murcia (Sección 5.ª), núm. 35/2004 de 3 diciembre. JUR 2005, 5649].

La violación aparece aislada de cualquier relación social. Los tribunales condenan estas agresiones de forma rotunda. Es el caso de la mencionada sentencia de la Audiencia Provincial de Murcia. El magistrado ponente indica que no alberga ninguna duda sobre la palabra de la víctima.

> «La Sala no sólo no alberga dudas, sino que adquirió absoluta certeza sobre lo acaecido merced a la declaración de la víctima, prueba de cargo suficiente para destruir el derecho a la presunción de inocencia cuando, como aquí sucede, cumple todas las garantías que la jurisprudencia del Tribunal Supremo viene exigiendo». [Sentencia de la Audiencia Provincial de Murcia (Sección 2.ª), núm. 387/2011 de 13 octubre. JUR 2011, 388367].

El análisis cuantitativo de sentencias desvela una correlación total entre el sentido del fallo y la relación previa a nivel estadístico. La víctima y acusado fueron desconocidos en 108 sentencias de la muestra analizada, que asciende a 448 sentencias. De las 108, tan solo fue absolutorio el fallo de dos resoluciones. Las partes poseían una relación previa en el 97,10% de las sentencias absolutorias de todas las muestra.

Tabla 6. Cruce entre la relación previa y la decisión judicial de las sentencias analizadas

		Absolución	Condena	Total
Hay relación previa	Recuento	66	272	338
	% dentro de la decisión judicial	97,10%	71,60%	75,40%
No hay relación previa	Recuento	2	108	110
	% dentro de la decisión judicial	2,90%	28,40%	24,60%

Fuente: Elaboración propia.

En las dos únicas sentencias que absuelven al acusado los tribunales consideran probada la agresión. No obstante, el fallo es absolutorio debido a la concurrencia de eximentes de anomalía psíquica.

En la sentencia de la Audiencia Provincial de Alicante (Sección 10.ª), núm. 495/2014 de 8 octubre, el acusado es un varón con una alteración psíquica. En la sentencia del Tribunal Supremo (Sala de lo Penal), núm. 1939/2002 de 19 noviembre, el acusado es un hombre mayor de edad, pero con una discapacidad intelectual que implica un retraso madurativo elevado.

> «Que debemos absolver y absolvemos a Luis Alberto, del delito de abuso sexual del que venía siendo acusado, por concurrir la circunstancia eximente de enajenación mental, con declaración de las costas de oficio». [Sentencia del Tribunal Supremo (Sala de lo Penal), núm. 1939/2002 de 19 noviembre. RJ 2002, 10583].

En este tipo de violación, todas las sentencias condenatorias consideran la declaración de la víctima persistente y verosímil. Es prueba de cargo más que suficiente para desvirtuar la presunción de inocencia. Así sucede en la sentencia de la Audiencia Provincial de Lleida (Sección 1.ª), núm. 62/2013 de 4 marzo. Un hombre agrede a dos mujeres españolas de forma sucesiva. Las ataca sorpresivamente y exhibe un cuchillo para intimidarlas, que les coloca en el cuello mientras las viola. El tribunal las cree sin poner su testimonio en duda. Considera sus declaraciones persistentes y convincentes. Además de estar corroboradas por periciales forenses que acreditan el estrés postraumático y la prueba de ADN.

> «Y todas ellas están presentes en este supuesto, sin que las víctimas hayan incurrido en contradicción alguna que pueda enturbiar la credibilidad de sus manifestaciones; es más su relato se ha visto acompañado de un lenguaje gestual, de manera espontánea que apoya más si cabe la certidumbre de que los hechos se desarrollaron de la manera que las mismas lo han contado desde el primer momento (...) Ambas víctimas ofrecieron un relato claro, totalmente coherente y convincente, de la forma en que los hechos objeto de acusación se produjeron, y cuya credibilidad, no ha merecido a esta Sala, desde la ponderación de los conocidos parámetros exigidos por la jurisprudencia del análisis del testimonio de la víctima, la más mínima duda». [Sentencia de la Audiencia Provincial de Lleida (Sección 1.ª), núm. 62/2013 de 4 marzo. ARP 2013, 388].

Como en esta sentencia de la Audiencia Provincial de Lleida, si la víctima y el acusado eran desconocidos los tribunales consideraban corroborado el testimonio de la víctima por pruebas periciales sobre lesiones o sobre restos biológicos de ADN. Estas pruebas acreditaban la existencia de contacto sexual, con independencia de si era consentido o no. Destaca también la valoración de la prueba pericial médica sobre lesiones. A pesar de no acreditar lesiones graves, los tribunales consideraron que corroboraban la agresión.

> «El médico forense Dr. Celso (...) puso de manifiesto en su declaración que el hecho de que no apreciara lesiones traumáticas en aquéllas, en modo alguno implica que hubiera existido consentimiento en la relación, ya que la producción de aquéllas exigiría una violencia de importancia o una desproporción entre miembros que, en ningún momento, ha sido puesto de manifiesto por las víctimas». [Sentencia de la Audiencia Provincial de Lleida (Sección 1.ª), núm. 62/2013 de 4 marzo. ARP 2013, 388].

A nivel estadístico, se observa una correlación relevante entre la relación previa entre las partes y la prueba pericial forense. Si la víctima y el acusado eran desconocidos los tribunales consideraron que la prueba pericial forense médica confirmaba el testimonio de la víctima en un 79,1% de estas sentencias. Tan solo en un 3,6% de las sentencias se practicó tal prueba y el tribunal consideró que no corroboraba la declaración de la víctima.

Tabla 7. Cruce entre la relación previa entre las partes y la prueba pericial forense médica en las sentencias analizadas

Prueba pericial forense médica		**Hay relación previa**	**No hay relación previa**	**Total**
Se practica y **no corrobora el testimonio**	Recuento	43	4	47
	% dentro de la relación previa	12,7%	3,6%	10,5%
Se practica y **corrobora el testimonio**	Recuento	206	87	293
	% dentro de la relación previa	60,9%	79,1%	65,4%
No consta la práctica	Recuento	89	19	108
	% dentro de la relación previa	26,3%	17,3%	24,1%

Fuente: Elaboración propia.

Se muestra también una correlación total entre la relación previa y la prueba pericial sobre restos biológicos, con un valor de chi-cuadrado de 0,000. En un 45,5% de las sentencias donde las partes no poseen una relación previa se practicó una prueba pericial forense sobre restos biológicos —como una prueba de ADN— y el tribunal consideró que confirmaba el testimonio de la víctima. Únicamente, en un 5,5% de las resoluciones se ha practicado una prueba forense sobre restos biológicos y el tribunal valoró que tal prueba no corroboraba la declaración de la víctima.

Tabla 8. Cruce entre la relación previa y la prueba pericial forense sobre restos biológicos en las sentencias analizadas

Prueba pericial forense sobre restos biológicos		**Hay relación previa**	**No hay relación previa**	**Total**
Se practica y **no corrobora el testimonio**	Recuento	32	6	38
	% dentro de la relación previa	9,5%	5,5%	8,5%
Se practica y **corrobora el testimonio**	Recuento	68	50	118
	% dentro de la relación previa	20,1%	45,5%	26,3%
No consta la práctica	Recuento	238	54	292
	% dentro de la relación previa	70,4%	49,1%	65,2%

Fuente: Elaboración propia.

Los tribunales también valoraron el daño psicológico, como el estrés postraumático. En la sentencia de la Audiencia Provincial de Murcia (Sección 5.ª), núm. 35/2004 de 3 diciembre, el magistrado ponente señaló «la realidad no sólo de unas lesiones físicas sino, sobre todo, de un trauma psíquico sufrido por Daniela derivado de tan traumática experiencia». No existe, sin embargo, una correlación significativa a nivel estadístico entre la práctica de pruebas periciales psicológicas y la relación previa entre las partes.

En definitiva, los tribunales valoraron el testimonio de la víctima como la prueba principal de cargo si la víctima y el acusado eran desconocidos. Los informes periciales sobre lesiones o sobre restos biológicos, como el ADN, y otros medios de prueba, confirmaron elementos periféricos del relato de la víctima y fueron considerados corroboraciones de su testimonio. Estos medios probaron la existencia de un contacto sexual, con independencia de si era consentido o no. No confirmaron por sí solas la agresión.

Figura 9. Diagrama sobre la violación como pura violencia

Fuente: Elaboración propia.

1.2. LA VIOLACIÓN COMO ABUSO DE PODER

Este tipo de agresión sucede cuando el acusado aprovecha la vulnerabilidad de la víctima. La violencia puede ser de baja intensidad. Por ejemplo, agarrar a la víctima de las muñecas, sujetarla por los brazos, amenazarla, etc. Es el caso de la sentencia del Tribunal Supremo (Sala de lo Penal, Sección 1.ª) núm. 435/2019 de 1 octubre. El acusado es condenado por violar a la hija de su pareja desde que se mudó con su madre a España. Forcejeaba casi a diario con la víctima para agredirla sexualmente.

> «Se describen nítidamente actos de violencia encaminados a vencer la resistencia de víctima a los contactos sexuales con penetración que imponía el acusado. Solo como tales pueden interpretarse lo que se denominan forcejeos, que alcanzaban mayor intensidad cuando la introducción discurrió por vía anal». [Sentencia del Tribunal Supremo (Sala de lo Penal, Sección 1.ª) núm. 435/2019 de 1 octubre. RJ 2019, 3790].

De forma similar se suceden los hechos de la sentencia de la Audiencia Provincial de Álava (Sección 2.ª), núm. 214/2004 de 22 diciembre. El acusado mantiene una relación de noviazgo con la madre de la víctima. Discute con su pareja y la agrede físicamente, quien acude al hospital. El acusado vuelve a casa y aprovecha la ausencia de su novia para agredir a su hija. La amenaza, le sujeta los brazos y la agrede sexualmente.

> «Aislando a una niña de sus posibles auxilios, amenazó con causar un mal a su madre, la sujeto por los brazos y se echó sobre ella». Sentencia de la Audiencia Provincial de Álava (Sección 2.ª), núm. 214/2004 de 22 diciembre. JUR 2005, 56262].

En algunos casos la violencia posee una intensidad media o alta. Como en la sentencia del Tribunal Supremo (Sala de lo Penal, Sección 1.ª), núm. 393/2019 de 24 julio. El acusado es un hombre de treinta y un años que convive con su sobrina de trece años. Aprovecha cuando se queda a solas con ella para agredirla sexualmente. Las violaciones cesan cuando la víctima se queda embarazada.

> «Tras cogerla fuertemente de los brazos, le bajó los pantalones y, tras bajarse él los suyos, la penetró vaginalmente, causándole mucho dolor, a pesar de que la menor manifestó su negativa a mantener relaciones sexuales con él, gritándole y pegándole para que la soltara, haciendo éste caso omiso». [Sentencia del Tribunal Supremo (Sala de lo Penal, Sección 1.ª), núm. 393/2019 de 24 julio. RJ 2019, 3263].

En este tipo de agresión la violencia física va acompañada de intimidación. Se deriva de la relación de poder y de la identidad de la víctima como persona vulnerable. En las sentencias condenatorias, la relación previa entre las partes era, fundamentalmente, familiar. A efecto ilustrativo, en la sentencia del Tribunal Supremo (Sala de lo Penal), núm. 1236/2001 de 25 junio, un padre que viola a su hija, desde que la víctima tiene once años. Los sábados y domingos de cada semana mientras aprovecha que su madre duerme o trabaja.

> «La intimidación es prácticamente inherente a la acción de un padre que, haciendo caso omiso de las negativas de una hija de once años, la hace objeto de tocamientos impúdicos y llega por fin a penetrarla vaginalmente». [Sentencia del Tribunal Supremo (Sala de lo Penal), núm. 1236/2001 de 25 junio. RJ 2001, 6819].

Idénticamente sucede en la sentencia de la Audiencia Provincial de Badajoz (Sección 3.ª) núm. 21/2017 de 7 febrero ARP 2017, 484. El acusado es el tío por afinidad de la víctima. La agrede sexualmente durante diez años. La Audiencia Provincial de Badajoz valora que la intimidación sufrida por la víctima procedía de su relación de dependencia, y de las diferentes amenazas y violencia que le infringía el acusado.

> «El propio procesado reconoció en juicio a preguntas de su letrado defensor que a "Tarsila la hemos criado nosotros" en referencia a él y a su mujer, tía carnal de la menor. En esa situación, con esa edad, es muy difícil negarse a las peticiones lúbricas de su tío, máxime cuando van acompañadas de actos de violencia física e intimidación con un mal futuro y condicionado hacia sus dos hermanas más pequeñas y sus propios padres. Esa situación creó en la chica un temor, casi reverencial, que la impidió contárselo a sus padres, a sus hermanas o a sus amigas». [Sentencia de la Audiencia Provincial de Badajoz (Sección 3.ª) núm. 21/2017 de 7 febrero ARP 2017, 484].

La nacionalidad de las víctimas es un aspecto común en las sentencias condenatorias. Suelen ser extranjeras y cuando son españolas, las agresiones se producen en un ambiente rural. Es el caso de la ya mencionada sentencia de la Audiencia Provincial de Badajoz (Sección 3.ª) núm. 21/2017 de 7 febrero. La víctima es sobrina del acusado y conviven en un pequeño pueblo de la provincia.

> «No hay que olvidar la situación en la que se producen esas agresiones a lo largo de nada menos que diez años, que comienzan cuando D.ª Tarsila sólo tiene 14 años y terminan en enero de 2013, ya con 23 años. Estamos hablando de una población pequeña donde todo el mundo se conoce y con una persona con la que tiene una relación especial: su tío». [Sentencia de la Audiencia Provincial de Badajoz (Sección 3.ª) núm. 21/2017 de 7 febrero ARP 2017, 484].

En este sentido, en la sentencia del Tribunal Supremo (Sala de lo Penal, Sección 1.ª), núm. 393/2019 de 24 julio, el tribunal indica que las partes poseen nacionalidad china y que la víctima se encuentra en casa sola durante bastantes horas. Sus padres realizan largas jornadas laborales en el establecimiento que regentan.

Los medios de prueba más relevantes para los tribunales fueron la declaración de la víctima y las pruebas periciales psicológicas. Los tribunales valoraron que la declaración de las víctimas fuera persistente y no adoleciera de contradicciones. En cuanto a los informes periciales psicológicas, los tribunales valoraron que acreditasen la credibilidad de las víctimas.

> «Es persistente (y esta vez, sin contradicciones) la declaración de la madre de que cuando pudo acceder a la vivienda halló a la niña vistiéndose, luego estaba desnuda. Pero es que, además, hay poderosas corroboraciones del relato». [Sentencia de la Audiencia Provincial de Álava (Sección 2.ª), sentencia núm. 214/2004 de 22 diciembre].

> «Firme, sin vacilaciones, ofreciendo un discurso lógico y verosímil, con intensa afectación emocional». [Sentencia del Tribunal Supremo (Sala de lo Penal, Sección 1.ª) núm. 435/2019 de 1 octubre. RJ 2019, 3790].

> «En segundo lugar, los especialistas que depusieron en el acto de juicio manifestaron que "el relato de la menor es verosímil, tiene una estructura lógica y no se encuentra inducido por ningún adulto, descartando cualquier aleccionamiento"». [Sentencia de la Audiencia Provincial de Soria (Sección 1.ª), sentencia núm. 59/2011 de 23 septiembre].

Asimismo, consideraron como corroboración las secuelas psicológicas que la agresión había causado a las víctimas. De forma específica, el síndrome de estrés postraumático que acreditaba que la víctima estaba afectada por la agresión sufrida.

> «No tienen la menor duda y nos dicen que el relato de D.ª Tarsila es coherente y calificable de "altamente veraz". Los síntomas que presenta son propios de este trastorno de estrés postraumático. Recordar que dicho trastorno fue descrito por primera vez tras la Primera Guerra Mundial y se caracteriza por aparición de síntomas específicos tras la exposición a un acontecimiento estresante, extremadamente traumático, ligado a una experiencia propia a la muerte, graves lesiones o actos de violencia importante y suele desarrollarse poco después en la persona que haya sido expuesta a uno o más sucesos traumáticos de índole diversa entre los que están la violación. No se nos ocurre cual puede ser el suceso traumático que ha provocado ese trastorno distinto del que relata la joven: unas 100 violaciones a lo largo de 10 años». [Sentencia de la Audiencia Provincial de Badajoz (Sección 3.ª) núm. 21/2017 de 7 febrero].

> «Queda corroborado este hecho igualmente por los informes médicos que acreditan que la menor padece una secuela psicológica a causa de lo vivido (...) Energía vital disminuida, inhibición motora, sensación de cansancio, agotamien-

to y lentitud de movimientos, vergüenza, rabia contenida, deseos de venganza, tristeza y profundo dolor, terror hasta el punto de quitarse la vida, aislamiento y soledad, sentimiento de estigmatización, poca aceptación de su imagen, se percibe dañada y distinta a las demás». [Sentencia del Tribunal Supremo (Sala de lo Penal, Sección 1.ª), núm. 393/2019 de 24 julio. RJ 2019, 3263].

Estadísticamente existe una correlación total entre la práctica de una prueba pericial psicológica y la relación previa entre las partes (con un valor de chi-cuadrado de 0,000). Se practicó la prueba pericial psicológica en el 65,70% de las sentencias donde la relación previa era familiar.

Tabla 9. Cruce entre la relación previa familiar y la prueba pericial psicológica en las sentencias analizadas

Prueba pericial psicológica		Familiar	Total
No consta la práctica	Recuento	23	326
	% dentro de la relación previa	34,30%	72,80%
Se practica	Recuento	44	122
	% dentro de la relación previa	65,70%	27,20%

Fuente: Elaboración propia.

Existe también una correlación total entre la prueba testifical de referencia y la relación previa entre las partes. En un 58% de las sentencias donde hubo una relación previa familiar entre víctima y acusado, se practicó la prueba testifical de referencia y el tribunal consideró que confirmaba el testimonio de la víctima.

Tabla 10. Cruce entre la relación previa familiar y la prueba testifical de referencia en las sentencias analizadas

Prueba testifical indirecta		Familiar	Total
Se practica y **no corrobora el testimonio**	Recuento	2	26
	% dentro de la relación previa	3,00%	5,80%
Se practica y **corrobora el testimonio**	Recuento	39	145
	% dentro de la relación previa	58,20%	32,40%
No consta la práctica	Recuento	26	277
	% dentro de la relación previa	38,80%	61,80%

Fuente: Elaboración propia.

Fuera de las relaciones familiares, la consideración de víctima vulnerable es casi inexistente. Los tribunales absuelven aunque las víctimas sean menores o posean una discapacidad psicológica. A efecto ilustrativo, en la sentencia del Tribunal Supremo (Sala de lo Penal), núm. 978/2002 de 23 mayo, la víctima posee una discapacidad psicológica leve. El tribunal descarta que concurra intimidación. Entre otros factores, porque los acusados y la víctima mantenían una relación de amistad. Después de una fiesta, planean engañar a la víctima para acostarse con ella. Se la encuentran por la calle y se dirigen a casa de uno de ellos con el pretexto de recoger una cajetilla de cigarrillos. Cuando llegan, un acusado la coge por la mano y sube con ella las escaleras. En la vivienda tienen varios contactos sexuales con la víctima, aunque ella se niega verbalmente.

Los tribunales tampoco consideran a la víctima vulnerable si es menor de edad, pero no existía una relación familiar con el agresor, sino íntima. En la sentencia de la Audiencia Provincial de La Rioja (Sección 1.ª), núm. 123/2006 de 21 junio, se condena al acusado por abuso en lugar de por agresión al considerar que no concurría intimidación, a pesar de que el acusado llegó a amenazar de muerte a la víctima. En tal caso, el acusado era un hombre español de veinticuatro años que entabla una amistad con la víctima, una adolescente diez años menor que él.

Tras conocerse en el pueblo en el que ambos vivían, se encuentran fortuitamente otro día. Después de pasar un rato juntos, ella le pide que la lleve en coche a su casa. Dentro del coche, el acusado no sigue sus indicaciones. Estaciona el coche en un paraje deshabitado. Allí la amenaza de muerte y la penetra. El tribunal valoró que no hubo intimidación al considerar que la víctima, de catorce años, poseía un carácter *fuerte* y condena al acusado por delito de abuso sexual.

> «"si no haces lo que te digo te mato" y "si haces como te gusta te llevaré a casa", y más tarde que le daba igual ir a prisión "por violación o por matar", y que si decía algo, cuando la viera por la calle "se la iba a llevar por delante", no se considera que tales expresiones llegaran a causar el pretendido efecto intimidatorio en la menor. Para ello se tiene en cuenta el carácter fuerte e independiente de la menor (tranquila y fría, según los informes) y el conocimiento que ésta tenía del acusado (...) La menor, por su personalidad y circunstancias, no resultaba ser especialmente vulnerable, pese a su corta edad, al menos respecto al procesado». [Sentencia de la Audiencia Provincial de La Rioja (Sección 1.ª), sentencia núm. 123/2006 de 21 junio. JUR 2006, 202518].

Asimismo, ocurre en la Sentencia de la Audiencia Provincial de Madrid (Sección 17.ª), núm. 836/2015 de 30 diciembre. El acusado es un hombre de treinta y ocho años, casado, que conoce a la víctima, una menor de edad de trece años, en un grupo de personas que quedaban para pasear a sus perros. Empiezan una relación de amistad. Se llaman, intercambian notas, y quedan frecuentemente. Se besan en reiteradas ocasiones y llegan a mantener relaciones sexuales. El tribunal las considera consentidas.

> «A pesar de que ella le decía que parase, él seguía tocándola sin cesar, introduciéndole los dedos en los genitales y besándoselos, que en numerosas ocasiones el señor Fructuoso ha intentado introducirle su pene a lo que Agustina se negaba y él se retiraba en el intento. No se relata acto de violencia o intimidación». [Sentencia de la Audiencia Provincial de Madrid (Sección 17.ª), núm. 836/2015 de 30 diciembre. JUR 2016, 74552].

Después de los contactos sexuales, el acusado le advertía que si contaba algo le podían «mandar a la cárcel». El tribunal sostiene que no concurre intimidación dado que las amenazas eran posteriores a los hechos. Asimismo, considera el consentimiento de la menor totalmente válido y descarta que el acusado la engañara. A pesar de la diferencia de edad de veinticinco años y la edad de la menor en el momento de los hechos, trece años.

> «Las amenazas relatadas en el escrito de acusación no son determinantes para doblegar la voluntad —medial— de la víctima para mantener determinados actos de contenido sexual, sino que simplemente se refiere que se produjeron para ocultar tales relaciones sexuales una vez éstas ya se habían desarrollado: le amenazaba diciéndole que si lo contaba ella saldría perjudicada y "a él le meterían en la cárcel y su mujer se separaría de él"». [Sentencia de la Audiencia Provincial de Madrid (Sección 17.ª), núm. 836/2015 de 30 diciembre. JUR 2016, 74552].

> «No puede tampoco configurar el engaño que el acusado le dijera a Agustina que lo que estaban haciendo "estaba bien", en tanto conllevaría unas consideraciones o reproches morales ajenos al único reproche legítimo que se configura mediante la tipificación penal de las concretas conductas que se describen en el Código Penal como delito o falta. No apreciamos, por lo tanto, coartada o viciada la libertad de Agustina en sus encuentros con Fructuoso, y por lo tanto en esas fechas la conducta realizada por el acusado no constituía delito». [Sentencia de la Audiencia Provincial de Madrid (Sección 17.ª), núm. 836/2015 de 30 diciembre. JUR 2016, 74552].

En las sentencias absolutorias también se aportan pruebas periciales psicológicas. En algunos casos, tales pruebas indican que la víctima no está muy afectada por la agresión.

> «Estas consideraciones son asumidas en el informe de la Psiquiatra D.ª Elvira, en el que se destaca además la ausencia de afectación emocional en el relato de los hechos, así como la ausencia en la menor, en el momento en el que se

produjeron, de una respuesta airada, en función de la vulnerabilidad al estrés que la menor presenta (baja tolerancia a la agresividad, manifestó en el acto del juicio oral)». [Sentencia de la Audiencia Provincial de La Rioja (Sección 1.ª), núm. 123/2006 de 21 junio. JUR 2006, 202518].

En otras sentencias, los tribunales deciden absolver, aunque el informe considera que la víctima sufre estrés postraumático.

> «Aunque la perito también ha indicado que el estrés postraumático que presenta es compatible con la historia que relata ha precisado que dicho estrés puede tener múltiples orígenes y, a juicio mayoritario del Tribunal, también pudiera derivar la presentación de una denuncia sobre hechos graves e inciertos y de las inevitables actuaciones posteriores tanto policiales como judiciales». [Sentencia de la Audiencia Provincial de Barcelona (Sección 2.ª), núm. 656/2015 de 23 julio. JUR 2015, 254462].

La conceptualización de *víctima vulnerable* por los tribunales españoles se acota a situaciones evidentes. La vulnerabilidad derivada de la relación de poder de un padre hacia una hija o de un tío hacia su sobrina. Bajo tal noción de vulnerabilidad, los tribunales aceptan los informes periciales psicológicos y las pruebas testificales de referencia como medios de prueba aptos para confirmar el testimonio de la víctima.

Figura 10. Diagrama sobre la violación como abuso de poder

Fuente: Elaboración propia.

1.3. LA VIOLACIÓN COMO REACCIÓN AL RECHAZO FEMENINO

La violación también puede ser una reacción al rechazo femenino. Se suelen producir en el ámbito de una relación íntima, pareja, expareja o situación análoga. No obstante, en una sentencia analizada las partes son desconocidas, la agresión se desencadena también por la negativa de una mujer en prostitución a tener relaciones sexuales.

> «Se acercaron a Amelia quien se encontraba ejerciendo la prostitución, preguntándola que cuanto cobraba, respondiendo ella que no era prostituta, y tras conversar sobre el precio, se negó a tener relaciones con los procesados. Ante la negativa de Amelia, se apearon del coche Jose Ángel, Víctor y Arcadio, permaneciendo en el turismo el conductor Benedicto. Mientras Arcadio hablaba con otra chica búlgara, los procesados Jose Ángel y Víctor comenzaron a agredir a Amelia, cogiéndola por detrás Jose Ángel, al tiempo que Víctor le tapaba la boca y la golpeaba por todo el cuerpo con patadas y puñetazos, diciéndole que "ahora nos las vas a mamar a todos, empieza"». [Sentencia del Tribunal Supremo (Sala de lo Penal, Sección 1.ª), núm. 885/2009 de 9 septiembre. RJ 2010, 989].

En cualquier caso, la violación tiene su origen en el rechazo, que puede consistir en la negativa a mantener relaciones sexuales. Así sucede en la sentencia de la Audiencia Provincial de Madrid (Sección 4.ª), núm. 322/2003 de 29 septiembre. El acusado viola a su pareja porque ella se niega a acostarse con él.

> «Proponiéndole el procesado realizar el acto sexual, contestando aquélla que no, reiterándose petición y contestación negativa, ante lo que el procesado reaccionó arrancándole a su esposa la ropa violentamente, forzándola a separar las piernas y penetrándola vaginalmente». Sentencia de la Audiencia Provincial de Madrid (Sección 4.ª), núm. 322/2003 de 29 septiembre. JUR 2003, 258402].

Otro motivo puede ser que la víctima se haya separado o divorciado del acusado. En la sentencia del Tribunal Supremo (Sala de lo Penal, Sección 1.ª), núm. 807/2015 de 23 noviembre, el acusado y la víctima fueron pareja sin convivencia durante unos meses. Después de romper la relación, el acusado acude a casa de la víctima y tras forzar la entrada, la agrede sexualmente en un ataque de celos.

> «Reprochando a la denunciante que pudiera estar con otros hombres, tratando nuevamente de besarla, y como quiera que Lorena no accediera a sus deseos, manifestando su firme decisión de no querer mantener ninguna relación con el acusado, éste, tratando de menoscabar la integridad física de Lorena, y con la intención de satisfacer su deseo sexual, se abalanzó sobre la víctima (...) Acto seguido, Abelardo, con un propósito libidinoso, se bajó los pantalones,

e increpó a Lorena "ahora me la vas a chupar como se la chupas a todos"». [Sentencia del Tribunal Supremo (Sala de lo Penal, Sección 1.ª), núm. 807/2015 de 23 noviembre].

En la sentencia de la Audiencia Provincial de Lugo (Sección 2.ª), núm. 183/2018 de 6 noviembre, el acusado está casado con la víctima, tienen dos hijas y ella quiere divorciarse.

«Con ánimo de satisfacer sus lúbricos deseos comenzó a golpear a su mujer con tal instrumento (un palo) a la vez que le decía "como quieres la custodia de las niñas vas a tener un tercero aunque no quieras" poniéndola de rodillas a la fuerza, agarrándola, y bajándole los pantalones y la ropa interior, la penetro vaginalmente tras lo cual volvió a coger el palo así como un cuchillo y le dijo "esta vez tuviste suerte, la próxima vez te mato" y "si me denuncias te mato, o si andas con abogados yo después me colgaré pero a ti te mato" ". [Sentencia de la Audiencia Provincial de Lugo (Sección 2.ª), núm. 183/2018 de 6 noviembre. JUR 2019, 76548].

Los tribunales dictan sentencia condenatoria si la violencia es extrema. Las agresiones incluyen amenazas de muerte, patadas, bofetadas, cortes, golpes con objetos como ramas o piedras, etc.

«Carlos José abofeteó a Juana, la cogió de los hombros y la arrojó al suelo, dándole patadas y saltando encima de sus muslos. Ante tal acción de violencia, Juana recriminó a aquél su comportamiento, llamándole "hijo de puta", contestación que enfureció a Carlos José, quien arrancó una rama de un algarrobo golpeando a la joven en las caderas, espalda y brazos, arrastrándola hasta un muro tratando de golpearle en la cabeza con una piedra, acción que Juana pretendió repeler mordiendo en la mano a Carlos José. Acto seguido, la desvistió, dejándole solamente puesto el sujetador, momento en que le abrió las piernas y la penetró vaginalmente en contra de la voluntad de aquélla. Al acabar, el procesado le expresó "vete, hija de puta"». [Sentencia de la Audiencia Provincial de Tarragona (Sección 2.ª), núm. 665/2005 de 20 julio. JUR 2006, 213888].

«Le rodeó el cuello con su brazo y le manifestó "yo me voy veintidós años, pero tú no te ríes de mi porque antes te mato", sentándola en el sofá y propinándole una segunda bofetada». [Sentencia del Tribunal Supremo (Sala de lo Penal, Sección 1.ª), núm. 807/2015 de 23 noviembre. RJ 2015, 5957].

«Este policía como también el n.º NUM001 manifestaron que la ofendida presentaba un estado lamentable, con un ojo en muy mal estado y con la cara ensangrentada, la ropa rota y la ropa interior bajada, y que les dijo al verlos de forma espontánea "me están violando"». [Sentencia del Tribunal Supremo (Sala de lo Penal, Sección 1.ª), núm. 885/2009 de 9 septiembre. RJ 2010, 989].

Las lesiones suelen ser graves, como desgarros vaginales o anales. Los tribunales califican estas situaciones, de forma rotunda, como violación.

> «Supone claramente una situación de uso de la violencia para conseguir satisfacer su deseo sexual a pesar de la oposición de la mujer». [Sentencia de la Audiencia Provincial de Lugo (Sección 2.ª), núm. 183/2018 de 6 noviembre. JUR 2019, 76548].

La persistencia en la incriminación de la declaración de la víctima y las pruebas periciales médicas que prueban las lesiones son muy relevantes para los tribunales. También valoraron como indicio de credibilidad que la víctima denunciara a la mayor brevedad los hechos.

> «El relato de Belén, perfectamente creíble como cierto y reiterado en las diferentes ocasiones que declaró, se ve avalado por los restos físicos que la violencia empleada por el procesado dejó sobre el cuerpo de la víctima y que hemos recogido en el citado hecho probado, siendo así que además los restos biológicos de la relación sexual también corroboran la misma (...) Además desde un primer momento, esto es cuando habló con su cuñada Luisa, le indicó que la había violado». [Sentencia de la Audiencia Provincial de Lugo (Sección 2.ª), núm. 183/2018 de 6 noviembre. JUR 2019, 76548].

> «Las manifestaciones de la víctima han sido, en los aspectos nucleares objeto de enjuiciamiento no solo persistentes, sino muy ricas en detalles invariables y parcialmente coincidentes con lo declarado en su día por Carlos José (...) En esas circunstancias de violencia física obvia y constatada también por otras pruebas, como las fotografías que obran en autos y el informe médico forense que las detalla». [Sentencia de la Audiencia Provincial de Tarragona (Sección 2.ª), núm. 665/2005 de 20 julio. JUR 2006, 213888].

> «Pues bien, esa persistencia incriminatoria es clara, como se deriva de la comparación de todas y cada una de las amplias y detalladas declaraciones prestadas por la testigo, desde la inicial verbalmente realizada a la policía local —f. 11— la efectuada a modo de denuncia al día siguiente de la ocurrencia de los hechos, el 27-2-07, —fs. 22 a 24— y posterior ampliación —f. 33— pasando por la efectuada en fase instructora —fs. 45 y stes—, hasta la posteriormente prestada en el plenario». [Sentencia de la Audiencia Provincial de Jaén (Sección 2.ª), núm. 57/2008 de 30 abril. JUR 2008, 233783].

Los tribunales dictaron una sentencia absolutoria si la víctima no presentaba lesiones. Dudan sobre si consintió, hasta si los hechos concomitantes a la agresión eran violentos. Así sucede en la sentencia de la Audiencia Provincial de Valladolid (Sección 4.ª), núm. 492/2010 de 16 diciembre. El acusado y la víctima estaban casados y tenían varios hijos, pero desde hacía meses estaban separados. Se describe por parte del tribunal una situación de maltrato psicológico que le infringía el acusado, quien no aceptaba la separación.

> «Marí Luz describe una situación previa y concomitante a los hechos de discusiones continuas, de acoso por parte de su marido, de control, hasta el punto de controlar las llamadas de su móvil, de celos patológicos (...) La propia declaración del acusado, cuando se le concede la última palabra, alegando que cuando habla de su familia incluye a sus hijos y a su mujer, indica que no acepta en modo alguno la separación, no acepta que Marí Luz no quiera formar parte de su vida». [Sentencia de la Audiencia Provincial de Valladolid (Sección 4.ª), núm. 492/2010 de 16 diciembre. JUR 2011, 88261].

Pero el tribunal no considera probada la agresión sexual debido a la inexistencia de signos externos de violencia. También dudan si la víctima no se resistió por el maltrato que sufre o, en cambio, ha consentido por su actitud *consentidora* y *sumisa*.

> «La situación peculiar que mantenían como pareja, enmarcada en una actitud consentidora y digamos sumisa de Marí Luz y una actitud obsesiva, controladora, manipuladora, amenazante, del acusado, hallándose ambos, como manifiestan en Juicio Oral, sometidos a tratamiento sicológico a consecuencia de su separación matrimonial (...) Abuso, humillaciones, vejaciones. Pero, ausencia de consentimiento no acreditada». [Sentencia de la Audiencia Provincial de Valladolid (Sección 4.ª), sentencia núm. 492/2010 de 16 diciembre. JUR 2011, 88261].

La única sentencia que condena a pesar de la ausencia de lesiones es la del Tribunal Supremo (Sala de lo Penal, Sección 1.ª), núm. 436/2008 de 17 junio. La violencia verbal es muy elevada y el acusado ni siquiera es consciente de que ha amenazado a la víctima. Son expareja y la violencia física es leve, pero la víctima está aterrorizada por el acusado. Fueron pareja durante veinte años, tienen un hijo, se casaron y después se separaron. El día de los hechos, el acusado le pide a la víctima que vaya a su casa a cuidarle porque se encuentra indispuesto. La víctima acude, le prepara comida y cuando va a la cocina, el acusado la fuerza a tener relaciones sexuales. Ella llora y se niega verbalmente. Le amenaza con que todas las semanas deben mantener relaciones porque están casados. La llama *puta* varias veces.

> «Silvio manifestó que mantuvo las relaciones sexuales sin amenazas; que dijo a Yolanda "soy tu marido, estás obligada a mantener relaciones sexuales conmigo, a partir de ahora cada jueves han de venir a joder conmigo si no vienes cada jueves a echar un polvo vendré yo a tu casa, eres una puta"». [Sentencia del Tribunal Supremo (Sala de lo Penal, Sección 1.ª), núm. 436/2008 de 17 junio. RJ 2008, 3659].

El tribunal valora que la víctima estaba aterrorizada durante la agresión por la gran dependencia emocional hacia el acusado. Además, posee un diagnóstico depresivo y durante la agresión lloraba y gritaba.

> «La sentencia refleja y explica la situación atemorizada de Yolanda, sujeta a enfermedad depresiva, conocedora del carácter agresivo del acusado, quien advertía que el suceso iba a repetirse todas las semanas. Amedrentamiento exteriorizado a través de gritos y llantos. Vis psíquica determinante del doblegamiento de la contraria voluntad de Yolanda. Se trata de un escenario de temor, provocado por la actitud de Silvio, atentario contra la libertad de determinación de Yolanda, que así es vencida. Intimidación que no puede ser calificada sino de seria, inmediata y grave». [Sentencia del Tribunal Supremo (Sala de lo Penal, Sección 1.ª), núm. 436/2008 de 17 junio. RJ 2008, 3659].

En este tipo de violaciones, el medio de prueba más relevante es la prueba pericial forense médica. A nivel estadístico, existe una correlación total entre decisión judicial y la existencia de esta prueba (con un valor de chi-cuadrado de 0,000). Si se examinan las relaciones de pareja y de expareja, puede observarse tal correlación de forma clara.

El porcentaje de absolución para el conjunto de sentencias que conforman la muestra analizada del análisis estadístico es de 15,20%. Pero en las causas donde se practica la prueba pericial forense médica y los tribunales consideran que no corrobora el testimonio se absuelve en un 46,20% de las sentencias si las partes son expareja, y en un 55,60% de las sentencias cuyas partes son pareja.

Tabla 11. Cruce entre la decisión judicial y la prueba testifical forense médica en las sentencias analizadas

<table>
<tr><th></th><th>Prueba perial forense médica</th><th></th><th>Absolución</th><th>Condena</th><th>Total</th></tr>
<tr><td rowspan="6">Expareja o relación análoga</td><td rowspan="2">Se practica y no corrobora el testimonio</td><td>Recuento</td><td>6</td><td>2</td><td>8</td></tr>
<tr><td>% dentro de la decisión judicial</td><td>46,20%</td><td>4,70%</td><td>14,30%</td></tr>
<tr><td rowspan="2">Se practica y corrobora el testimonio</td><td>Recuento</td><td>4</td><td>33</td><td>37</td></tr>
<tr><td>% dentro de la decisión judicial</td><td>30,80%</td><td>76,70%</td><td>66,10%</td></tr>
<tr><td rowspan="2">No consta la práctica</td><td>Recuento</td><td>3</td><td>8</td><td>11</td></tr>
<tr><td>% dentro de la decisión judicial</td><td>23,10%</td><td>18,60%</td><td>19,60%</td></tr>
</table>

sigue >>

	Prueba perial forense médica		**Absolución**	**Condena**	**Total**
Pareja o relación análoga	Se practica y **no corrobora el testimonio**	Recuento	5	2	7
		% dentro de la decisión judicial	55,60%	8,00%	20,60%
	Se practica y **corrobora el testimonio**	Recuento	3	17	20
		% dentro de la decisión judicial	33,30%	68,00%	58,80%
	No consta la práctica	Recuento	1	6	7
		% dentro de la decisión judicial	11,10%	24,00%	20,60%

Fuente: Elaboración propia.

En la sentencia de la Audiencia Provincial de Barcelona (Sección 3.ª), núm. 183/2010 de 22 febrero, absuelven al acusado por la ausencia de este medio de prueba. El acusado y la víctima son pareja, ambos son drogodependientes. En día de la agresión sexual, el acusado la agrede físicamente. Le corta el pelo y le propina golpes, cortes, pinchazos. La amenaza, además, con contagiarle la hepatitis, y con matarla. La víctima denuncia que le ha obligado a practicarle dos felaciones y que la ha penetrado analmente. El tribunal no lo considera probado. Valora que las felaciones fueron consentidas porque la víctima no gritó ni pidió auxilio. No da por probada la penetración anal al no constar la práctica de una prueba pericial médica. La víctima se negó a que le realizaran una inspección médica tras ser agredida porque no se sentía cómoda.

> «El forense Dr. Cosme ratificó que Flor se negó a ser explorada justo cuando iban a entrar en el consultorio en el que estaba la ginecóloga que la tenía que examinar. Flor en el acto del Juicio Oral justificó su negativa a examinarse alegando que aquello parecía un "patio de colegio", en referencia a que había muchas personas en la consulta, pero el Dr. Cosme declaró que no había estudiantes de medicina, sino él y la ginecóloga y en todo caso una enfermera». [Sentencia de la Audiencia Provincial de Barcelona (Sección 3.ª), sentencia núm. 183/2010 de 22 febrero. ARP 2010, 698].

En este mismo sentido, en la ya mencionada sentencia de la Audiencia Provincial de Valladolid (Sección 4.ª), núm. 492/2010 de 16 diciembre, se había aportado una prueba pericial médica sobre lesiones, pero no acreditaba el ejercicio de la violencia. El tribunal le reprocha además a la víctima no haber denunciado a tiempo.

> «No cabe apreciar persistencia en la incriminación, porque no lo denunció en su momento, sino un año después (...) Estas pruebas médicas, lo que indican

es la ausencia total de manifestaciones, ni externas ni internas, físicas, de que se haya ejercido violencia en el acceso carnal (...) No hay ni un leve hematoma, erosión, no solo en la zona genital, sino tampoco en los brazos, donde, según ella, la sujetó con fuerza, ni en la pierna que ella dice le levantó para penetrarla, no hay ni un rastro físico de que hubiera empleo de fuerza, de violencia física». [Sentencia de la Audiencia Provincial de Valladolid (Sección 4.ª), sentencia núm. 492/2010 de 16 diciembre].

La prueba pericial forense médica sobre lesiones fue la prueba principal de cargo en las sentencias analizadas. Los tribunales valoraron, fundamentalmente, la práctica de una prueba pericial forense médica sobre lesiones que acreditase por sí sola la existencia de la agresión. No eran consideradas corroboración si los medios de prueba acreditaban elementos periféricos, como la existencia de contacto sexual. Con independencia de ser considerado consentido o no.

Figura 11. Diagrama sobre la violación como reacción al rechazo femenino

Fuente: Elaboración propia.

1.4. LA VIOLACIÓN COMO *JUEGO ERÓTICO*

La violación como *juego erótico* se produce en el ámbito de las relaciones íntimas. Acusado y víctima eran pareja, expareja, o habían tenido algún contacto sexual o íntimo previo. La violencia era leve y se daba por probado que existió un contacto sexual. En estas sentencias discusión se centraba en la existencia de consentimiento en situaciones, que los propios tribunales definían como *juego de contenido sexual* o *juego erótico.*

> «En efecto, es preciso remarcar que las declaraciones de la supuesta víctima y el acusado son coincidentes en determinados aspectos tales como la forma y lugar en que se conocieron, la voluntad de ambos de ir solos a la playa y de iniciar allí una serie de juegos de contenido sexual, siendo el punto de desencuentro el consentimiento o no de la Sra. Emma a mantener relaciones sexuales completas». [Sentencia de la Audiencia Provincial de Barcelona (Sección 5.ª), núm. 894/2009 de 19 noviembre].

En la sentencia de la Audiencia Provincial de Vizcaya (Sección 6.ª), núm. 4/2007 de 10 enero, las partes eran expareja y mantenían buena relación. El día de los hechos la víctima le invita a su casa. El acusado la besa y toca hasta que ella le dice que pare. Episodio que se repite cinco o seis veces. El tribunal considera esta dinámica un *juego erótico.* Finalmente, él le agarra las muñecas y la penetra en el salón. El tribunal absuelve al acusado porque entiende que la víctima aceptó el *juego.*

> «El acusado entendió que D.ª María Inmaculada admitía el juego erótico que iba iniciando en los distintos cinco o seis episodios relatados, sin que tampoco emitiese mensaje alguno del que deducir que no quiso que se consumara la penetración». [Sentencia de la Audiencia Provincial de Vizcaya (Sección 6.ª), núm. 4/2007 de 10 enero. ARP 2007, 209].

En la totalidad de estas sentencias el fallo es absolutorio. Los tribunales entienden que los hechos son consentidos. La prueba pericial médica sobre lesiones practicadas en este tipo de sentencias —las partes poseen una relación íntima y la violencia es de baja intensidad—, de forma mayoritaria, indica la existencia de lesiones leves compatibles con una relación sexual. Sin embargo, no fueron consideradas corroboraciones del testimonio de la víctima. Es el caso de la Sentencia de la Audiencia Provincial de Girona (Sección 3.ª), sentencia núm. 562/2004 de 29 junio. El acusado y la víctima poseen nacionalidad inglesa y están de vacaciones en España. Se encuentran por la noche en un bar. Una hora después de conocerse, la víctima sale del bar y el acusado la sigue. Vuelven juntos a los veinte minutos. Ella vuelve a salir y les dice a sus amigas que la ha violado. El tribunal absuelve al acusado, entre otras razones, porque la prueba pericial médica solo confirmaba el contacto sexual.

> «Por lo que se refiere a las corroboraciones periféricas de carácter objetivo que respalden las afirmaciones de Lucía si bien es cierto que los informes

médicos objetivizan lesiones a nivel genital consistentes en pequeñas lesiones a nivel genital consistentes en pequeñas erosiones lineales en la horquilla vulvar y labios mayores de sus genitales, cuya morfología y características permite datarlos como recientes, no lo es menos que dicho dato únicamente corrobora que son compatibles con una penetración por vía vaginal, pero no que dicha penetración haya sido inconsentida». [Sentencia de la Audiencia Provincial de Girona (Sección 3.ª), sentencia núm. 562/2004 de 29 junio. JUR 2004, 219948].

Los elementos valorados por los tribunales para determinar la existencia de consentimiento en este tipo de violaciones son, fundamentalmente, los hechos anteriores y concomitantes a la agresión, el comportamiento de la víctima durante los hechos y los hechos posteriores a la violación. El análisis cuantitativo de sentencias desveló que el comportamiento de la víctima anterior y posterior a la agresión fueron dos factores que poseían una correlación estadística total con el sentido de la decisión judicial (con un valor de chi cuadrado 0,00). Si los tribunales consideraban que el comportamiento anterior o posterior de la víctima era de incredibilidad, la frecuencia de absolución se incrementaba hasta más de un 82%. Conviene recordar que la absolución para el conjunto de sentencias que conforma la muestra en el estudio cuantitativo (n=448) fue de un 15,20%.

Tabla 12. Cruce entre la decisión judicial y el comportamiento anterior y posterior en las sentencias analizadas

Conducta anterior	Absolución			Condena			Total		
	% de N columnas	% del N de fila	Recuento	% de N columnas	% del N de fila	Recuento	% de N columnas	% del N de fila	Recuento
Es motivo de credibilidad	1,50%	1,20%	1	21,80%	98,80%	83	18,80%	100,00%	84
Es motivo de incredibilidad	35,30%	82,80%	24	1,30%	17,20%	5	6,50%	100,00%	29
No consta	55,90%	13,40%	38	64,70%	86,60%	246	63,40%	100,00%	284
Se menciona, pero ni como motivo de credibilidad ni de incredibilidad	7,40%	9,80%	5	12,10%	90,20%	46	11,40%	100,00%	51
Total	100,00%	**15,20%**	68	100,00%	**84,80%**	380	100,00%	100,00%	448
Conducta posterior	**Absolución**			**Condena**			**Total**		
	% de N columnas	% del N de fila	Recuento	% de N columnas	% del N de fila	Recuento	% de N columnas	% del N de fila	Recuento
Es motivo de credibilidad	7,40%	2,80%	5	46,10%	97,20%	175	40,20%	100,00%	180
Es motivo de incredibilidad	33,80%	82,10%	23	1,30%	17,90%	5	6,30%	100,00%	28
No consta	48,50%	15,00%	33	49,20%	85,00%	187	49,10%	100,00%	220
Se menciona, pero ni como motivo de credibilidad ni de incredibilidad	10,30%	35,00%	7	3,40%	65,00%	13	4,50%	100,00%	20
Total	100,00%	**15,20%**	68	100,00%	**84,80%**	380	100,00%	100,00%	448

Fuente: Elaboración propia.

El análisis cualitativo muestra que los tribunales valoran como indicio de consentimiento que la víctima tuviese contactos íntimos previos consentidos con el acusado. Consideraron como indicio que las partes mantuviesen múltiples relaciones sexuales durante meses. Es el caso de la Sentencia del Tribunal Superior de Justicia de Castilla y León, Burgos (Sala de lo Civil y Penal, Sección 1.ª), núm. 55/2019 de 7 octubre. O bien, besarse un par de noches antes de la agresión, como en la Sentencia de la Audiencia Provincial de Tarragona (Sección 4.ª), núm. 458/2007 de 11 diciembre.

En esta sentencia, los agresores conocen a la víctima en un ambiente de ocio nocturno. La víctima era una mujer de veinte años, holandesa, que se estaba de vacaciones en España. La misma noche que se conocen, la víctima y uno de los acusados se besan. El tribunal absuelve por falta de lesiones y porque les parece inverosímil el relato de la víctima. Entre varios motivos, encuentran inverosímil que la víctima accediera voluntariamente a la casa de uno de ellos, con el que se ha besado la noche anterior, y después, sea agredida por los dos acusados:

> «Sin que la Sala entienda tampoco el motivo por el que ella decidió acudir al mismo de forma voluntaria, debiendo remarcar en este aspecto que con uno de los acusados se estuvo besando precisamente dos días antes». [Sentencia de la Audiencia Provincial de Tarragona (Sección 4.ª), sentencia núm. 458/2007 de 11 diciembre. JUR 2009, 388355].

El criterio sobre los hechos previos es contradictorio con sentencias que enjuician otro tipo de agresiones, no descritas como un *juego erótico*. En estas resoluciones, los tribunales consideran que los actos previos, e incluso concomitantes, son de violencia hacia la víctima. Aun así absuelven a los acusados. En la sentencia de la Audiencia Provincial de Málaga (Sección 9.ª), núm. 491/2012 de 5 octubre, consideran probado que el acusado agrede a la víctima recurrentemente y de forma concomitante a la violación. El tribunal, sin embargo, considera que los actos son consentidos. El acusado y la víctima son pareja y en su una relación suceden *episodios de enfrenamiento mutuo*.

> «Se producen una serie de actos de agresión previos, y de relación conflictiva, anterior y posterior, sentimental entre las partes, que son independientes de las relaciones sexuales que ambos practican entre sí». [Sentencia de la Audiencia Provincial de Málaga (Sección 9.ª), núm. 491/2012 de 5 octubre. JUR 2013, 230007].

De forma similar sucede en la ya comentada sentencia de la Audiencia Provincial de Barcelona (Sección 3.ª), núm. 183/2010 de 22 febrero. El acusado y la víctima son pareja y ambos son drogodependientes. En día de la agresión sexual, el acusado la golpea y la amenaza. La víctima denuncia que le ha obligado a hacerle un par de felaciones y la ha penetrado analmente.

> «La golpeó en el abdomen y en los brazos, le realizó cortes con un cuchillo mientras la intimidaba con matarla y le clavó una jeringuilla en el brazo, con la que previamente él se había pinchado, diciéndole que estaba infectada con hepatitis B y C y le cortó un mechón de pelo. Asimismo, con ánimo de amedrentarla le dijo "voy a matarte, perra. ¿Quieres que te enseñe el carpesano, dentro del cual tengo fotos de todas las que he matado?". No ha quedado probado que el procesado intentara penetrar analmente a Flor ni que la obligara a realizarle dos felaciones». [Sentencia de la Audiencia Provincial de Barcelona (Sección 3.ª), sentencia núm. 183/2010 de 22 febrero. ARP 2010, 698].

El tribunal no encuentra probada la existencia de una penetración anal. Consideraron que el testimonio de la víctima no fue persistente y que las felaciones existieron, pero fueron consentidas porque la víctima no gritó para pedir auxilio.

> «Con anterioridad, cuando tuvieron lugar las felaciones reconocidas por el acusado, ningún grito previo o posterior a las mismas alertó a vecinos o familia, siendo lo lógico que de no haber sido consentidas, los gritos de Flor les hubiera alertado». [Sentencia de la Audiencia Provincial de Barcelona (Sección 3.ª), sentencia núm. 183/2010 de 22 febrero. ARP 2010, 698].

El comportamiento de la víctima durante la agresión es otro factor que indica a los tribunales que los hechos fueron consentidos. Específicamente, la forma de expresar la negativa a tener relaciones. Deben expresar de forma clara su negativa y comprobar que el acusado lo ha comprendido. En la sentencia de la Audiencia Provincial de Vizcaya (Sección 6.ª), núm. 4/2007 de 10 enero, el tribunal absuelve al acusado porque sostienen que la víctima no se resistió ni fue clara en negarse a tener relaciones sexuales.

> «El testimonio de la joven María Inmaculada más abundaba en que no hubo consentimiento, en que ella, verbalmente, le insistió en que no quería "seguir por ahí". Sin embargo, el Ministerio Público ha puesto de manifiesto que si era cierto que "María Inmaculada no quería mantener la relación sexual, los mensajes que envió al joven Eugenio eran equivocados y equívocos" (…) Ni se indicó a D. Eugenio que no siguiera tocando a María Inmaculada, ni ésta le señaló la puerta, ni le indicó que si "quería seguir así, que se fuera". Ni se verbalizó negativa alguna». [Sentencia de la Audiencia Provincial de Vizcaya (Sección 6.ª), núm. 4/2007 de 10 enero. ARP 2007, 209].

Los hechos posteriores también son un indicador para determinar si la víctima ha consentido. Específicamente, los tribunales consideran indicio de consentimiento el comportamiento justamente posterior de la víctima, como ocurre en la Sentencia de la Audiencia Provincial de Tarragona (Sección 4.ª), núm. 458/2007 de 11 diciembre. El tribunal no creen verosímil que la víctima, después de la violación permitiera que uno de los acusados la acompañe cerca de su hotel y la despida dándole un par de besos.

> «Así, consideramos que no resulta lógico que alguien que afirma haber sido violada por dos personas, permanezca después en la casa de sus agresores para fumarse un cigarro, como manifiesta en su denuncia, o que permitiera que uno de los agresores le acompañara hasta encontrar el hotel en el que se alojaba, despidiéndose de él sin más, sin que durante el trayecto pidiera el auxilio de algún transeúnte o de cualquier otra persona, o que su agresor se despidiera de ella sin más dándole un par de besos y le dijera te veo esta noche». [Sentencia de la Audiencia Provincial de Tarragona (Sección 4.ª), núm. 458/2007 de 11 diciembre. JUR 2009, 388355].

Este criterio también es contradictorio con otras sentencias. El acusado se despide de forma idéntica en la Sentencia de la Audiencia Provincial de Lleida (Sección 1.ª), núm. 62/2013 de 4 marzo. El tribunal no valora este gesto como un indicio de consentimiento.

> «A continuación el procesado, siempre con el cuchillo en la mano, con la voluntad de satisfacer sus deseos sexuales, comenzó a tocarle las piernas y los glúteos, le bajó los pantalones y las bragas, obligándola a tumbarse en el suelo, donde la penetró vaginalmente, llegando a eyacular, mientras mantenía su cuchillo en el cuello de Gabriela. Finalmente el procesado le preguntó a Gabriela si podía ir a su casa a lo que esta se negó, y tras preguntarle su nombre y darle dos besos, se marchó del lugar». [Sentencia de la Audiencia Provincial de Lleida (Sección 1.ª), núm. 62/2013 de 4 marzo. ARP 2013, 388].

Esta sentencia se diferencia de la anterior en el vínculo de las partes. En la primera, la víctima y los acusados se conocieron en un ambiente de ocio nocturno. En la segunda, eran desconocidos. El acusado era un hombre de diecinueve años procedente de Costa de Marfil que agrede a dos mujeres de forma sucesiva. Las ataca sorpresivamente y exhibe un cuchillo para intimidarlas, que les coloca en el cuello mientras las viola. El tribunal las cree sin poner su testimonio bajo ningún momento en duda.

Asimismo, en otras sentencias donde las partes son desconocidas, las víctimas se quedan hablando con los acusados [Sentencia de la Audiencia

Provincial de Murcia (Sección 2.ª), núm. 387/2011 de 13 octubre]. Incluso en una sentencia la víctima se ofrece a llevar al acusado en coche hasta la ciudad [Sentencia del Tribunal Supremo (Sala de lo Penal, Sección 1.ª) núm. 5/2019 de 15 enero]. En estos casos, los tribunales no tienen en cuenta el comportamiento posterior y dictan una sentencia condenatoria por delito de violación.

Igualmente, en el marco de la conducta posterior los tribunales consideran como indicio de consentimiento que las víctimas denuncien de forma tardía si el vínculo con su agresor es sexo afectivo.

> «Esto no lo cuenta, según ella, a nadie, porque iba a celebrarse la comunión de la niña y no quería problemas (...) No cabe apreciar persistencia en la incriminación, porque no lo denunció en su momento, sino un año después». [Sentencia de la Audiencia Provincial de Valladolid (Sección 4.ª), núm. 492/2010 de 16 diciembre. JUR 2011, 88261].

> «Unos actos posteriores, de no petición de ayuda, de no denuncia en casi 20 horas, de manifestaciones contradictorias a su actuación». [Sentencia de la Audiencia Provincial de Málaga (Sección 9.ª), núm. 491/2012 de 5 octubre. JUR 2013, 230007].

Sin embargo, si las partes tienen otro tipo de relación —por ejemplo, familiar— no se reprocha que las víctimas denuncien de forma tardía. Así sucede en el caso de una mujer que mantiene en secreto que sufre agresiones sexuales durante diez años. El tribunal entiende la denuncia tardía tiene su origen en la situación de terror que sufría.

> «Esa situación creó en la chica un temor, casi reverencial, que la impidió contárselo a sus padres, a sus hermanas o a sus amigas y que la impidió ir a un médico hasta el punto que nunca ha ido a un ginecólogo. Y han creado en ella una situación de estrés postraumático ligado a la agresión continuada». [Sentencia de la Audiencia Provincial de Badajoz (Sección 3.ª) núm. 21/2017 de 7 febrero. ARP 2017, 484].

Los tribunales dictaban una sentencia absolutoria si la violación se presentaba como un *juego erótico*. El análisis estadístico de sentencias evidencia una correlación total entre decisión judicial y relación previa entre las partes (con un valor de chi-cuadrado de 0,000). Se absolvía en mayor frecuencia si existía una relación previa entre la víctima y el acusado. Así, los tres tipos de relaciones previas entre víctima y acusado más frecuentes en las sentencias absolutorias son conocidos (41,20%), pareja (19,10%) y expareja (13,20%).

Tabla 13. Cruce entre la decisión judicial y la relación previa de referencia en las sentencias analizadas

Relación previa		Absolución	Condena	Total
Conocidos	Recuento	28	90	118
	% dentro de la decisión judicial	41,20%	23,70%	26,30%
Expareja o relación análoga	Recuento	13	43	56
	% dentro de la decisión judicial	19,10%	11,30%	12,50%
Pareja o relación análoga	Recuento	9	25	34
	% dentro de la decisión judicial	13,20%	6,60%	7,60%

Fuente: Elaboración propia.

Figura 12. Diagrama sobre la violación como juego erótico

Fuente: Elaboración propia.

¿Y las sentencias condenatorias donde la víctima y el acusado eran pareja o expareja? La violencia que emplea el acusado suele ser extrema y ocasiona lesiones graves. La prueba pericial forense por sí sola es suficiente para demostrar que la agresión sexual tuvo lugar. En la sentencia del Tribunal Supremo (Sala de lo Penal, Sección 1.ª), núm. 807/2015 de 23 noviembre, la violencia empleada por el acusado es elevada. Se abalanza sobre la víctima, la intenta asfixiar y la abofetea varias veces mientras la insulta durante la agresión.

> «Le rodeó el cuello con su brazo y le manifestó "yo me voy veintidós años, pero tú no te ríes de mi porque antes te mato", sentándola en el sofá y propinándole una segunda bofetada (...)reprochando a la denunciante que pudiera estar con otros hombres, tratando nuevamente de besarla, y como quiera que Lorena no accediera a sus deseos, manifestando su firme decisión de no querer mantener ninguna relación con el acusado, éste, tratando de menoscabar la integridad física de Lorena, y con la intención de satisfacer su deseo sexual, se abalanzó sobre la víctima (...) Acto seguido, Abelardo, con un propósito libidinoso, se bajó los pantalones, e increpó a Lorena "ahora me la vas a chupar como se la chupas a todos"». [Sentencia del Tribunal Supremo (Sala de lo Penal, Sección 1.ª), núm. 807/2015 de 23 noviembre. RJ 2015, 5957].

2. LA LLAVE DE LA CREDIBILIDAD: LAS CORROBORACIONES PERIFÉRICAS DEL TESTIMONIO DE LA VÍCTIMA

Las corroboraciones periféricas o externas, junto a la coherencia interna del testimonio, constituyen el criterio de *credibilidad objetiva* definido en la jurisprudencia para valorar la declaración testifical. El análisis de sentencias, tanto cualitativo como cuantitativo, indica que las corroboraciones periféricas son un factor decisivo para valorar el testimonio de la víctima. Permite inferir cómo los factores extrajurídicos moldean la configuración de las corroboraciones periféricas.

Inciden en dos aspectos, el objeto de prueba —¿qué deben probar las corroboraciones?— y los medios de prueba aptos para corroborar el testimonio de la víctima —¿cómo pueden acreditarse las corroboraciones?—.

2.1. LA ACREDITACIÓN DE LAS CORROBORACIONES: MEDIOS DE PRUEBA

Algunos autores muestran recelo hacia ciertos medios de prueba, como los informes periciales psicológicos y los testimonios de referencia. Considerados inaptos para corroborar el testimonio de la víctima. En cuanto a la prueba pericial psicológica, se argumenta que si el perito solo evalúa su declaración, su aporte es insignificante al valorar únicamente su testimonio. Si analiza otros datos externos y juzga el caso, excede su rol y la corroboración vendría de esos elementos externos, no de su pericia[3]. En cambio, del análisis de sentencias se desprende que estos medios de prueba *controvertidos* son aceptados como corroboración de testimonio de la víctima en función de la relación previa entre la víctima y el acusado.

3. RAMÍREZ ORTIZ, J. L., «El testimonio único de la víctima en el proceso penal desde la perspectiva de género», *op. cit.*

Tabla 14. Tipos de violación identificados en función de la violencia, la relación previa entre las partes, la identidad y el comportamiento de la víctima junto con los medios de prueba más frecuentes considerados por los tribunales como corroboraciones de la declaración de la víctima

	Pura violencia	**Abuso de poder**	**Reacción al rechazo**	**Juego erótico**
Violencia	Media-alta a extrema	Leve a media-alta	Extrema	Leve
Relación previa	Desconocidos	Relación de poder	Relación íntima	Relación íntima
Identidad de la víctima	Indiferente	Relevante	Indiferente	Indiferente
Comportamiento de la víctima	Indiferente	Relevante	Relevante	Muy relevante
Corroboraciones más frecuentes de la declaración de la víctima valoradas por los tribunales	Prueba pericial médica sobre lesiones Prueba pericial forense sobre restos biológicos (ADN)	Prueba pericial psicológica Prueba testifical de referencia	Prueba pericial médica sobre lesiones	Comportamiento anterior y posterior de la víctima Comportamiento durante la agresión

Fuente: Elaboración propia.

En el marco de la tipología propuesta se observa que son más frecuentes algunos medios de prueba valorados como corroboraciones en cada tipo de violación (tabla 14). Fuera del ámbito familiar, los medios de prueba más valorados son la prueba pericial forense sobre restos biológicos, como el ADN, y la prueba pericial médica sobre lesiones.

Si las víctimas son reconocidas como vulnerables —suele ser en el marco de relaciones familiares de primer o segundo grado— la violación se identifica como un abuso de poder. En estos supuestos, las pruebas periciales forenses psicológicas y las pruebas testificales de referencia se consideran aptas como corroboración del testimonio de la víctima.

Estadísticamente existe una correlación total entre la práctica de la prueba pericial psicológica y la relación previa entre las partes. Posee un valor de chi-cuadrado de 0,000. De forma específica, se aprecia que en un 65,70% de las sentencias donde la relación previa era familiar se practicó la prueba pericial psicológica. Una diferencia notable respecto al total. Solo en un 27,20% de todas las sentencias analizadas —con independencia de la relación previa entre la víctima y el acusado— se consideró como corroboración una prueba pericial forense psicológica.

Tabla 15. Cruce entre la relación previa familiar y la prueba pericial psicológica en las sentencias analizadas

Prueba pericial psicológica		Familiar	Total
No consta la práctica	Recuento	23	326
	% dentro de la relación previa	34,30%	72,80%
Se practica	Recuento	44	122
	% dentro de la relación previa	**65,70%**	**27,20%**

Fuente: Elaboración propia.

Consta también una correlación total entre la prueba testifical de referencia y la relación previa entre las partes, con un valor de 0,000 en la prueba estadística de chi-cuadrado. Se valoró la prueba testifical de referencia como corroboración del testimonio de la víctima en un 58% de las sentencias si las partes poseían una relación previa familiar. Frente al 32,40% que consideraron como corroboración la prueba testifical de referencia.

Tabla 16. Cruce entre la relación previa familiar y la prueba testifical de referencia en las sentencias analizadas

Prueba testifical indirecta		Familiar	Total
Se practica y **no corrobora el testimonio**	Recuento	2	26
	% dentro de la relación previa	3,00%	5,80%
Se practica y **corrobora el testimonio**	Recuento	39	145
	% dentro de la relación previa	**58,20%**	**32,40%**
No consta la práctica	Recuento	26	277
	% dentro de la relación previa	38,80%	61,80%

Fuente: Elaboración propia.

A modo de conclusión, los medios de prueba que generan más desconfianza —la prueba testifical de referencia de la prueba pericial forense psicológica— son aceptados como corroboraciones eminentemente si el agresor es un familiar cercano, de primer o segundo grado, de la víctima.

2.2. EL OBJETO DE PRUEBA DE LAS CORROBORACIONES PERIFÉRICAS

La exigencia de corroboraciones periféricas persigue otorgar fiabilidad al testimonio de la víctima en ausencia de otras pruebas. Es crucial precisar que por sí solas no pueden desvirtuar la presunción de inocencia[4]. El Tribunal Constitucional señala que las corroboraciones periféricas no son una prueba, sino la confirmación de otra prueba[5]. En el caso de los delitos de violación, las corroboraciones no deben acreditar la propia agresión sexual sino otros elementos del testimonio de la víctima, que es la prueba principal de cargo que demuestra el hecho delictivo.

En cambio, el análisis empírico de sentencias muestra que los elementos periféricos del testimonio no fueron siempre el objeto de prueba de las corroboraciones. Los tribunales determinaron qué debían acreditar las corroboraciones en función del vínculo previo entre la víctima y el acusado.

Si eran desconocidos, los tribunales consideraban como corroboraciones los medios de prueba que acreditaron elementos periféricos de la declaración de la víctima. Pruebas periciales forenses sobre restos biológicos o sobre lesiones que probaron la existencia de contacto sexual. Esta evidencia no demostraba por sí solas que el contacto sexual no fue consentido, pero los tribuales entendían que confirmaban la declaración de la víctima.

Cabe citar la sentencia de la Audiencia Provincial de Murcia (Sección 2.ª), núm. 387/2011 de 13 octubre. El acusado persigue a la víctima hasta que se abalanza sobre ella. La agrede después de amenazarla. El tribunal considera corroborada la declaración de la víctima por el informe pericial médico que acredita lesiones leves y una prueba pericial forense sobre ADN que demuestra el contacto sexual. Además del testimonio de un tercero que los ve charlando y después a ella llorando mientras pedía ayuda. Esta noción de corroboración periférica es acorde a la ofrecida por la literatura científica y por la jurisprudencia. En este caso el tribunal determinó que las corroboraciones debían acreditar elementos periféricos de la declaración de la víctima, como la existencia de contacto sexual.

Los elementos periféricos del testimonio de la víctima no fueron el objeto de corroboración si las partes mantenían una relación previa. Si la víctima y el acusado eran expareja, pareja, o tenían una relación más informal, la prueba pericial forense médica sobre lesiones debía probar el propio hecho

4. ANDRÉS IBÁÑEZ, P., *Prueba y convicción judicial en el proceso penal*, *op. cit.*; FUENTES SORIANO, O., «La perspectiva de género en el proceso penal. ¿Refutación? de algunas conjeturas sostenidas en el trabajo de Ramírez Ortiz "El testimonio de la víctima en el proceso penal desde la perspectiva de género"», *op. cit.*; GONZÁLEZ MONJE, A. G., «La declaración de la víctima de violencia de género como única prueba de cargo: Últimas tendencias jurisprudenciales en España», *op. cit.*; RAMÍREZ ORTÍZ, J. L., «El testimonio único de la víctima en el proceso penal desde la perspectiva de género», *op. cit.*

5. Véanse la STC 198/2006, de 3 de julio y la STC 125/2009, de 18 de mayo.

delictivo para considerarse una corroboración. Si la violencia era extrema y ocasionaba lesiones graves, como desgarros vaginales o anales, las pruebas periciales forenses eran consideradas corroboraciones del testimonio. Distinto era si las partes poseían una relación íntima pero el agresor no empleaba una violencia extrema. En estas sentencias, los tribunales se inclinaban a no considerar aquellas pruebas periciales médicas que acreditan el contacto sexual y lesiones leves compatibles con una relación sexual —un eritema genital, por ejemplo— como corroboraciones de la declaración de la víctima.

Es oportuno volver a citar la sentencia de la Audiencia Provincial de Girona (Sección 3.ª), núm. 562/2004 de 29 junio. El acusado y la víctima poseen nacionalidad inglesa y están de vacaciones en España. Se conocen por la noche en un bar. Una hora después de conocerse, la víctima sale del bar y el acusado la sigue. Vuelven al bar juntos a los veinte minutos. Ella vuelve a salir y les dice a sus amigas que la ha violado. El tribunal absuelve al acusado, entre otras razones, porque la prueba pericial médica solo confirmaba el contacto sexual y lesiones leves compatibles con una relación sexual. En sentido estricto, prueba elementos periféricos del testimonio de la víctima —que hubo un contacto sexual— pero no prueba por sí sola la violación.

La única diferencia entre ambos supuestos es la relación previa entre la víctima y el acusado. En las sentencias cuyo agresor era un desconocido, los tribunales no hicieron referencia a si la víctima se resistió. En cambio, si la víctima y el acusado son conocidos —y específicamente si mantienen una relación íntima— el objeto de las corroboraciones puede ser el propio hecho delictivo y no los elementos periféricos del testimonio. Se exige a la víctima que acredite lesiones que muestren cierta resistencia al contacto sexual.

Es indispensable recordar que las corroboraciones periféricas no son una prueba sino la confirmación de otra. Tanto la literatura científica como la jurisprudencia del Tribunal Constitucional consideran que las corroboraciones no deben probar el hecho principal, es decir, el propio delito. Deben acreditar hechos periféricos que confirmen la prueba principal de cargo[6]. Si demuestran el hecho principal, dejan de ser corroboraciones para convertirse en pruebas independientes[7]. En definitiva, requerir una prueba

6. ANDRÉS IBÁÑEZ, P., «La supuesta facilidad de la testifical», *op. cit.*; RAMÍREZ ORTÍZ, J. L., «El testimonio único de la víctima en el proceso penal desde la perspectiva de género», *op. cit.*

7. FUENTES SORIANO, O., «La perspectiva de género en el proceso penal. ¿Refutación? de algunas conjeturas sostenidas en el trabajo de Ramírez Ortiz "El testimonio de la víctima en el proceso penal desde la perspectiva de género"», *op. cit.*

pericial que dé cuenta de lesiones incompatibles con una relación sexual consentida esconde la exigencia de otra prueba además de la declaración de la víctima. No se precisa una confirmación, es necesario otra prueba adicional.

Figura 13. Diagrama sobre el objeto de prueba de las corroboraciones periféricas

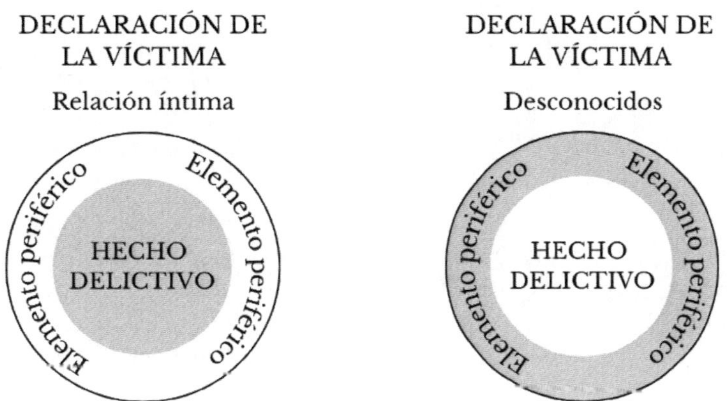

Fuente: Elaboración propia.

El análisis cuantitativo de sentencias acompaña esta reflexión. El 15,20% de todas las sentencias analizadas fueron absolutorias. En las resoluciones donde se practica la prueba pericial forense médica y los tribunales consideran que no corroboraba el testimonio, se absolvió en un 46,20% de las sentencias si las partes eran expareja y en un 55,60% si eran pareja.

A nivel estadístico se observa una correlación relevante entre la prueba pericial forense médica y la relación previa entre la víctima y el acusado, con un valor de 0,001 en chi-cuadrado. Si son desconocidos los tribunales valoraron la prueba pericial forense como corroboración del testimonio de la víctima en un 79,1% de las sentencias. Tan solo en un 3,6% se ha practicado tal prueba y el tribunal ha considerado que no ha corroborado la declaración de la víctima. Es posible observar la diferencia respecto a todas las sentencias analizadas, con independencia de la relación previa entre la víctima y el acusado. Un 60,9% de las sentencias consideraron la prueba pericial forense médica sobre lesiones como corroboración del testimonio de la víctima y en un 12,7% de las sentencias no se consideraron como corroboraciones.

Tabla 17. Cruce entre la relación previa entre las partes y la prueba pericial forense médica en las sentencias analizadas

Prueba pericial forense médica		**Hay relación previa**	**No hay relación previa**	**Total**
Se practica y **no corrobora el testimonio**	Recuento	43	4	47
	% dentro de la relación previa	12,7%	3,6%	10,5%
Se practica y **corrobora el testimonio**	Recuento	206	87	293
	% dentro de la relación previa	60,9%	79,1%	65,4%
No consta la práctica	Recuento	89	19	108
	% dentro de la relación previa	26,3%	17,3%	24,1%

Fuente: Elaboración propia.

Se muestra también una correlación total entre la relación previa y la prueba pericial sobre restos biológicos, con un valor de 0,00 en chi-cuadrado. Tales pruebas suelen acreditar la existencia de la relación sexual en base a la presencia de restos biológicos. En un 45,5% de las sentencias donde la víctima y el acusado eran desconocidos los tribunales consideraron la prueba pericial sobre restos biológicos como corroboración del testimonio de la víctima.

Tabla 18. Cruce entre la relación previa y la prueba pericial forense sobre restos biológicos en las sentencias analizadas

Prueba pericial forense sobre restos biológicos		**Hay relación previa**	**No hay relación previa**	**Total**
Se practica y **no corrobora el testimonio**	Recuento	32	6	38
	% dentro de la relación previa	9,5%	5,5%	8,5%
Se practica y **corrobora el testimonio**	Recuento	68	50	118
	% dentro de la relación previa	20,1%	45,5%	26,3%
No consta la práctica	Recuento	238	54	292
	% dentro de la relación previa	70,4%	49,1%	65,2%

Fuente: Elaboración propia.

Únicamente, en un 5,5% de las resoluciones se ha practicado una prueba forense sobre restos biológicos y el tribunal ha considerado que tal prueba no ha corroborado la declaración de la víctima. Respecto a todas las sentencias analizadas, con independencia de la relación previa entre la víctima y el acusado, se aprecia que un 20,1% de las sentencias consideraron la prueba pericial forense sobre restos biológicos como corroboración del testimonio de la víctima. Mientras que en un 9,5% de las sentencias no se consideraron como corroboraciones.

2.3. LA DUDA SISTEMÁTICA DE LA PALABRA DE LAS MUJERES. ESTEREOTIPOS DE GÉNERO EN LA CREDIBILIDAD DE VÍCTIMA DE VIOLACIÓN

Si el agresor era desconocido las pruebas periciales no debían acreditar lesiones graves para corroborar el testimonio de la víctima. Basta con que los medios de prueba acreditasen la existen de contacto sexual para considerar corroborado su testimonio. Si el acusado y la víctima tenían una relación íntima, la declaración de la víctima, incluso con pruebas que respalden aspectos periféricos, podía ser insuficiente. La única diferencia entre ambos supuestos es la relación previa entre la víctima y el acusado.

Si son desconocidos, los tribunales basan su condena o absolución en el testimonio único de la víctima, debidamente corroborado. La declaración de la víctima es la prueba de cargo principal para enervar la presunción de inocencia. En esta sentencias, los hechos probados recuerdan al mito de la *violación real*, conceptualizado por Susan ESTRICH[8]. Un estereotipo de género que retrata la violación como aquella cometida por un extraño que ataca a la víctima sorpresivamente en la calle. A través de esta creencia se introduce el prejuicio sobre los violadores como personas desconocidas para la víctima, como si alguien de su entorno fuera menos propenso a agredirla[9].

---

8. ESTRICH, S., *Real Rape*, Harvard University Press, 1987.
9. Véase BROWNMILLER, S., *Against Our Will: Men, Women, and Rape*, *op. cit.*; DE MIGUEL, A., «La construcción de un marco feminista de interpretación: la violencia de género», Cuadernos de Trabajo Social, 18, 2005, pp. 231-248.; TARDÓN, B., *La violencia sexual: desarrollos feministas, mitos y respuestas normativas globales, op. cit.* En este sentido, diversas investigaciones —la mayoría realizadas en países anglosajones— constatan que se denuncia con mayor facilidad las violaciones cometidas por desconocidos en comparación con aquellas que perpetran conocidos, amigos y familiares de la víctima. En profundidad, CLAY-WARNER, J., y MCMAHON-HOWARD, J., «Rape reporting: "Classic Rape" and the behavior of law», *Violence and Victims*, 24(6), 2009, pp. 723-743; DU MONT, J., MILLER, K.-L., y MYHR, T. L., «The Role of "Real Rape" and "Real Victim" Stereotypes in the Police Reporting Practices of Sexually Assaulted Women», *Violence Against Women*, 9(4), 2003, pp. 466-486; WATERHOUSE, G. F.; REYNOLDS, A.; EGAN, V., «Myths and legends: The reality of rape offences reported to a UK police force», *The European Journal of Psychology Applied to Legal Context*, 8(1), 1-10, 2016.

Sin embargo, las últimas macroencuestas de violencia contra la mujer realizadas en España apuntan hacia otra dirección. Evidencian que la mayoría de violencia de género —incluyendo las agresiones sexuales— se sufre a manos de personas que las víctimas conocían previamente.

Si los hechos no encajan en el mito de la violación real, si la víctima y el acusado eran expareja, pareja, o tenían una relación más informal, el objeto de corroboración era el propio hecho delictivo. Los tribunales solían exigir para enervar la presunción de inocencia—además de la declaración de la víctima— otra prueba adicional que acreditara lesiones compatibles con una agresión sexual. Esta valoración de la prueba incluso puede recordar a la regla de valoración ***testis unus, testis nullus*** (único testigo, ningún testigo en latín). Propia de un sistema de prueba tasada proscrito en la Ilustración[10]. En cambio, la libre valoración de la prueba implica dejar de *contar* testigos y valorar su testimonio[11].

Si el agresor es alguien del entorno de la víctima, puede activarse en los tribunales cierto recelo hacia su testimonio. Las víctimas de violencia sexual, incluida la violación, son mujeres y niñas casi en su totalidad. La necesidad de una prueba adicional para enervar la presunción de inocencia puede encontrarse en la duda sistemática sobre la palabra de las mujeres. Duda que ya advierten autores clásicos como Cesare BECCARIA en su obra *De los delitos y las penas*. BECCARIA alerta de la necesidad de dejar atrás creencias como la *flaqueza* de las mujeres para no conceder credibilidad a los testigos en un proceso penal.

> «Cualquiera hombre racional, esto es, que tengan una cierta conexión en sus propias ideas y cuyas sensaciones sean conformes a las de otros hombres, puede ser testigo. La verdadera graduación de su fe es solo el interés que tiene de decir o no la verdad. Por eso parece frívolo el motivo de la flaqueza en las mujeres»[12].

La duda sistemática sobre la palabra de las mujeres ha sido estudiada intensamente tras la promulgación de la Ley Orgánica 1/2004, de 28 de diciembre, de Medidas de Protección Integral contra la Violencia de Género. Esta ley desató múltiples debates. Uno de los temas más discutidos fue el riesgo de denuncias falsas. Es decir, la utilización fraudulenta de la protección que

---

10. NIEVA FENOLL, J., «La inexplicable persistencia de la valoración legal de la prueba», *Ars Iuris Salmanticensis*, Vol. 5, 2017, pp. 57-76.
11. SANCINETTI, M., «Testimonio único y principio de la duda», *Indret* 3, 2013.
12. BECCARIA, C., *De los delitos y las penas*, Alianza, 1996, p. 46.

otorga la ley a las mujeres[13]. La imagen de víctima real es la que no denuncia, y, en definitiva, la mujer que no habla.

En el caso de las agresiones sexuales, la palabra de la víctima no se cuestiona si la agresión encaja en el estereotipo de *violación real*. Aquella que sucede a manos de un desconocido y donde la víctima es asaltada con violencia. Diferente es si la agresión se aleja de ideas preconcebidas sobre la violación. Si la víctima ha mantenido o mantiene una relación íntima con su agresor, su palabra se devalúa. El tribunal requiere pruebas adicionales a su testimonio que acrediten que se ha resistido a la violación. Lesiones que demuestren la violencia empleada por el agresor. No se precisa la corroboración del relato de la víctima en estos casos, se exigen otras pruebas adicionales a su declaración.

13. DEL POZO, M., «Rompiendo el mito de las denuncias falsas de violencia de género», en A. GALLARDO RODRÍGUEZ (coord.), Á. FIGUERUELO BURRIEZA, M. DEL POZO PÉREZ, y M. LEÓN ALONSO (dirs.), *Violencia de género e igualdad: una cuestión de derechos humanos*, Comares, Granada, 2013, pp. 55-64; RED2RED, PERNAS, B., MURIEL, R., y FERNÁNDEZ, M., *Salud, violencia de género e inmigración en la Comunidad de Madrid*, Dirección General de Atención Primaria Subdirección de Promoción de la Salud y Prevención, Madrid, 2010.

Epílogo

El discurso institucional ha identificado el proceso penal como la *puerta de entrada* al sistema asistencial para las víctimas de violencia de género en España desde la promulgación de la Ley Integral contra la Violencia de Género, en 2004. Las autoridades españolas animaban insistentemente a denunciar. «Es que, si no denuncia, no le podemos ayudar».

En 2018, el caso de La Manada provoca un fenómeno similar. Campañas y eslóganes institucionales trasladaron a las víctimas la urgencia y la necesidad de denunciar la violencia sexual ante la Justicia. Desde el caso que propició esta investigación hasta la actualidad, no dejan de crecer voces que alientan a las víctimas a denunciar. «Denunciad y os protegeremos». «Denunciad y todo el peso de la ley caerá sobre el agresor». Pero, ¿realmente el proceso penal es la mejor opción para las víctimas? Es una pregunta que también late en este ensayo.

La alta tasa de condena de los delitos de violación en España es uno de los hallazgos más reveladores de esta investigación. Más del 80% de las sentencias consideraron creíble el testimonio de la víctima y resultaron en condena. Los tribunales creen a las víctimas de violación.

El cuello de botella está en la fase intermedia del proceso penal. Los datos publicados por el Ministerio del Interior y el Ministerio de Justicia indican que menos de una de cada diez denuncias fueron juzgadas por los tribunales. El destino más común de una denuncia por delito violación fue el sobreseimiento.

La tasa de enjuiciamiento de los delitos de violación es más cercana a la de los robos y hurtos, inferior al 4%, que a la de otros delitos contra las personas. Más de la mitad de las denuncias por delitos contra la vida y contra la integridad física llegaron a la fase de enjuiciamiento. La condena no es el destino ideal de toda denuncia, pero sorprende una tasa de enjuiciamiento tan reducida en los delitos de violación, porque, como otros delitos contra las personas, suelen ser cometidos por gente cercana a las víctimas.

Por otra parte, ¿hasta qué punto una sentencia condenatoria implica la superación de los estereotipos de género? Si la agresión encaja en el estereotipo de violación real —perpetrada por un desconocido con violencia evidente—, la prueba principal de cargo es la declaración de la víctima, debidamente corroborada.

Sin embargo, si la situación se aleja de esta idea preconcebida, especialmente si existe una relación íntima previa con el agresor, el testimonio de la víctima pierde valor. En estos casos, los tribunales suelen precisar pruebas adicionales que demuestren que la víctima se ha resistido.

No se requiere la corroboración de su relato mediante otros medios de prueba, como un informe forense que confirme el contacto sexual, sea consentido o no. Exigen otras pruebas adicionales a su testimonio, lesiones graves que acrediten la violencia del agresor.

A la luz de estos resultados, es desconcertante que las autoridades españolas insistan tanto en que las víctimas de agresiones sexuales denuncien. Tal vez este discurso revela cómo las instituciones entienden la violencia sexual.

El Derecho fragmenta la responsabilidad de responder a la violencia. Se la otorga a quien sufre la agresión. La individualiza, cada mujer puede —o debe— denunciar. Esta lógica no ofrece espacios para el pensamiento colectivo. Ni para la reparación social.

Pero el proceso penal tampoco tiene esa capacidad. Ni es su objetivo. Persigue identificar al autor de unos hechos que presenten indicios de criminalidad. Enjuiciar estos hechos y dictar una sentencia, condenatoria o absolutoria. Cada proceso penal, además, solo puede ocuparse de un caso específico. Analiza las circunstancias particulares de unos hechos denunciados y examina las acciones de la víctima y el agresor.

El discurso oficial, que insiste en que las víctimas denuncien las agresiones que sufren, desvela la misma perspectiva individualista de la violencia sexual que caracteriza al proceso penal. La violencia sexual, sin embargo, tiene un vínculo claro con el orden social. Lo explica Virginie Despentes cuando escribe:

> «Nos obstinamos en hacer como si la violación fuera algo extraordinario y periférico, fuera de la sexualidad, evitable. Como si concerniera tan solo a unos pocos, agresores y víctimas, como si constituyera una situación excepcional, que no dice nada del resto. Cuando por el contrario, está en el centro, en el corazón, en la base de nuestra sexualidad».

La violencia está en el corazón de la sexualidad, y el género marca y define cómo se ejercen las agresiones sexuales. En este libro hemos comprobado que la sufren, mayoritariamente, mujeres, niñas y niños. En cambio, la infligen los hombres, en casi todos los casos.

El proceso penal debe garantizar los derechos de las víctimas, pero no está diseñado para ofrecer espacios de reparación social. Quizás ese debe ser el rol de otras instituciones. O una tarea de la sociedad.

Sin embargo, las sentencias que se analizan en este libro, en conjunto, son una ventana para estudiar la violencia sexual. Es importante tener en cuenta que representan solo una pequeña fracción de los casos reales porque la violación es un delito que apenas se denuncia y además, pocas denuncias son juzgadas por los tribuales. A pesar de estas limitaciones, el análisis de las sentencias disponibles nos permite asomarnos a la realidad de un fenómeno que, en gran medida, permanece oculto.

Referencias bibliográficas

ACALE SÁNCHEZ, M., «Violencia sexual de género contra las mujeres adultas: especial referencia a los delitos de agresión y abuso sexuales», *Reus*, 2019.

AEBI, M. y LINDE, A., «Las encuestas de victimización en Europa: Evolución histórica y situación actual», en *Revista de Derecho Penal y Criminología*, 3, 2010, pág. 211-298.

AGIRREGOMEZKORTA IBARLUZEA, R. B.; GARCÍA BERROCAL, M. L.; PINEDA LORENZO, M. y TARDÓN RECIO, B., *Las Violencias Sexuales en el Estado Español: marco conceptual y su abordaje en Andalucía, Madrid y Catalunya*, Creación Positiva, 2018.

ALBERDI, I. y MATAS, N., *La violencia doméstica. Informe sobre los malos tratos a mujeres en España*, Fundación La Caixa, Barcelona, 2002.

ALCOCEBA GIL, J. M., El Análisis Genético Forense en el Proceso Penal Español, Tirant Lo Blanch, Valencia, 2018.

ALEMANY, A.; FERNÁNDEZ, L. y MARÍN, B., *Respuesta judicial a la violencia sexual que sufren los niños y las niñas*, Ministerio de Igualdad, 2020.

ALONSO, L. E., *La mirada cualitativa en sociología*, Fundamentos, Madrid, 1998.

ÁLVAREZ, N., *Los mitos sobre la violación: un estudio de sentencias de la Audiencia provincial de Barcelona*, Tesis de máster defendida en la Universidad Complutense de Madrid, 2021.

AMBOS, K., «Violencia sexual en conflictos armados y Derecho Penal Internacional», *Cuadernos de política criminal*, 107, 2012.

AMNISTÍA INTERNACIONAL, «Ya es hora de que me creas. Un sistema que cuestiona y desprotege a las víctimas», *Amnistía Internacional España*, 2018.

ANDRÉS IBÁÑEZ, P., «Acerca de la motivación de los hechos en la sentencia penal», *Doxa*, 12, 1992, pp. 257-299.

ANDRÉS IBÁÑEZ, P., *Prueba y convicción judicial en el proceso penal*, Editorial Hammurabi, 2009.

ARNÁIZ SERRANO, A., «La prueba de testigos», en I. GONZÁLEZ CANO (dir.), *La prueba en el proceso penal*, II, Tirant Lo Blanch, Valencia, 2017, pp. 595-640.

ARRANZ LOZANO, F., «Meta-análisis de las investigaciones sobre la violencia de género: El Estado produciendo conocimiento», Athenea Digital. Revista de pensamiento e investigación social, núm.15(1), pp. 171-203.

ARROM LOSCOS, R., «La declaración del menor víctima en el proceso penal; en especial el menor víctima de delito sexual. La relevancia del nuevo Artículo 433 de la Ley de Enjuiciamiento Criminal», *Revista internacional de Estudios de Derecho Procesal y Arbitraje*, 3, 2015.

BALLESTEROS DONCEL, E. y BLANCO MORENO, F., «Impunidad ante las violencias sexuales: análisis sociológico desde un estudio de caso», en PASTOR GOSÁLBEZ, I. y TRUJILLO CRISTOFFANINI, M. (coords.), *La violencia contra las mujeres desde las ciencias sociales: análisis crítico y propuestas para su comprensión*, 2021, pp. 103-126.

BALLESTEROS DONCEL, E. y BLANCO MORENO, F., «Las estadísticas de criminalidad sexual en España: una propuesta de caracterización» *Empiria. Revista de metodología de ciencias sociales*, 50, 2021, pp.137-174.

BALLESTEROS DONCEL, E., y BLANCO MORENO, F., «Yo sí te creo. Estereotipos sexistas hacia las víctimas de agresión sexual. Un estudio de caso sobre la Audiencia Provincial de Baleares (2018)», *iQual. Revista de Género e Igualdad* (4), 2021, pp. 89-108.

BARBERET, R., «Spain», *European Journal of Criminology*, vol. 2, núm. 3, 2005, pp. 341-368.

BARCONS CAMPMAJÓ, M.; BODELÓN, E.; MARTÍNEZ, M. J.; MURILLO, E.; PISONERO, A., y TOLEDO VÁSQUEZ, P., *Las violencias sexuales en el estado español: marco jurídico y análisis jurisprudencial*, Creación Positiva, 2018.

BARONA VILAR, S., «El consentimiento en el proceso penal: ¿un oxímoron?», *Revista Boliviana de Derecho*, 2021, pp. 208-235.

BARONA VILAR, S., «La prueba (III)», en J. MONTERO AROCA, *Derecho jurisdiccional. III, Proceso penal (27.ª ed.)*, Tirant lo Blanch, Valencia, 2019.

BARONA VILAR, S., «Mirada restaurativa de la Justicia penal en España, una bocanada de aire en la sociedad global líquida del miedo y de la securitización», en H. SOLETO, *Justicia Restaurativa: Una justicia para las víctimas*, Tirant lo Blanch, Valencia, 2019, pp. 55-94.

BARONA VILAR, S., *Proceso penal desde la historia: desde su origen hasta la sociedad global del miedo*, Tirant Lo Blanch, Colección Teoría, 1.ª edición, Valencia, 2017.

BECCARIA, C., *De los delitos y las penas*, Alianza, 1996.

BERTOMEU RUIZ, A., PEÑACOBA PÉREZ, M., PUJOL ROBINAT, A., SANCHO DE SALAS, M., VIDAL GUTIÉRREZ, C., y XIFRÓ COLLSAMATA, A., *Taxa de condemna en delictes d'agressió sexual*, Àrea d'Investigació i Formació en Execució Penal (CEJFE), Repositori de justícia de la Generalitat de Catalunya, 2017.

BLUMSTEIN, A., TONRY, M. y VAN NESS, A., «Cross-national measures of punitiveness», *Crime and Justice*, núm. 33(1), 2005, pp. 347-376.

BOADO OLABARRIETA, M., «El defensor judicial en el proceso penal. Reflexiones sobre el artículo 26.2 del estatuto de la víctima del delito. La defensa de los menores víctimas del delito. Especial consideración a los supuestos de violencia de género y doméstica», *Revista Jurídica de Castilla y León*, 49, 2019, pp. 43-83.

BOIRA, S., GÓMEZ-QUINTERO, J. D., CEBRIÁN, J., LÓPEZ, Y., PÉRES, M. C., y OLIVAN, B., *Violencia Sexual Contra Las Mujeres En Aragón*, Instituto Aragonés de la Mujer, 2019.

BOIRA, S., GÓMEZ-QUINTERO, J. D., CEBRIÁN, J., LÓPEZ, Y., PÉRES, M. C., y OLIVAN, B., *La percepción de la violencia contra las mujeres en la población aragonesa (Informe V2)*, Instituto Aragonés de la Mujer, 2019.

BRANDÁRIZ PORTELA, T., «Los mitos de la violación en el caso de "La Manada". Una crítica a la división patriarcal público/privado», Investigaciones Feministas, 12(2), 2021, pp. 575-585.

BREITMAYER, B. J., AYRES, L., y KNAFL, K. A., «Triangulation in qualitative research: evaluation of completeness and confirmation purposes», *The Journal of Nursing Scholarship*, 25(3), 1993, pp. 237-243.

BROWNMILLER, S., *Against Our Will: Men, Women, and Rape*, Fawcett, 1975.

BRYDEN, D. y LENGNICK, S., «Criminal law: Rape in the criminal justice system», *Journal of Criminal Justice and Criminology,* núm. 87(4), 1997, pp. 1194-1384.

BRYMAN, A. E., «Triangulation», en M. S. LEWIS-BECK, *Encyclopedia of Social Science Research Methods*, Sage, London, 2004, pp. 41-55.

CAMPLÁ, X., *Decisiones judiciales sobre las agresiones sexuales contra mujeres variables legales y extra-legales*, Tesis doctoral, Universidade de Santiago de Compostela, 2020.

CAMPLÁ, X.; GANCEDO, Y.; SANMARCO, J.; MONTES, Á., y NOVO, M., «Study of informal reasoning in judicial agents in sexual aggression cases», *Social Psychological Process and Effects on the Law*, 2022.

CARDOSO ONOFRE DE ALENCAR, E., «La violencia sexual contra las mujeres en los conflictos armados: un análisis de la jurisprudencia de los tribunales *ad hoc* para la Ex Yugoslavia y Ruanda», *Indret: Revista para el análisis del Derecho*, 4, 2011, pp.1-29.

CARNELUTTI, F., *Cómo nace el derecho*, Ediciones Jurídicas Europa-América, 1959.

CASADO APARICIO, E., GARCÍA GARCÍA, A. y GARCÍA SELGAS, F., «Análisis crítico de los indicadores de violencia de género en parejas heterosexuales en España», *Empiria: Revista de metodología de ciencias sociales,* núm. 24, 2012, pp. 163-186.

CASTILLEJO MANZANARES, R., «El estatuto de la víctima y las víctimas de violencia de género», *Diario La Ley* (8884), 2016.

CASTILLEJO MANZANARES, R., «El estatuto de la víctima y las víctimas de violencia de género», *Diario La Ley* (8884).

CAZORLA GONZÁLEZ, C., «Aproximación al perfil criminológico de las agresiones sexuales en grupo: un análisis a partir de su casuística jurisprudencial», *Revista Electrónica de Ciencias Criminológicas (*6), 2021, pp. 1-62.

CERECEDA FERNÁNDEZ ORUÑA, J., *et al.*, *Informe sobre delitos contra la libertad e indemnidad sexual en España-2019*, Ministerio de Interior, Gobierno de España, 2020

CERECEDA FERNÁNDEZ ORUÑA, J., *et al.*, *Informe sobre delitos contra la libertad e indemnidad sexual en España-2018*, Ministerio de Interior, Gobierno de España, 2019.

CEREZO, A. y IZCO, M., «Análisis de las fuentes de datos estadísticos oficiales en materia de violencia de género en España», *Revista Española de Investigación Criminológica*, núm. 19(2), 2022.

CHOPIN, J. y AEBI, M., «The level of attrition in domestic violence: A valid indicator of the efficiency of a criminal justice system? », *European Journal of Criminology*, núm. 17(3), 2020, pp. 269-287.

CHOZAS ALONSO, J. M., «El nuevo Estatuto de la víctima del delito y el derecho a la participación en la ejecución de las condenas», en O. FUENTES SORIANO (Dir.), *El proceso penal: Cuestiones fundamentales*, Tirant lo Blanch, Valencia, 2017.

CHRISTIANSON, S. A., «Emotional stress and eyewitness memory: A critical review», Psychological Bulletin, 112, 1992, pp. 284-309.

CLAY-WARNER, J., y MCMAHON-HOWARD, J., «Rape reporting: "Classic Rape" and the behavior of law», *Violence and Victims*, 24 (6), 2009, pp. 723-743.

CLIFFORD, B. R., y SCOTT, J., «Individual and situational factors in eyewitness testimony», *Journal of Applied Psychology*, 63 (3), 1978, pp. 352-359.

CORTÉS DOMÍNGUEZ, V. y MORENO CATENA, V., *Introducción al Derecho Procesal*. Tirant Lo Blanch, 2015.

DALY, K., y IMMARIGEON, R., «The past, present, and future of restorative justice: Some critical reflections», *Contemporary Justice Review*, 1998.

DAVIS, A., *Mujeres, raza y clase*, Akal, Madrid, 2005.

DE HOYOS SANCHO, M., *El ejercicio de la acción penal por las víctimas. Un estudio comparado*, Aranzadi, Pamplona, 2016.

DE LAMO VELADO, I., «De la denuncia a la sentencia. La atrición en los delitos de violación en España desde la perspectiva del Derecho Procesal», *Revista de Estudios Jurídicos y Criminológicos*, N.° 10, 2024, pp. 265-300.

DE LAMO VELADO, I., «Mitología contemporánea de la violación. Una revisión sobre la presencia de estereotipos de género en los tribunales españoles», *iQual. Revista de Género e Igualdad*, N.° 6, 2023, pp. 148-166.

DE LAMO VELADO, I., *La valoración de la declaración de la víctima como prueba de cargo. Un análisis empírico sobre los procesos penales por delitos de violación (2000-2019)*. Tesis doctoral defendida en la Universidad Carlos III de Madrid, 2023.

DE MIGUEL, A., «La construcción de un marco feminista de interpretación: la violencia de género», Cuadernos de Trabajo Social, 18, 2005, pp. 231-248.

DEL POZO, M., «Rompiendo el mito de las denuncias falsas de violencia de género», en A. GALLARDO RODRÍGUEZ (coord.), Á. FIGUERUELO BURRIEZA, M. DEL POZO PÉREZ, y M. LEÓN ALONSO (dirs.), *Violencia de género e igualdad: una cuestión de derechos humanos*, Comares, Granada, 2013, pp. 55-64.

DELEGACIÓN DEL GOBIERNO CONTRA LA VIOLENCIA DE GÉNERO, *Macroencuesta de Violencia contra la Mujer 2019*, Ministerio de Igualdad, 2020.

DELEGACIÓN DEL GOBIERNO CONTRA LA VIOLENCIA DE GÉNERO, *Macroencuesta de Violencia contra la Mujer 2015*, Ministerio de Igualdad, 2015.

DÍAZ CABIALE, J. A. y CUETO MORENO, C., «Víctimas, ofendidos y perjudicados: concepto tras la LO 8/21». *Revista electrónica de ciencia penal y criminología*, N.° 24, 2022, pp. 1-49.

DÍEZ RIPOLLÉS, J. L. y GARCÍA ESPAÑA, E., *Encuesta a víctimas en España*, Universidad de Málaga (UMA), Instituto Andaluz Interuniversitario de Criminología, 2009.

DIGES, M., y MANZANERO, A., «El recuerdo de los accidentes de tráfico: Memoria de los testigos», en L. MONTORO, E. J. CARBONELL, J. SANMARTÍN, y F. TORTOSA (Eds.), *Seguridad vial: Del factor humano a las nuevas tecnologías*, Ed. Síntesis, Madrid, 1995.

DIPUTACIÓN FORAL DE BIZKAIA, *Violencia contra las mujeres en el ámbito doméstico. Resultados de una investigación en el Territorio Histórico de Bizkaia*, Bizkaia, 2006.

DU MONT, J., MILLER, K.—L., y MYHR, T. L., «The Role of "Real Rape" and "Real Victim" Stereotypes in the Police Reporting Practices of Sexually Assaulted Women», *Violence Against Women*, 9(4), 2003, pp. 466-486.

ELBERS, N.; AKKERMANS, A.; SOLETO MUÑOZ, H.; FIODOROVA, A.; GRANÉ, A.; TAMARIT SUMALLA, J. M.; LINDE GARCÍA, A. *Fair and Appropriate? Compensation of Sexual Violence in EU Member States: Greece, Italy, Latvia, the Netherlands and Spain. Part I: A Survey of State and Offender Compensation*: FAIRCOM, 2018.

ESCOBAR PÉREZ, J. y CUERVO MARTÍNEZ, Á., «Validez de contenido y juicio de expertos: una aproximación a su utilización», *Avances en Medición*, 6(1), 2008, pp. 27-36.

ESCOBAR, G., «Extranjeros y prisiones», *Revista De Estudios De La Justicia*, núm. 12, 2010, pp. 261-277.

ESTRICH, S., *Real Rape*, Harvard University Press, 1987.

FARALDO-CABANA, P.; ACALE SÁNCHEZ, M.; RODRÍGUEZ-LÓPEZ, S. y FUENTES-LOUREIRO, M. A., *La Manada: un antes y un después en la regulación de los delitos sexuales en España*, Tirant lo Blanch, 2018.

FARRIS, S. R., *In the Name of Women's Rights: The Rise of Femonationalism*, Duke University Press, 2017.

FDEZ. MONTES, L., *El tratamiento de la violencia contra las mujeres en los programas electorales. La política del simulacro*, Granada, Comares, 2021.

FEIST, A. ASHE, J., LAWRENCE, J., MCPHEE, D., y WILSON, R., *Investigating and Detecting Recorded Offences of Rape*, Home Office Online Report 18/07, Home Office, 2007.

FERNÁNDEZ FUSTES, M. D., «Procedimiento Probatorio», en Isabel González Cano (Dir.), *La prueba en el proceso penal*, II, Tirant lo Blanch, Valencia, 2017.

FERNÁNDEZ FUSTES, M. D., «Protección de los derechos de la víctima en el proceso penal», *Estudios Penales y Criminológicos*, 39, 2019, pp. 755-815.

FERNÁNDEZ FUSTES, M. D., *La intervención de la víctima en el proceso penal: (especial referencia a la acción civil)*, Tirant lo Blanch, Valencia, 2004.

FERNÁNDEZ VILLANUEVA, C., FERNÁNDEZ CANTERO, A. I. y ORTS POVEDA, P., *La Mujer ante la Administración de Justicia. El caso del parricidio*, Instituto de la Mujer, Madrid, 1988.

FERRAJOLI, L. *Derecho y razón. Teoría del garantismo penal*, Trotta, 2018/1995.

FIODOROVA, A., *La víctima en el proceso. Perspectiva nacional y europea*, Aranzadi, Pamplona, 2023.

FRANCÉS LECUMBERRI, P., «La justicia restaurativay el art. 15 del Estatuto de la víctima del delito: ¿un modelo de justicia o un servicio para la víctima?», *e-Eguzkilore. Revista electrónica de Ciencias Criminológicas*, N.º 3, 2018.

FRANCÉS LECUMBERRI, P., «La justicia restaurativa y el art. 15 del Estatuto de la víctima del delito: ¿un modelo de justicia o un servicio para la víctima?», *e-Eguzkilore. Revista electrónica de Ciencias Criminológicas*, N.º 3, 2018, pp. 1-39.

FRANIUK, R., LUCA, A., y ROBINSON, S., «The Effects of Victim and Perpetrator Characteristics on Ratings of Guilt in a Sexual Assault Case», *Violence Against Women*, 26(6-7), 2020, pp. 614-635.

FRANK, J., *Law and the Modern Mind*. Transaction Publishers, 2009.

FRICKER, M., *Injusticia epistémica*, Herder, 2017.

FUENTES SORIANO, O., «La perspectiva de género en el proceso penal. ¿Refutación? de algunas conjeturas sostenidas en el trabajo de Ramírez Ortiz "El testimonio de la víctima en el proceso penal desde la perspectiva de género"», *Quaestio Facti. Revista Internacional sobre Razonamiento Probatorio*, 2, 2020, pp. 271-284.

FUENTES SORIANO, O., *El enjuiciamiento de la violencia de género*, Iustel, España, 2009.

FUNDACIÓN EDE. SERVICIO DE INVESTIGACIÓN SOCIAL, *Violencia machista contra las mujeres en la CAPV: Percepción, incidencia y seguridad*, Servicio Central de Publicaciones del Gobierno Vasco, Vitoria-Gasteiz, 2012.

GARCÍA DEL BLANCO, V., «Conflicto de intereses: La víctima en el proceso y en la ejecución penal», en A. GIL GIL y E. MACULAN (Dirs.), *La influencia de las víctimas en el tratamiento jurídico de la violencia colectiva*, Dykinson, Madrid, 2017, pp. 275-307.

GARCÍA SELGAS, F., «La investigación social sobre violencia de género: Una propedéutica», En: MIRANDA LÓPEZ, MARTÍN-PALOMO y MARUGÁN PINTOS (Eds.), *Amor, razón, violencia*, Catarata, Madrid, 2009, pp. 55-84.

GARCÍA VILLEGAS, M., *La eficacia simbólica del derecho*, Ariel, 2024.

GARCÍA-GALLO DE DIEGO, A., *Manual de historia del derecho español*, [s.n.], Madrid, 1979.

GASCÓN ABELLÁN, M., *Los hechos en el Derecho. Bases argumentales de la prueba*, Marcial Pons, Ediciones Jurídicas y Sociales, Madrid, 2010.

GIMÉNEZ-SALINAS, A. y PÉREZ RAMÍREZ, M. «La trazabilidad de los datos oficiales sobre delincuencia en España», *Revista Española De Investigación Criminológica*, núm. 19(2), 2022, pp. 1-23.

GÓMEZ COLOMER, J. L., *Estatuto jurídico de la víctima del delito: la posición jurídica de la víctima del delito ante la Justicia Penal: un análisis basado en el Derecho Comparado y en la Ley 4/2015, de 27 de abril, del Estatuto de la Víctima del Delito en España*, Thomson Reuters Aranzadi, Pamplona, 2015.

GONZÁLEZ MONJE, A. G., «La declaración de la víctima de violencia de género como única prueba de cargo: Últimas tendencias jurisprudenciales en España», *Revista Brasileira de Direito Processual Penal*, 6(3), 2020, pp. 1627-1660.

GREGORY, J., y LEES, S., «Attrition in rape and sexual assault cases», *British Journal of Criminology*, 36, 1996, pp. 1-17.

GREGORY, J., y LEES, S., «Attrition in rape and sexual assault cases», *op. cit.*; SMITH, O. y SKINNER, T. «How Rape Myths Are Used and Challenged in Rape and Sexual Assault Trials». *Social y Legal Studies*, 26(4), 2017, pp. 441-466.

HÄNEL, H., «# MeToo and testimonial injustice: An investigation of moral and conceptual knowledge», *Philosophy & Social Criticism*, 48(6), 2021, pp. 833-859.

HEISKANEN, M., VAN DER BRUGGE, W. y JEHLE, G., Aims of the project, En: HEISKANEN, M. *et al.* (eds), *Recording Community Sanctions and Measures and Assessing Attrition: A Methodological Study on Comparative Data in Europe*, HEUNI, Helsinki, 2014, pp. 15-22.

HERMAN, J. L., Trauma and recovery, Basic Books, Nueva York, 1992.

HERTON, C. C., Sex and Racism in America, Doubleday y Company, Inc., Nueva York, 1965; STOLER, A. L., *Carnal Knowledge and Imperial Power. Race and the Intimate in the Colonial Rule*. University of California Press, 2002.

HOHL, K. y STANKO, E., «Complaints of rape and the criminal justice system», *European Journal of Criminology*, vol. 12, núm. 3, 2015, pp. 324-341.

IBÁÑEZ, J., «Perspectivas de la investigación social: El diseño en la perspectiva estructural», en M. GARCÍA FERRANDO, J. IBÁÑEZ y F. ALVIRA, *El análisis de la realidad social: Métodos y técnicas de investigación*, Alianza Editorial, Madrid, 1986, pp. 31-65.

INSTITUTO ARAGONÉS DE ESTADÍSTICA, *Macroencuesta sobre violencia contra las mujeres en Aragón*, Instituto Aragonés de la Mujer, Zaragoza, 2006.

JACOBS, J. B., y LARRAURI, E., «¿Son las sentencias públicas? ¿Son los antecedentes penales privados? Una comparación de la cultura jurídica de Estados Unidos y España», *InDret,* 4, 2010.

JEHLE, J. M., «Attrition and conviction rates of sexual offences in Europe: Definitions and criminal justice responses», *European Journal of Crime Policy and Research*, núm. 18(1), 2012, pp. 145-161.

JIMÉNEZ DE ASSUA, L., *Tratado de Derecho Penal, Tomo I,* Losada, Buenos Aires, 1964.

JIMÉNEZ, S., CAMPLÁ, X., SEIJO, D., «Análisis de sentencias de delitos contra la libertad sexual con agresores múltiples», *Psicología jurídica y forense: Investigación para la práctica profesional XII Congreso (inter)nacional de psicología jurídica y forense Madrid, 13, 14 y 15 de febrero de 2020*, coord. por A.M MARTÍN, F. FARIÑA RIVERA y R. ARCE FERNÁNDEZ, 2020, pp. 93-107.

JULLIEN DE ASIS, J. L., *La participación de la víctima menor de edad en el proceso penal. Avanzando hacia una justicia integral*, Editorial Tirant Lo Blanch, 2020.

KELLY, L., LOVETT, J. y REGAN, L., *Gap or a Chasm?: Attrition in Reported Rape Cases*, Home Office Research Study 293, Home Office Research Development and Statistics Directorate, Londres, Reino Unido, 2005.

KENNEDY, D., *The Rise and Fall of Classical Legal Thought*, Beards Books, 1998.

LARRAURI, E., «Cinco reflexiones feministas en torno al proceso penal», *InDret Criminología*, 2, 2022, pp. 149-162.

LARRAURI, E., «Cinco reflexiones feministas en torno al proceso penal», *InDret Criminología*, 2, 2022.

LARRAURI, E., «Victimología: ¿Quiénes son las víctimas? ¿Cuáles sus derechos? ¿Cuáles sus necesidades?», *Jueces para la democracia*, 1992, pp. 21-31.

LARRONDO, A.; MORALES-I-GRAS, J. y ORBEGOZO-TERRADILLOS, J., «Feminist hashtag activism in Spain: measuring the degree of politicisation of online discourse on #YoSíTeCreo, #HermanaYoSíTeCreo, #Cuéntalo y #NoEstásSola», *Communication & Society*, Vol. 32, N.º 4, 2019, pp. 207-221.

LEA, S. J., LANVERS, U. y SHAW, S., «Attrition in rape cases: Developing a profile and identifying relevant factors», *British Journal of Criminology,* núm. 43(3), 2003, pp. 583-599.

LEGANÉS GÓMEZ, S., «La víctima del delito en la ejecución penitenciaria», *Diario La Ley* (8619), 2015, p. 10.

LEGUIL, C. *Ceder no es consentir. Un abordaje clínico y político del consentimiento*, NED Ediciones, 2023.

LEVERICK, F., «What do we know about rape myths and juror decision making?», *The International Journal of Evidence & Proof,* 24(3), 2020, pp. 255-279.

LIARTE MARÍN, C., y BANDRÉS GOLDÁRAZ, E., «La objetividad y neutralidad de la información en la red. El tratamiento del Diario.es, ABC.es y El País.com en el juicio contra "la manada"», *Fonseca, Journal of Communication*, 18, 2019, pp. 119-140.

LINDE, A. y SUMMERS, L., «Fuentes de datos para la investigación de la delincuencia en España», *Revista Española De Investigación Criminológica*, núm. 19(2), 2021, pp. 1-20.

LOFTUS, E. F., LOFTUS, G. R., y MESSO, J., «Some facts about weapon focus», Law and Human Behavior, 11, 1987, pp. 55-62.

LONSWAY, K. A., y FITZGERALD, L. F., «Rape myths: In review», Psychology of Women Quarterly, 68, 1994, pp. 133-164.

LÓPEZ JIMÉNEZ, R., *Victimización sexual y nuevas tecnologías: desafíos probatorios*, Dykinson, 2021.

LORENZO, M., *Cuando violar era un arte y no una atrocidad*, Centro Virtual Cervantes © Instituto Cervantes, 2006.

LOUSADA AROCHENA, J. F., «Aproximación al estatuto de la víctima del delito desde la perspectiva de género», Aequalitas: *Revista Jurídica De Igualdad De Oportunidades Entre Mujeres y Hombres* (40), 2017, pp. 12-26.

LOVETT, J. y KELLY, L., *Different Systems, Similar Outcomes? Tracking Attrition in Reported Rape Cases in Eleven Countries*, London Metropolitan University, Londres, 2011.

MACKINNON, C. A., *Toward a Feminist Theory of the State*, Harvard University Press, 1989.

MAGRO SERVET, V., «Novedades de la ley 4/2015, de 27 de abril, del estatuto de la víctima del delito y especial incidencia en la violencia de género», *Diario La Ley* (8638), 2015.

MAIER, J. B., *Derecho procesal penal*, Ad-Hoc, Buenos Aires, 2016, Colección Criminologías.

MANZANERO, A. L., «Recuerdo de hechos traumáticos: de la introspección al estudio objetivo», *Revista de Psicopatología Clínica, Legal y Forense*, 10, 2010, pp. 149-164.

MARRADI, A., ARCHENTI, N., y PIOVANI, J. I., *Metodología de Las Ciencias Sociales*, Emecé, Buenos Aires, 2007.

MASSEY, A., «Methodological Triangulation, Or How To Get Lost Without Being Found Out», en ALEXANDER MASSEY y GEOFFREY WALFORD (eds.), *Explorations in Methodology, Studies in Educational Ethnography*, Stanford: AI Press, 1999, pp. 183-197.

MATSUDA, M. J., «Looking To The Bottom: Critical Legal Studies And Reparations», *Harvard Civil Rights-Civil Liberties Law Review*, 22, 1987, pp. 323-399.

MCKIMMIE, B. M., MASSER, B. M., y BONGIORNO, R., «What Counts as Rape? The Effect of Offense Prototypes, Victim Stereotypes, and Participant Gender on How the Complainant and Defendant are Perceived», *Journal of Interpersonal Violence*, 29(12), 2014, pp. 2273-2303.

MCKIMMIE, B. M.; MASSER, B. M., «Rape Perpetrators on Trial: The Effect of Sexual Assault-Related Schemas on Attributions of Blame». *Journal of Interpersonal Violence*, 2016, pp. 1-36.

MEDINA, J., «Injusticia epistémica y activismo epistémico en las protestas sociales feministas», *Revista Latinoamericana de Filosofía Política*, 2021, pp. 227-250.

MEDINA, J., *The Epistemology of Resistance: Gender and Racial Oppression, Epistemic Injustice, and Resistant Imaginations*, Oxford University Press, 2013.

MONTERO FERRER, C., *Crímenes internacionales de violencia sexual e impunidad: un examen de los mecanismos de justicia transicional y su aplicación en África*, Tesis doctoral defendida en la Universidade de Santiago de Compostela, 2017.

MORENO CATENA, V., «La prueba preconstituida», en Isabel González Cano (dir.), *La prueba en el proceso penal, II*, Tirant lo Blanch, Valencia, 2017, pp. 149-315.

NIEVA FENOLL, J., «La inexplicable persistencia de la valoración legal de la prueba», *Ars Iuris Salmanticensis*, Vol. 5, 2017, pp. 57-76.

NISTAL BURÓN, J., «Los derechos de la víctima del delito en el ámbito de la ejecución penal. El derecho a saber y el derecho a recurrir en los términos establecidos en el estatuto de la víctima (Ley 4/2015)», *Diario La Ley* (8999), 2017.

ONETTI, M., *Estudio sobre el acoso sexual, acoso sexista, acoso por orientación sexual y acoso por identidad y expresión de género en la Universidad Complutense de Madrid*, Universidad Complutense de Madrid, Madrid, 2018.

ORTS BERENGUER, E., y GONZÁLEZ CUSSAC, J. L., *Compendio de Derecho Penal: parte general*, Tirant lo Blanch, Valencia, 2016.

PALMA HERRERA, J. M., «El sistema estadístico de criminalidad y su eficacia en el estudio de la conexión entre criminalidad organizada e inmigración en España», *Revista Electrónica de Ciencia Penal y Criminología*, RECPC 14-r1, 2012, pp. 1-45.

PASCUAL LAGUNAS, E., *Estudio de la violencia sexual en los conflictos armados: una reflexión crítica sobre su configuración jurídica, jurisprudencial y doctrinal*, Tesis doctoral defendida en la Universitat Autònoma de Barcelona, 2017.

PEACE, K. A., y PORTER, S., «A longitudinal investigation of the reliability of memories for trauma and other emotional experiences», *Applied Cognitive Psychology*, 18(9), 2004, pp. 1143-1159.

PENALVA VERDÚ, C., ALAMINOS CHICA, A., FRANCÉS GARCÍA, F. J., y SANTACREU FERNÁNDEZ, Ó., *La investigación cualitativa: técnicas de investigación y análisis con Atlas.ti*, PYDLOS Ediciones, Cuenca, Ecuador, 2015.

PERNAS, B., OLZA, J. y ROMÁN, M., *El acoso sexual en el trabajo en España*, Paralelo Edición, Madrid, 2000.

PILLADO GONZÁLEZ, E., «Capítulo II. La mediación como manifestación del principio de oportunidad en la Ley de Responsabilidad Penal de Menores», en E. PILLADO (ed.), *Mediación con menores infractores en España y los países de su entorno*, 2012, pp. 53-88.

PILLADO GONZÁLEZ, E., «La humanización de la justicia penal en España», *Revista Iberoamericana de Justicia Terapéutica*, 2, 2021, pp. 1-8.

PLANCHADELL GARGALLO, A., «La mediación penal: análisis y perspectivas tras la reforma del Código Penal y la aprobación del Estatuto de la víctima del delito», *Revista Aranzadi de Derecho y Proceso Penal*, 61, 2021.

PLANCHADELL GARGALLO, A., «Ley Orgánica 8/2021, de 4 de junio, de protección integral a la infancia y la adolescencia frente a la violencia. Cuestiones penales y procesales», *Revista Aranzadi de Derecho y Proceso Penal*, 63, 2021.

PLASENCIA DOMÍNGUEZ, N., «Participación de la víctima en la ejecución de las penas privativas de libertad», *Diario La Ley* (8683), 2016, pp. 4-10.

PLASENCIA DOMÍNGUEZ, N., «Violencia de género y ejecución penal», *Diario La Ley* (9429), 2019, pp. 6-12.

RAMÍREZ ORTIZ, J. L., «El testimonio único de la víctima en el proceso penal desde la perspectiva de género», *Quaestio facti. Revista internacional sobre razonamiento probatorio*, 2, 2020, pp. 201-245.

RED2RED y PERNAS RIAÑO, B., *El estado de la cuestión en el estudio de la violencia de género, Violencia de Género*, Ministerio de Sanidad, Servicios Sociales e Igualdad, 2011.

RED2RED, PERNAS, B., MURIEL, R., y FERNÁNDEZ, M., *Salud, violencia de género e inmigración en la Comunidad de Madrid*, Dirección General de Atención Primaria Subdirección de Promoción de la Salud y Prevención, Madrid, 2010.

REKERS, R., «Epistemic Transitional Justice: The Recognition of Testimonial Injustice in the Context of Reproductive Rights», *Redescriptions: Political Thought, Conceptual History and Feminist Theory*, 25(1), 2022, pp. 65-79.

RENART GARCÍA, F., «Del olvido a la sacralización. La intervención de la víctima en la fase de ejecución de la pena (Análisis del art. 13 de la Ley 4/2015, de 27 de abril, del Estatuto de la víctima del delito, a la luz de la L.O. 1/2015, de 30 de marzo, de modificación del Código Penal)», *Revista Electrónica de Ciencia Penal y Criminología*, 2017, pp. 1-68.

RENART GARCÍA, F., «Del olvido a la sacralización. La intervención de la víctima en la fase de ejecución de la pena (Análisis del art. 13 de la Ley 4/2015, de 27 de abril, del Estatuto de la víctima del delito, a la luz de la L.O. 1/2015, de 30 de marzo, de modificación del Código Penal)», *Revista Electrónica de Ciencia Penal y Criminología*, 2017, pp. 1-68.

RODRÍGUEZ BARRIGÓN, J., «La violencia sexual en los conflictos armados: un marco jurídico en evolución», *Pliegos de Yuste: revista de cultura y pensamiento europeos*, 17, 2016, pp. 83-106.

RUBIN, D. C., y BERNTSEN, D., «Life scripts help to maintain autobiographical memories of highly positive, but not highly negative, events», *Memory and Cognition*, 31(1), 2003, pp. 1-14.

RUBIO-MARTÍN, M. J., BLANCO MORENO, F., y BALLESTEROS DONCEL, E., «¿Qué queda del mito de la violación real? Un estudio de caso basado en análisis de sentencias judiciales», *Revista Española de Sociología*, 31(4), 2022.

SAINZ DE BARANDA ANDÚJAR, C.; BLANCO RUIZ, M.; ADÁ LAMEIRAS, A.; DE LAMO VELADO, I.; MARUGÁN PINTOS, B. y SAN SEGUNDO MANUEL, R., *Incidencia de la violencia sexual en la Comunidad de Madrid:*

acoso, abuso y agresión sexual, percepción y mitos asociados, Instituto Universitario de Estudios de Género de la Universidad Carlos III de Madrid y Comunidad de Madrid, 2020.

SALANUEVA, O. y ZAIKOSKI, D. *Violencia sexual y discurso jurídico. Análisis de sentencias penales en casos de delitos contra la integridad sexual*. Editorial de la Universidad Nacional de La Pampa, 2015.

SÁNCHEZ-RUBIO, A., «La toma de declaración a través de la Cámara Gesell como medio para evitar la doble victimización», *Estudios Penales y Criminológicos*, 42, 2022, pp. 1-30.

SANCINETTI, M., «Testimonio único y principio de la duda», *Indret* 3, 2013.

SCALES, A., «Feminist Legal Method: Not So Scary», *UCLA Women's Law Journal*, 2(0), 1992.

SEMPERES FAUS, S., «La grabación audiovisual de la declaración del menor de edad: la prueba preconstituida y la eficacia de la cámara Gesell en la reducción de la victimización secundaria», *Revista General de Derecho Procesal*, 48, 2019, pp. 23-47.

SERRANO HOYO, G., «Los servicios de justicia restaurativa en el Estatuto de la víctima del delito», en M. JIMENO BULNES y J. PÉREZ GIL (Coords.), *Nuevos horizontes del derecho procesal: libro-homenaje al Prof. Ernesto Pedraz Penalva*, 2016, pp. 959-975.

SIMÓ SOLER, E., *Estereotipos de género en procesos por violencia sexual*. Valencia: Tirant lo Blanch, 2023.

SINCLAIR, O. «The attrition problem: The role of police officer's decision making in rape cases», *Journal of Investigative Psychology and Offender Profiling*, vol. 19, núm. 3, 2022, pp. 1-17.

SOLAR, J. I., *El realismo jurídico de Jerome Frank. Normas, hechos y discrecionalidad en el proceso judicial*, Boletín Oficial del Estado (BOE), Madrid, 2005.

SOLETO MUÑOZ, H. y GRANÉ, A. *La eficacia de la reparación a la víctima en el proceso penal a través de las indemnizaciones. Un estudio de campo en la Comunidad de Madrid*, 2018 Madrid: Dykinson.

SOLETO, H.; OUBIÑA BARBOLLA, S.; JULLIEN DE ASÍS, J.; GRANÉ CHÁVEZ, A.; DIGES JUNCO, M.; GALÁN GONZÁLEZ, C.; PÉREZ-MATA, N.; FIODOROVA, A.; GONZÁLEZ BARRERA, F.; NAVARRO PAPIC, I.; GÓMEZ DE LIAÑO, R.; LÓPEZ JIMÉNEZ, R.; RODRÍGUEZ HORCAJO, D.; TORRECUADRADA GARCÍA-LOZANO, S.; DE TORRES GUAJARDO, I.; HERNÁNDEZ MOURA, B.; CARRETERO MORALES, E.; DE LAMO VELADO, I.; ESPINOSA DE LOS MONTEROS ZAFRA, R.; RUIZ LÓPEZ, C. y PELÁEZ DE VESA, M., *Obstáculos que enfrentan las víctimas de delito sexual en las etapas del proceso penal: informe nacional*. Informe Nacional España Proyecto RETREAT. Madrid. 2021.

TARDÓN, B., *La violencia sexual: desarrollos feministas, mitos y respuestas normativas globales*. Tesis doctoral defendida en Universidad Autónoma de Madrid, 2017.

TARUFFO, M,. *La prueba*. Marcial Pons, Ediciones Jurídicas y Sociales, 2008.

TEMKIN, J. y KRAHÉ, B. *Sexual assault and the justice gap: a question of attitude*. Oxford & Portland, 2008.

TEMKIN, J., «Prosecuting and Defending Rape: Perspectives from the Bar». *Journal of Law and Society*, 27 (2), 2000, pp. 219-248.

TERRADAS SABORIT, I., *Justicia vindicatoria: de la ofensa e indefensión a la imprecación y el oráculo, la vindicta y el talión, la ordalía y el juramento, la composición y la reconciliación*, Consejo Superior de Investigaciones Científicas (CSIC), 2008.

TOLEDO VÁSQUEZ, P. y PINEDA LORENZO, M., *Abordatge Violències Sexuals a Catalunya*. Creación Positiva, 2016.

UBIETO OLIVÁN, A., «La violencia sexual como violencia de género: una perspectiva desde el derecho internacional de los derechos humanos». *Femeris* 3 (2), 2018, pp. 165-170.

VALLES, M. S., *Técnicas cualitativas de investigación social*, Síntesis, Madrid, 1997.

VAN DER KOLK, B. A., «Trauma and memory», en B. A. VAN DER KOLK, N. C. MCFARLANE y L. WESAETH (Eds.), *Traumatic Stress*. Nueva York: Guilford, 1996, pp. 1-20.

VARELA, H., «Neoconservadurismo, contramovimientos y estrategias para posicionar la agenda antifeminista. El caso de VOX en España». *Femeris*, 6 (3), 2021, pp. 101-122.

VARONA, G., «Un control social selectivo, una desvinculación moral selectiva: Repensar la justicia restaurativa con personas condenadas por delitos contra los ecosistemas y los animales», *Revista Española de Investigación Criminológica*, 21 (2), 2023, pp. 1-18.

VÁZQUEZ PEDREÑO, J. *Las víctimas de crímenes internacionales: en particular los grupos especialmente vulnerables ante la justicia penal internacional*. Tesis doctoral defendida en la Universidad de Murcia, 2014.

VIDALES RODRÍGUEZ, C. y PLANCHADELL GARGALLO, A., «Protección procesal de las víctimas de trata: aproximación general». *Revista Aranzadi de Derecho y Proceso Penal*, 39, 2015, pp. 35-72.

VIDALES RODRÍGUEZ, C., «Víctima y ejecución penal». *ReCrim*, 12, 2014, pp. 76-78.

VIGUER SOLER, P. L., «Estatuto de la víctima, protección del menor y prueba preconstituida», Diario La Ley, N.º 9116, 2018.

WALBY, S., ARMSTRONG, J. y STRID, S., «Developing measures of multiple forms of sexual violence and their contested treatment in the criminal justice system», en: BROWN, J. M. y WALKLATE, S. L. (eds), *Handbook on Sexual Violence*, Routledge, Londres, 2011, pp. 90-113.

WALKLATE, S., *Victimology: The Victim and the Criminal Justice Process*. Routledge Revivals, 2012.

WATERHOUSE, G. F.; REYNOLDS, A.; EGAN, V. (2016). «Myths and legends: The reality of rape offences reported to a UK police force», *The European Journal of Psychology Applied to Legal Context*, 8(1), pp. 1-10.

WEKKER, G. *White innocence. Paradoxes of Colonialism*. Duke University Press, 2016.

YUST ESCOBAR, J. «La protección de la víctima en el Estatuto aprobado por Ley 4/2015 de 27 de abril». *Cuadernos Digitales de Formación*, 47, Consejo General del Poder Judicial. 2016.

Anexo A

Metodología

SUMARIO: 1. ANÁLISIS CUANTITATIVO DE SENTENCIAS. *1.1. Instrumento metodológico final: guía de análisis de sentencias. 1.2. Muestra de sentencias analizadas.* 2. ANÁLISIS CUALITATIVO DE SENTENCIAS. *2.1. Sentencias seleccionadas para el análisis cualitativo y criterios de selección.*

En este anexo se detalla el análisis empírico de las sentencias analizadas. Se detalla el conjunto de variables empleadas en el análisis y las sentencias que conforman la muestra analizaba. El presente libro tiene su origen en una tesis doctoral (de Lamo, 2023), que contiene información detallada sobre la confección del instrumento metodológico empleado. Asimismo este anexo contiene las sentencias analizadas cualitativamente.

1. ANÁLISIS CUANTITATIVO DE SENTENCIAS

1.1. INSTRUMENTO METODOLÓGICO FINAL: GUÍA DE ANÁLISIS DE SENTENCIAS

Grupo 1. Datos sobre la sentencia

Variable	Descripción de la variable	N.º	Descripción categoría
1. ECLI	Se incluirá ECLI de la sentencia	Número completo de ECLI (ej. ECLI:ES:APNA:2018:86)	
2. Tribunal	¿Qué tribunal dicta la sentencia?	0	AP (Audiencia Provincial)
		1	Tribunal Jurado
		2	TSJ (Tribunal Superior de Justicia)
		3	TS (Tribual Supremo)

sigue >>

Variable	Descripción de la variable	N.º	Descripción categoría
3. Identificación	Se incluirán datos básicos que permiten identificar la sentencia. Describir el órgano que la dicta, la sección en caso de que sea un órgano colegiado, el número y la fecha	Ej.: TSJ Islas Canarias, Las Palmas (Sala de lo Civil y Penal, Sección 1.ª), sentencia núm. 63/2018 de 18 diciembre	
4. Año	¿En qué año se dicta la sentencia?	Escribir el año. Ej.: 2018	
5. Sexo_Ponente	¿Cuál es el sexo de la/el magistrada/o ponente?	0	Mujer
		1	Hombre
6. H_Sección	¿Cuál es el número de hombres que integran el tribunal?	Escribir el número de hombres que formen parte del tribunal: de 0 a 5	
7. M_Sección	¿Cuál es el número de mujeres que integran el tribunal?	Escribir el número de mujeres que formen parte del tribunal: de 0 a 5	

Grupo 2. Datos sociológicos sobre las Partes procesales y los hechos

Variable	Descripción de la variable	N.º	Descripción categoría
8. Núm_Acu	¿Cuál es el número de acusados? Se recogerá el número de acusados con independencia de si son condenados o absueltos.	Escribir el número de acusados	
9. Acu1_Edad	¿Cuál es la edad del acusado?	0	No consta
		Si consta, escribir cuál (ej. 17). Si sólo aparece el año de nacimiento, calcular la edad en la fecha de los hechos. Si es un delito continuado, indicar el rango de edad desde cuando comienza el delito hasta que finaliza (ej. 17-23)	
10. Acu_Sexo	¿Cuál es el sexo del acusado?	0	No consta
		1	Mujer
		2	Hombre
11. Acu1_ Nacionalidad	¿Cuál es la nacionalidad?	0	No consta
		Consta: Escribir la nacionalidad. En caso de doble nacionalidad, escribir ambas	
12. Acu1_Lugar de nacimiento	¿Se indica el lugar de nacimiento?	0	No consta
		Sí: Escribir los comentarios: Ej. nacida en Alemania, etc.	

sigue >>

<table>
<tr><th>Variable</th><th>Descripción de la variable</th><th>N.º</th><th>Descripción categoría</th></tr>
<tr><td rowspan="2">13. Acu1_ Nacionalidad de origen</td><td rowspan="2">¿El tribunal realiza algún comentario sobre su nacionalidad de origen? Sin tener en cuenta aquellos que sean fruto de transcripción de declaraciones, practicadas como pruebas testificales</td><td>0</td><td>No consta</td></tr>
<tr><td colspan="2">Sí: Escribir los comentarios:
Ej.: nacionalidad de origen rumana</td></tr>
<tr><td rowspan="2">14. Acu1_Rasgos étnicos</td><td rowspan="2">¿El tribunal realiza algún comentario sobre sus rasgos étnicos? Sin tener en cuenta aquellos que sean fruto de transcripción de declaraciones, practicadas como pruebas testificales</td><td>0</td><td>No consta</td></tr>
<tr><td colspan="2">Sí: Escribir los comentarios:
Ej.: Etnia gitana</td></tr>
<tr><td rowspan="2">15. Acu1_ Ingresos</td><td rowspan="2">¿El tribunal realiza algún comentario sobre los ingresos o poder adquisitivo de el o los acusados? Sin tener en cuenta aquellos que sean fruto de transcripción de declaraciones, practicadas como pruebas testificales</td><td>0</td><td>No consta: dejar en blanco</td></tr>
<tr><td colspan="2">Sí: indicar cuál.
Ej.: Altos ingresos, poder adquisitivo elevado, etc.</td></tr>
<tr><td rowspan="2">16. Acu1_ Profesión o formación</td><td rowspan="2">¿El tribunal realiza algún comentario sobre el nivel educativo o la profesión? Sin tener en cuenta aquellos que sean fruto de transcripción de declaraciones, practicadas como pruebas testificales</td><td>0</td><td>No consta: dejar en blanco</td></tr>
<tr><td colspan="2">Sí: indicar cuál.
Ej.: de profesión pescadero, estudios universitarios</td></tr>
<tr><td rowspan="3">17. Acu1_ Discapacidad</td><td rowspan="3">¿El tribunal menciona que el acusado tenga alguna discapacidad? Sin tener en cuenta aquellos que sean fruto de transcripción de declaraciones, practicadas como pruebas testificales</td><td>0</td><td>No consta</td></tr>
<tr><td>1</td><td>No posee</td></tr>
<tr><td colspan="2">Sí: Indicar y si figura, también el porcentaje.
Ej: discapacidad física, 33%</td></tr>
<tr><td rowspan="3">18. Acu_Trans</td><td rowspan="3">¿Es transexual?</td><td>0</td><td>No consta</td></tr>
<tr><td>1</td><td>Sí</td></tr>
<tr><td>2</td><td>No</td></tr>
<tr><td rowspan="6">19. Acu_OrSexual</td><td rowspan="6">¿Se menciona la orientación sexual?</td><td>0</td><td>No consta</td></tr>
<tr><td>1</td><td>Lesbiana</td></tr>
<tr><td>2</td><td>Gay</td></tr>
<tr><td>3</td><td>Bisexual</td></tr>
<tr><td>4</td><td>Heterosexual</td></tr>
<tr><td colspan="2">Otro: Indicar cuál</td></tr>
<tr><td colspan="4">Nota: en la matriz de datos se prevé hasta siete grupos de variables para cada ACUSADO. Esto es, se prevé hasta un máximo de 7 acusados por casa causa judicial</td></tr>
</table>

sigue >>

Variable	Descripción de la variable	N.º	Descripción categoría
20. Núm_Vma	¿Cuál es el número de víctimas? Se entiende por víctima la persona que sufre el delito, con independencia, de que se persona como parte acusadora o que finalmente se declare en el fallo.	Escribir el número de víctimas	
21. Vma1_Edad	¿Cuál es la edad de la víctima en el momento de los hechos?	0	No consta
		Si consta, escribir cuál (ej. 17). Si sólo aparece el año de nacimiento, calcular la edad en la fecha de los hechos. Si es un delito continuado, indicar el rango de edad desde cuando comienza el delito hasta que finaliza (ej. 17-23)	
22. Vma1_Sexo	¿Cuál es el sexo de la víctima?	0	No consta
		1	Mujer
		2	Hombre
23. Vma1_ Nacionalidad	¿Cuál es la nacionalidad?	0	No consta
		Consta: Escribir la nacionalidad En caso de doble nacionalidad, escribir ambas	
24. Vma1_Lugar de nacimiento	¿Se indica el lugar de nacimiento?	0	No consta
		Sí: Escribir los comentarios: (ej. nacida en Alemania, etc.)	
25. Vma1_ Nacionalidad de origen	¿El tribunal realiza algún comentario sobre su nacionalidad de origen? Sin tener en cuenta aquellos que sean fruto de transcripción de declaraciones, practicadas como pruebas testificales	0	No consta
		Sí: Escribir los comentarios: Ej.: nacionalidad de origen rumana	
26. Vma1_Rasgos étnicos	¿El tribunal realiza algún comentario sobre sus rasgos étnicos? Sin tener en cuenta aquellos que sean fruto de transcripción de declaraciones, practicadas como pruebas testificales	0	No consta
		Sí: Escribir los comentarios: Ej.: Etnia gitana.	
27. Vma1_ Ingresos	¿El tribunal realiza algún comentario sobre los ingresos o poder adquisitivo de la víctima? Sin tener en cuenta aquellos que sean fruto de transcripción de declaraciones, practicadas como pruebas testificales	0	No consta: dejar en blanco
		Sí: indicar cuál. Ej.: Bajos ingresos que poseía la víctima, poder adquisitivo elevado, etc.	

sigue >>

Variable	Descripción de la variable	N.º	Descripción categoría
28. Vma1_ Profesión o formación	¿El tribunal realiza algún comentario sobre el nivel educativo o la profesión? Sin tener en cuenta aquellos que sean fruto de transcripción de declaraciones, practicadas como pruebas testificales	0	No consta: dejar en blanco
			Sí: indicar cuál. Ej.: de profesión camarera, estudios de secundaria
29. Vma1_ Prostitución	¿El tribunal menciona que la víctima es prostituta? Sin tener en cuenta aquellos que sean fruto de transcripción de declaraciones, practicadas como pruebas testificales		No consta: dejar en blanco. Sí: indicar cuál.
30. Vma1_ Virginidad	¿El tribunal menciona que la víctima es virgen?		No consta: dejar en blanco
		1	Sí
31. Vma1_Estado civil	¿El tribunal hace referencia al estado civil de la víctima?		No consta: dejar en blanco
		1	Soltera
		2	Casada
		3	Separada o divorciada
32. Vma1_ Discapacidad	¿El tribunal menciona que la víctima tenga alguna discapacidad? Sin tener en cuenta aquellos que sean fruto de transcripción de declaraciones, practicadas como pruebas testificales	0	No consta
		1	No posee
			Sí: Indicar y si figura, también el porcentaje. Ej: discapacidad física, 33%
33. Vma1_Trans	¿Es transexual?	0	No consta
		1	Sí
		2	No
34. Vma1_ OrSexual	¿Se menciona la orientación sexual?	0	No consta
		1	Lesbiana
		2	Gay
		3	Bisexual
		4	Heterosexual
			Otro: Indicar cuál
Nota: en la matriz de datos se prevé hasta siete grupos de variables para cada VÍCTIMAS. Esto es, se prevé hasta un máximo de 7 víctimas por casa causa judicial			
35. Lugar	¿Dónde se cometen los hechos enjuiciados?	0	No consta
			Sí consta, describir cuál. Ej: Piso; chalet; prostíbulo, etc.

sigue >>

Variable	Descripción de la variable	N.º	Descripción categoría
36. Municipio	¿En qué municipio tienen lugar los hechos?	0	No consta
		Si consta, describir. Ej: Cercedilla, Madrid, Barcelona, etc.	
37. CCAA	¿En qué Comunidad Autónoma han tenido lugar los hechos?	0	Andalucía
		1	Aragón
		2	Asturias
		3	Baleares
		4	Canarias
		5	Cantabria
		6	Castilla-La Mancha
		7	Castilla y León
		8	Cataluña
		9	Comunidad Valenciana
		10	Extremadura
		11	Madrid
		12	Murcia
		13	Murcia
		14	Navarra
		15	País Vasco
		16	La Rioja
		17	Ciudades autónomas de Ceuta y Melilla
38. Extensión en el tiempo_ Hechos	Si los hechos no son puntuales, sino reiterados, ¿cuándo comienza y cuando finaliza la conducta?	Escribir las fechas separadas por punto y como (;) en el siguiente formato: dd/mm/aaaa; dd/mm/aaaa. Dejar el blanco si los hechos son puntuales.	
39. Fecha_ Hechos	Si el hecho es puntual, ¿en qué día, mes y año tuvieron lugar los hechos?	Indicar la fecha en el siguiente formato: dd/mm/aaaa. Dejar el blanco si es un delito continuado.	
40. Hora	¿En qué momento del día tuvieron lugar?	Indicar hora en siguiente formato: hh:mm. Si la hora no fuera exacta, indicar el intervalo en el siguiente formato: hh:mm-hh:mm.	

sigue >>

Variable	Descripción de la variable	N.º	Descripción categoría
41. Relación previa	¿Cuál es la relación entre la víctima y el victimario?	0	Ninguna / Desconocida
		1	Pareja o relación análoga: relaciones sexuales esporádicas, rollo, noviazgo, pareja de hecho con convivencia, matrimonio, etc.
		2	Expareja o relación análoga
		3	Familiar 1.º y 2.º grado (madre, padre, abuela/o, hermana/o, nieta/o, parejas de madres o padres)
		4	Otra relación familiar
		5	Amistad
		6	Conocido o vecindad sin que se indique que se mantuviera interés sexual previo
		7	Conocido a través de internet sin que se indique que se mantuviera interés sexual previo
		8	Relación previa en la que se manifestaba interés sexual por parte de la víctima hacia el acusado o uno de ellos. Puede ser prolongada en el tiempo o no. Se acaban de conocer, llevan varios días hablando, etc.
		9	Relación previa online en la que se manifestaba interés sexual por parte de la víctima hacia el acusado o uno de ellos. Puede ser prolongada en el tiempo o no. Se acaban de conocer a través de aplicaciones para ligar, llevan varios días chateando, etc.
		10	Prostitución
		Otras, indicar cuales, P. Ej.: Compañeros de clase en el colegio compañeros de clase en la universidad u otra educación para adultos, compañeros de trabajo, jefe-trabajadora, relación clientela etc.	

Grupo 3. Valoración de la prueba

Variable	Descripción de la variable	N.º	Descripción categoría
3.1. Credibilidad subjetiva de la víctima			
42. Renuncia indemnización	¿La víctima ha renunciado a ejercer la acción civil?	0	No se menciona
		1	Sí
		2	No
43. Madurez	¿El tribunal menciona que la víctima tiene un grado de madurez acorde a su edad?	0	No se menciona
		1	Sí
		2	No
44. INmadurez	¿El tribunal menciona que la víctima tiene un grado de madurez inferior a su edad?	0	No se menciona
		1	Sí
		2	No
45. (IN)Madurez_prueba	¿Se valora como prueba de cargo una pericial psicológica sobre la veracidad de la víctima?	0	No se menciona
		1	Sí
		2	No
46. Vma_Conducta Anterior	¿El tribunal menciona la conducta anterior a los hechos de la víctima?	0	No se menciona
		1	Sí, como motivo de credibilidad
		2	Sí, como motivo de incredibilidad
		3	Se menciona, pero ni como motivo de credibilidad o incredibilidad
47. Vma_Conducta posterior	¿El tribunal menciona la conducta posterior a los hechos de la víctima?	0	No se menciona
		1	Sí, como motivo de credibilidad
		2	Sí, como motivo de incredibilidad
		3	Se menciona, pero ni como motivo de credibilidad o incredibilidad
48. Conducta Vma_Prueba	¿A través de que prueba principal se ha acreditado la conducta anterior o posterior de la víctima?	0	No consta
		1	Prueba testifical
		2	Prueba pericial médica forense
		3	Prueba pericial medica de parte
		4	Prueba pericial psicológica
		5	Prueba pericial psicológica de parte
		6	Prueba pericial sobre restos
		7	Pruebas electrónicas sobre comunicaciones (llamadas, mensajería instantánea, etc.)

sigue >>

Variable	Descripción de la variable	N.º	Descripción categoría
48. Conducta Vma_Prueba *(cont.)*	¿A través de que prueba principal se ha acreditado la conducta anterior o posterior de la víctima? *(cont.)*	8	Otras pruebas electrónicas (vídeos, imágenes, grabaciones de voz, etc.)
		9	Mediante prueba documental
			Otras: indicar cual En caso de concurrir varias pruebas, separar por; (Ej. 1;2:4)
49. Denuncia inmediata	¿El tribunal menciona que la víctima denunciara inmediatamente después de que sucedieran los hechos?	0	No se menciona
		1	Sí
		2	No
50. Denuncia tardía	¿El tribunal menciona que la víctima no denunció inmediatamente después de que sucediera?	0	No se menciona
		1	Sí
		2	No
3.2. Corroboraciones objetivas			
51. Corr_Pericial Méd For	¿El tribunal aprecia como corroboración periférica una prueba pericial médico forenses sobre la víctima (p.ej. lesiones)?	0	No consta su práctica
		1	Sí
		2	No
52. Corr_Pericial Restos	¿El tribunal aprecia como corroboración periférica una prueba pericial sobre restos (ADN, fluidos, huellas dactilares)?	0	No consta su práctica
		1	Sí
		2	No
53. Corr_ Electrónicas_ Comunicaciones_ Escritas	¿El tribunal aprecia como corroboraciones periféricas pruebas electrónicas sobre comunicaciones (llamadas, mensajería instantánea, etc.)?	0	No consta su práctica
		1	Sí
		2	No
54. Corr_ Electrónicas_ Audiovisuales	¿El tribunal aprecia como corroboraciones periféricas de carácter objetivo otras pruebas electrónicas de carácter audiovisual (vídeos, imágenes, grabaciones de voz, etc.)?	0	No consta su práctica
		1	Sí
		2	No
55. Corr_ Declaración Policial	¿El tribunal aprecia como corroboraciones periféricas de carácter objetivo testimonios de los/as policías que tratan con la víctima antes, después o durante la denuncia?	0	No consta su práctica
		1	Sí, como prueba testifical directa sobre indicios
		2	Sí, como prueba testifical indirecta de cargo
		3	No

sigue >>

Variable	Descripción de la variable	N.º	Descripción categoría
56. Corr_ Testifical Directa Particulares	¿El tribunal aprecia como corroboraciones periféricas los testimonios de testigos directos?	0	No consta su práctica
		1	Sí
		2	No
57. Corr_ Testifical Indirecta Particulares	¿El tribunal aprecia como corroboraciones periféricas los testimonios de testigos indirectos?	0	No consta su práctica
		1	Sí
		2	No
58. Corr_ Documental	¿El tribunal aprecia como corroboraciones periféricas las pruebas documentales?	0	No consta su práctica
		1	Sí
		2	No
59. Corr_Otras	¿El tribunal aprecia como corroboraciones periféricas otras pruebas?	0	No
		Sí: indicar cuales y si se valoran como prueba de cargo o descargo.	
3.3. Persistencia en la incriminación y coherencia interna del testimonio			
60. Declaración	¿Ha prestado declaración la víctima?	0	NO, se ha acogido a la dispensa del artículo 416 LECrim
		1	No, está ilocalizable
		2	Sí
		3	Sí, pero se ha acogido al 418 en algunas preguntas
61. Lenguaje gestual	¿El tribunal menciona que el lenguaje gestual es de convicción?	0	No se menciona
		1	Sí
		2	No
62. Claridad expositiva	¿El tribunal menciona la declaración de la víctima como clara, y, por tanto, creíble?	0	No se menciona
		1	Sí
		2	No
63. Seriedad expositiva/ Ausencia de Fabulación	¿El tribunal menciona que el relato posee seriedad expositiva y NO es figurado, con fabulaciones, o poco creíble?	0	No se menciona
		1	Sí (posee seriedad expositiva)
		2	No (fabula)
64. Seriedad expositiva/ Ausencia de Fabulación _Prueba	¿Cómo se prueba la Seriedad expositiva o fabulación de la víctima?	0	No consta
		1	Prueba testifical
		2	Prueba pericial médica forense
		3	Prueba pericial medica de parte
		4	Prueba pericial psicológica

sigue >>

Variable	Descripción de la variable	N.º	Descripción categoría
64. Seriedad expositiva/ Ausencia de Fabulación _Prueba *(cont.)*	¿Cómo se prueba la Seriedad expositiva o fabulación de la víctima? *(cont.)*	5	Prueba pericial psicológica de parte
		6	Prueba pericial sobre restos
		7	Pruebas electrónicas sobre comunicaciones (llamadas, mensajería instantánea, etc.)
		8	Otras pruebas electrónicas (vídeos, imágenes, grabaciones de voz, etc.)
		9	Mediante prueba documental
		Otras: indicar cual	
65. Relato íntegro/ Ausencia de lagunas	¿El tribunal menciona que el relato es íntegro? Es decir, no existen lagunas, sino que cuenta tanto lo que le favorece como lo que perjudica	0	No se menciona
		1	Sí (íntegro)
		2	No (sólo cuenta lo que le conviene)
66. Concreción/ Expresividad descriptiva	¿El tribunal menciona que el relato de la víctima concreto y rico en detalles?	0	No consta
		1	Sí (concreto y rico en detalle)
		2	No (no detallado y esquemático)
67. Persistencia	¿El tribunal menciona que el testimonio de la víctima es persistente? Es decir, NO hay contradicciones en lo esencial y existe concordancia del íter relatado por la víctima en la fase de enjuiciamiento; en instrucción y en las declaraciones prestadas en dependencias policiales previas a la incoación del proceso	0	No se menciona
		1	Sí (es persistente)
		2	No (no hay conexidad en el relato)
68. Vma_Miedo Recuerdo	¿El tribunal menciona las dificultades que puede expresar la víctima en el juicio por estar en un escenario que le recuerda los hechos de que ha sido víctima y que puede llevarle a signos o expresiones de temor ante lo sucedido que trasluce en su declaración?	0	No se menciona
		1	Sí
69. Vma_Miedo Acusado	¿El tribunal menciona en cuenta el temor que puede tener la víctima al acusado?	0	No se menciona
		1	Sí
70. Vma_ Deseo Finalizar	¿El tribunal menciona que deseo de la víctima de terminar cuanto antes de prestar declaración?	0	No se menciona
		1	Sí

sigue >>

Variable	Descripción de la variable	N.º	Descripción categoría
71. Vma_Deseo Olvido	¿El tribunal menciona que quien ha sufrido una violación tiene el deseo de olvidar los hechos para superar la violación?	0	No se menciona
		1	Sí
72. Vma_ Presiones y represalias	¿El tribunal menciona que la víctima cuando declara puede sentirse presionada por su entorno o sentir presiones externas o tener temor a represalias, aunque estas no se hayan producido u objetivado, pero que quedan en el obvio y asumible temor de las víctimas?	0	No se menciona
		1	Sí

Grupo 4. Otros hechos excluyentes y hechos extintivos

Variable	Descripción de la variable	N.º	Descripción categoría
73. Error de tipo	¿Se alega y se aprecia que existe en error de tipo?	0	No consta
		1	Se aprecia error invencible
		2	Se alega, pero no se aprecia error invencible
		3	Se aprecia error vencible
		4	Se alega, pero no se aprecia error vencible
74. ErrorTipo _Prueba	¿A través de que prueba principal se ha acreditado el error de tipo?	0	No consta
		1	Prueba testifical
		2	Prueba pericial médica forense
		3	Prueba pericial medica de parte
		4	Prueba pericial psicológica
		5	Prueba pericial psicológica de parte
		6	Prueba pericial sobre restos
		7	Pruebas electrónicas sobre comunicaciones (llamadas, mensajería instantánea, etc.)
		8	Otras pruebas electrónicas (vídeos, imágenes, grabaciones de voz, etc.)
		9	Mediante prueba documental
		Otras: indicar cual. En caso de concurrir varias pruebas, separar por; (Ej. 1;2:4).	

sigue >>

Variable	Descripción de la variable	N.º	Descripción categoría
75. Error de prohibición	¿Se alega y se aprecia que existe en error de prohibición?	0	No consta
		1	Se aprecia error invencible
		2	Se alega, pero no se aprecia error invencible
		3	Se aprecia error vencible
		4	Se alega, pero no se aprecia error vencible
76. Errorprohib _Prueba	¿A través de que prueba principal se ha acreditado el error de prohibición?	0	No consta
		1	Prueba testifical
		2	Prueba pericial médica forense
		3	Prueba pericial medica de parte
		4	Prueba pericial psicológica
		5	Prueba pericial psicológica de parte
		6	Prueba pericial sobre restos
		7	Pruebas electrónicas sobre comunicaciones (llamadas, mensajería instantánea, etc.)
		8	Otras pruebas electrónicas (vídeos, imágenes, grabaciones de voz, etc.)
		9	Mediante prueba documental
		Otras: indicar cual. En caso de concurrir varias pruebas, separar por; (Ej. 1;2:4).	
77. Prescripción	¿Se alega y se aprecia, como hecho extintivo, la prescripción de la acción penal?	0	No consta
		1	Se aprecia prescripción de la acción
		2	Se alega, pero no se aprecia prescripción de la acción
		3	Se aprecia la prescripción de la acción a pesar de que no se ha alegado

Grupo 5. Circunstancias modificativas de la responsabilidad penal

Variable	Descripción de la variable	N.º	Descripción categoría
5.1. Eximentes de la responsabilidad penal			
78. Eximente	¿Se aprecia la concurrencia de eximentes de la responsabilidad penal del autor? (art. 20.º CP)	0	No
		1	Anomalía psíquica (art. 20. 1.º CP)
		2	Intoxicación/Embriaguez (art. 20. 2.º CP)
		3	Alteraciones en la percepción (art. 20. 3.º CP)
79. Exim_Prueba	¿A través de que prueba principal se ha acreditado la eximente?	0	No consta
		1	Prueba testifical
		2	Prueba pericial médica forense
		3	Prueba pericial medica de parte
		4	Prueba pericial psicológica
		5	Prueba pericial psicológica de parte
		6	Prueba pericial sobre restos
		7	Pruebas electrónicas sobre comunicaciones (llamadas, mensajería instantánea, etc.)
		8	Otras pruebas electrónicas (vídeos, imágenes, grabaciones de voz, etc.)
		9	Mediante prueba documental
		Otras: indicar cual. En caso de concurrir varias pruebas, separar por; (Ej. 1;2:4).	
80. Art_183 quarter	¿Se aprecia que el consentimiento libre de la menor de dieciséis años excluya la responsabilidad penal? (art.183 quater)	0	No
		1	Sí
5.2. Circunstancias atenuantes de la responsabilidad penal			
81. Eximente incompleta	¿Se aprecia eximente incompleta? (art. 21.1.º CP)	0	No consta
		1	Eximente incompleta de anomalía psíquica (art. 20. 1.º CP)
		2	Eximente incompleta de intoxicación (art. 20. 2.º CP)
		3	Eximente incompleta de alteraciones en la percepción (art. 20. 3.º CP)

sigue >>

Variable	Descripción de la variable	N.º	Descripción categoría
82. Exim_Prueba	¿A través de que prueba principal se ha acreditado la eximente incompleta?	0	No consta
		1	Prueba testifical
		2	Prueba pericial médica forense
		3	Prueba pericial medica de parte
		4	Prueba pericial psicológica
		5	Prueba pericial psicológica de parte
		6	Prueba pericial sobre restos
		7	Pruebas electrónicas sobre comunicaciones (llamadas, mensajería instantánea, etc.)
		8	Otras pruebas electrónicas (vídeos, imágenes, grabaciones de voz, etc.)
		9	Mediante prueba documental
			Otras: indicar cual. En caso de concurrir varias pruebas, separar por; (Ej. 1;2:4).
83. Embriaguez	¿Se aprecia la atenuante de embriaguez o adicción a sustancias? (art. 21.2.ºCP)	0	No
		1	Sí
84. Embri_ Prueba	¿A través de que prueba principal se ha acreditado la atenuante de grave adicción?	0	No consta
		1	Prueba testifical
		2	Prueba pericial médica forense
		3	Prueba pericial medica de parte
		4	Prueba pericial psicológica
		5	Prueba pericial psicológica de parte
		6	Prueba pericial sobre restos (remisión del cabello al Instituto Nacional de Toxicología)
		7	Pruebas electrónicas sobre comunicaciones (llamadas, mensajería instantánea, etc.)
		8	Otras pruebas electrónicas (vídeos, imágenes, grabaciones de voz, etc.)
		9	Mediante prueba documental
			Otras: indicar cual. En caso de concurrir varias pruebas, separar por; (Ej. 1;2:4).

sigue >>

Variable	Descripción de la variable	N.º	Descripción categoría
85. Arrebato	¿Se aprecia la atenuante de arrebato? (art. 21.3.ºCP)	0	No
		1	Sí
86. Arreb_Prueba	¿A través de que prueba principal se ha acreditado la atenuante de arrebato?	0	No consta
		1	Prueba testifical
		2	Prueba pericial médica forense
		3	Prueba pericial medica de parte
		4	Prueba pericial psicológica
		5	Prueba pericial psicológica de parte
		6	Prueba pericial sobre restos
		7	Pruebas electrónicas sobre comunicaciones (llamadas, mensajería instantánea, etc.)
		8	Otras pruebas electrónicas (vídeos, imágenes, grabaciones de voz, etc.)
		9	Mediante prueba documental
		Otras: indicar cual. En caso de concurrir varias pruebas, separar por; (Ej. 1;2:4).	
87. Confesión	¿Se aprecia la atenuante de confesión? (art. 21. 4.º CP)	0	No
		1	Sí
88. Reparación	¿Se aprecia la atenuante de reparación? (art. 21.5.º CP)	0	No
		1	Sí
89. Reparación_ Grado	Si se aprecia la atenuante, ¿se aprecia como atenuante simple o muy cualificada?	0	No se aprecia
		1	Se aprecia atenuante simple
		2	Se aprecia atenuante muy cualificada, rebajándose la pena 1 grado
		3	Se aprecia atenuante muy cualificada, rebajándose la pena 2 grado
90. Repar_Prueba	¿A través de que prueba principal se ha acreditado la atenuante de reparación?	0	No consta
		1	Prueba testifical
		2	Prueba pericial médica forense
		3	Prueba pericial medica de parte
		4	Prueba pericial psicológica
		5	Prueba pericial psicológica de parte
		6	Prueba pericial sobre restos

sigue >>

Variable	Descripción de la variable	N.º	Descripción categoría
90. Repar_Prueba *(cont.)*	¿A través de que prueba principal se ha acreditado la atenuante de reparación? *(cont.)*	7	Pruebas electrónicas sobre comunicaciones (llamadas, mensajería instantánea, etc.)
		8	Otras pruebas electrónicas (vídeos, imágenes, grabaciones de voz, etc.)
		9	Mediante prueba documental
		Otras: indicar cual. En caso de concurrir varias pruebas, separar por; (Ej. 1;2:4).	
91. Dilación	¿Se alega y se aprecia la atenuante de dilaciones indebidas? (art. 21.6.º CP)	0	No consta
		1	Se aprecia, aunque no se alega
		2	Se alega y se aprecia
		3	Se alega, pero no se aprecia
92. Análoga	¿Se aprecia una atenuante análoga? (art. 21.7.º CP)	0	No
		1	Sí
93. Análoga_ cualificación	Si se aprecia la atenuante analógica, ¿se aprecia como atenuante simple o muy cualificada?	0	No se aprecia
		1	Se aprecia atenuante simple
		2	Se aprecia atenuante muy cualificada, rebajándose la pena 1 grado
		3	Se aprecia atenuante muy cualificada, rebajándose la pena 2 grado
94. Análoga_ Prueba	¿A través de que prueba principal se ha acreditado la atenuante análoga?	0	No consta
		1	Prueba testifical
		2	Prueba pericial médica forense
		3	Prueba pericial medica de parte
		4	Prueba pericial psicológica
		5	Prueba pericial psicológica de parte
		6	Prueba pericial sobre restos
		7	Pruebas electrónicas sobre comunicaciones (llamadas, mensajería instantánea, etc.)
		8	Otras pruebas electrónicas (vídeos, imágenes, grabaciones de voz, etc.)
		9	Mediante prueba documental
		Otras: indicar cual. En caso de concurrir varias pruebas, separar por; (Ej. 1;2:4).	

sigue >>

<table>
<tr><th>Variable</th><th>Descripción de la variable</th><th>N.º</th><th>Descripción categoría</th></tr>
<tr><td colspan="4">5.3. Circunstancias agravantes de la responsabilidad penal</td></tr>
<tr><td rowspan="2">95. Alevosía</td><td rowspan="2">¿Se aprecian la circunstancia agravante de alevosía? (art. 22.1.º CP)</td><td>0</td><td>No</td></tr>
<tr><td>1</td><td>Sí</td></tr>
<tr><td rowspan="3">96. Ale_ Convivencial</td><td rowspan="3">Si se aprecia alevosía ¿se aprecia alevosía convivencial?</td><td>0</td><td>No se apreció alevosía</td></tr>
<tr><td>1</td><td>No</td></tr>
<tr><td>2</td><td>Sí</td></tr>
<tr><td rowspan="11">97. Alevosía_ Prueba</td><td rowspan="11">¿A través de que prueba principal se ha acreditado la circunstancia agravante de alevosía?</td><td>0</td><td>No consta</td></tr>
<tr><td>1</td><td>Prueba testifical</td></tr>
<tr><td>2</td><td>Prueba pericial médica forense</td></tr>
<tr><td>3</td><td>Prueba pericial medica de parte</td></tr>
<tr><td>4</td><td>Prueba pericial psicológica</td></tr>
<tr><td>5</td><td>Prueba pericial psicológica de parte</td></tr>
<tr><td>6</td><td>Prueba pericial sobre restos</td></tr>
<tr><td>7</td><td>Pruebas electrónicas sobre comunicaciones (llamadas, mensajería instantánea, etc.)</td></tr>
<tr><td>8</td><td>Otras pruebas electrónicas (vídeos, imágenes, grabaciones de voz, etc.)</td></tr>
<tr><td>9</td><td>Mediante prueba documental</td></tr>
<tr><td colspan="2">Otras: indicar cual.
En caso de concurrir varias pruebas, separar por; (Ej. 1;2:4).</td></tr>
<tr><td rowspan="2">98. A.Superior</td><td rowspan="2">¿Se aprecia la circunstancia agravante de abuso de superioridad? (art. 22.2.ºCP)</td><td>0</td><td>No</td></tr>
<tr><td>1</td><td>Sí</td></tr>
<tr><td rowspan="8">99. Superior_ Prueba</td><td rowspan="8">¿A través de que prueba principal se ha acreditado la circunstancia agravante de abuso de superioridad?</td><td>0</td><td>No consta</td></tr>
<tr><td>1</td><td>Prueba testifical</td></tr>
<tr><td>2</td><td>Prueba pericial médica forense</td></tr>
<tr><td>3</td><td>Prueba pericial medica de parte</td></tr>
<tr><td>4</td><td>Prueba pericial psicológica</td></tr>
<tr><td>5</td><td>Prueba pericial psicológica de parte</td></tr>
<tr><td>6</td><td>Prueba pericial sobre restos</td></tr>
<tr><td>7</td><td>Pruebas electrónicas sobre comunicaciones (llamadas, mensajería instantánea, etc.)</td></tr>
</table>

sigue >>

Variable	Descripción de la variable	N.º	Descripción categoría
99. Superior_ Prueba *(cont.)*	¿A través de que prueba principal se ha acreditado la circunstancia agravante de abuso de superioridad? *(cont.)*	8	Otras pruebas electrónicas (vídeos, imágenes, grabaciones de voz, etc.)
		9	Mediante prueba documental
		Otras: indicar cual. En caso de concurrir varias pruebas, separar por; (Ej. 1;2:4).	
100. Precio	¿Se aprecia la circunstancia agravante de precio? (art. 22.3.º CP)	0	No
		1	Sí
101. Precio_ Prueba	¿A través de que prueba principal se ha acreditado la circunstancia agravante de precio?	0	No consta
		1	Prueba testifical
		2	Prueba pericial forense médica
		3	Prueba pericial psicológica
		4	Prueba pericial sobre restos
		5	Pruebas electrónicas sobre comunicaciones (llamadas, mensajería instantánea, etc.)
		6	Otras pruebas electrónicas (vídeos, imágenes, grabaciones de voz, etc.)
		7	Mediante prueba documental
		Otras: indicar cual. En caso de concurrir varias pruebas, separar por; (Ej. 1;2:4).	
102. OdioGénero	¿Se aprecia la circunstancia agravante de odio/discriminación por razón de género? (art.22.4.º CP)	0	No
		1	Sí
103. OdioGénero-sex_Prueba	¿A través de que prueba principal se ha acreditado la circunstancia agravante de odio/discriminación por razón de género-sexo?	0	No consta
		1	Prueba testifical
		2	Prueba pericial médica forense
		3	Prueba pericial medica de parte
		4	Prueba pericial psicológica
		5	Prueba pericial psicológica de parte
		6	Prueba pericial sobre restos
		7	Pruebas electrónicas sobre comunicaciones (llamadas, mensajería instantánea, etc.)

sigue >>

Variable	Descripción de la variable	N.º	Descripción categoría
103. OdioGénero-sex_Prueba *(cont.)*	¿A través de que prueba principal se ha acreditado la circunstancia agravante de odio/discriminación por razón de género-sexo? *(cont.)*	8	Otras pruebas electrónicas (vídeos, imágenes, grabaciones de voz, etc.)
		9	Mediante prueba documental
		Otras: indicar cual. En caso de concurrir varias pruebas, separar por; (Ej. 1;2:4).	
104. Odio_otro	¿Se aprecia la circunstancia agravante de odio/discriminación por otro motivo diferente al género-sexo? (art.22.4.º CP)	0	No
		1	Sí
105. Odio_Otro_ Prueba	¿A través de que prueba principal se ha acreditado la circunstancia agravante de odio/ discriminación por otro motivo diferente al género?	0	No consta
		1	Prueba testifical
		2	Prueba pericial médica forense
		3	Prueba pericial medica de parte
		4	Prueba pericial psicológica
		5	Prueba pericial psicológica de parte
		6	Prueba pericial sobre restos
		7	Pruebas electrónicas sobre comunicaciones (llamadas, mensajería instantánea, etc.)
		8	Otras pruebas electrónicas (vídeos, imágenes, grabaciones de voz, etc.)
		9	Mediante prueba documental
		Otras: indicar cual. En caso de concurrir varias pruebas, separar por; (Ej. 1;2:4).	
106. Ensañamiento	¿Se aprecian la circunstancia agravante de ensañamiento? (art. 22.5.º CP)	0	No
		1	Sí
107. Ensaña_ Prueba	¿A través de que prueba principal se ha acreditado la circunstancia agravante de ensañamiento?	0	No consta
		1	Prueba testifical
		2	Prueba pericial médica forense
		3	Prueba pericial medica de parte
		4	Prueba pericial psicológica
		5	Prueba pericial psicológica de parte
		6	Prueba pericial sobre restos
		7	Pruebas electrónicas sobre comunicaciones (llamadas, mensajería instantánea, etc.)

sigue >>

Variable	Descripción de la variable	N.º	Descripción categoría
107. Ensaña_ Prueba *(cont.)*	¿A través de que prueba principal se ha acreditado la circunstancia agravante de ensañamiento? *(cont.)*	8	Otras pruebas electrónicas (vídeos, imágenes, grabaciones de voz, etc.)
		9	Mediante prueba documental
		Otras: indicar cual. En caso de concurrir varias pruebas, separar por; (Ej. 1;2:4).	
108. ABConfianza	¿Se aprecia la circunstancia agravante de abuso de confianza? (art. 22.6.º CP)	0	No
		1	Sí
109. ABConf_ Prueba	¿A través de que prueba principal se ha acreditado la circunstancia agravante de abuso de confianza?	0	No consta
		1	Prueba testifical
		2	Prueba pericial médica forense
		3	Prueba pericial medica de parte
		4	Prueba pericial psicológica
		5	Prueba pericial psicológica de parte
		6	Prueba pericial sobre restos
		7	Pruebas electrónicas sobre comunicaciones (llamadas, mensajería instantánea, etc.)
		8	Otras pruebas electrónicas (vídeos, imágenes, grabaciones de voz, etc.)
		9	Mediante prueba documental
		Otras: indicar cual. En caso de concurrir varias pruebas, separar por; (Ej. 1;2:4).	
110. C.Público	¿Se aprecia la circunstancia agravante de prevalimiento del carácter público de culpable? (art. 22. 7.º CP)	0	No
		1	Sí
111. C.Púb_ Prueba	¿A través de que prueba principal se ha acreditado la circunstancia agravante de prevalimiento del carácter público de culpable?	0	No consta
		1	Prueba testifical
		2	Prueba pericial médica forense
		3	Prueba pericial medica de parte
		4	Prueba pericial psicológica
		5	Prueba pericial psicológica de parte
		6	Prueba pericial sobre restos
		7	Pruebas electrónicas sobre comunicaciones (llamadas, mensajería instantánea, etc.)

sigue >>

Variable	Descripción de la variable	N.º	Descripción categoría
111. C.Púb_ Prueba *(cont.)*	¿A través de que prueba principal se ha acreditado la circunstancia agravante de prevalimiento del carácter público de culpable? *(cont.)*	8	Otras pruebas electrónicas (vídeos, imágenes, grabaciones de voz, etc.)
		9	Mediante prueba documental
		Otras: indicar cual. En caso de concurrir varias pruebas, separar por; (Ej. 1;2:4).	
112. Reincidencia	¿Se aprecia la circunstancia agravante de reincidencia? (art. 22.8.º CP)	0	No consta
		1	Sí
113. Multireincidencia	Si se aprecia la atenuante analógica, ¿se aprecia como atenuante simple o muy cualificada?	0	No se aprecia
		1	Se aprecia atenuante simple
		2	Se aprecia atenuante muy cualificada, rebajándose la pena 1 grado
		3	Se aprecia atenuante muy cualificada, rebajándose la pena 2 grado
114. Agrv_ específicas 180	¿Se aprecia alguna de las agravantes específicas previstas en el artículo 180?1 CP?	0	No
		1	Cuando la violencia o intimidación ejercidas revistan un carácter particularmente degradante o vejatorio
		2	Cuando los hechos se cometan por la actuación conjunta de dos o más personas
		3	Cuando la víctima sea especialmente vulnerable, por razón de su edad, enfermedad, discapacidad o situación, salvo lo dispuesto en el artículo 183
		4	Cuando, para la ejecución del delito, el responsable se haya prevalido de una relación de superioridad o parentesco, por ser ascendiente, descendiente o hermano, por naturaleza o adopción, o afines, con la víctima
115. Agrv_ específicas 180_Prueba	¿A través de que prueba principal se ha acreditado la circunstancia agravante de prevalimiento del carácter público de culpable?	0	No consta
		1	Prueba testifical
		2	Prueba pericial médica forense
		3	Prueba pericial medica de parte
		4	Prueba pericial psicológica
		5	Prueba pericial psicológica de parte
		6	Prueba pericial sobre restos

sigue >>

Variable	Descripción de la variable	N.º	Descripción categoría
115. Agrv_ específicas 180_Prueba *(cont.)*	¿A través de que prueba principal se ha acreditado la circunstancia agravante de prevalimiento del carácter público de culpable? *(cont.)*	7	Pruebas electrónicas sobre comunicaciones (llamadas, mensajería instantánea, etc.)
		8	Otras pruebas electrónicas (vídeos, imágenes, grabaciones de voz, etc.)
		9	Mediante prueba documental
		Otras: indicar cual. En caso de concurrir varias pruebas, separar por; (Ej. 1;2:4).	
116. Agrv_ específicas 183	En caso de que una menor sufra una violación ¿El tribunal aprecia alguna de las agravantes específicas contenidas en el artículo 183.4 CP?	0	No
		1	Cuando el escaso desarrollo intelectual o físico de la víctima, o el hecho de tener un trastorno mental, la hubiera colocado en una situación de total indefensión y en todo caso, cuando sea menor de cuatro años. (183.4.a CP)
		2	Cuando los hechos se cometan por la actuación conjunta de dos o más personas (183.4.b CP)
		3	Cuando la violencia o intimidación ejercidas revistan un carácter particularmente degradante o vejatorio (183.4.c CP)
		4	Cuando, para la ejecución del delito, el responsable se haya prevalido de una relación de superioridad o parentesco, por ser ascendiente, o hermano, por naturaleza o adopción, o afines, con la víctima (183.4.d CP)
		5	Cuando el culpable hubiere puesto en peligro, de forma dolosa o por imprudencia grave, la vida o salud de la víctima.(183.4.e CP)
		6	Cuando la infracción se haya cometido en el seno de una organización o de un grupo criminal que se dedicare a la realización de tales actividades (183.4.f CP)
117. Agrv_ específicas 183_Prueba	¿A través de que prueba principal se ha acreditado la circunstancia agravante de prevalimiento del carácter público de culpable?	0	No consta
		1	Prueba testifical
		2	Prueba pericial médica forense

sigue >>

Variable	Descripción de la variable	N.º	Descripción categoría
117. Agrv_ específicas 183_Prueba *(cont.)*	¿A través de que prueba principal se ha acreditado la circunstancia agravante de prevalimiento del carácter público de culpable? *(cont.)*	3	Prueba pericial medica de parte
		4	Prueba pericial psicológica
		5	Prueba pericial psicológica de parte
		6	Prueba pericial sobre restos
		7	Pruebas electrónicas sobre comunicaciones (llamadas, mensajería instantánea, etc.)
		8	Otras pruebas electrónicas (vídeos, imágenes, grabaciones de voz, etc.)
		9	Mediante prueba documental
		Otras: indicar cual. En caso de concurrir varias pruebas, separar por; (Ej. 1;2:4).	
118. Parentesco	¿Se aprecia la agravante de parentesco?	0	No
		1	Sí
119. Parentesco _Prueba	¿Cómo se ha acreditado la agravante de parentesco?	0	No consta
		1	Prueba testifical
		2	Prueba pericial médica forense
		3	Prueba pericial medica de parte
		4	Prueba pericial psicológica
		5	Prueba pericial psicológica de parte
		6	Prueba pericial sobre restos
		7	Pruebas electrónicas sobre comunicaciones (llamadas, mensajería instantánea, etc.)
		8	Otras pruebas electrónicas (vídeos, imágenes, grabaciones de voz, etc.)
		9	Mediante prueba documental
		Otras: indicar cual. En caso de concurrir varias pruebas, separar por; (Ej. 1;2:4).	

Grupo 6. Decisión judicial

Variable	Descripción de la variable	N.º	Descripción categoría
120. Fallo_ primera instancia	¿Se absuelve o se condena al acusado?	0	Absolución en primera o única instancia
		1	Condena en primera o única instancia
		2	Condena conforme a la acusación más grave en primera o única instancia
		3	Se anula y se ordena repetir el juicio
		4	Se anula y se ordena dictar de nuevo sentencia
121. Fallo_ apelación	¿Se absuelve o se condena al acusado?	0	Se confirma íntegramente la condena
		1	Se confirma la absolución
		2	Se revoca y se condena
		3	Se revoca y se absuelve
		4	Se confirma parcialmente y se agrava
122. Fallo_ casación	¿Cuál es la decisión judicial sobre recurso de casación?	0	Estima el recurso de casación
		1	Desestima el recurso de casación
		2	Estima parcialmente el recurso de casación
123. Voto Particular	¿Algún/a magistrado/a ha emitido un voto particular?	0	No
		1	Un voto particular
		2	Más de un voto particular y/o adhesión de otras/os magistradas/os
124. Delito Sexual_ Condena	¿Por qué delitos sexuales se condena?	Describir el delito. Si son varias víctimas, pero se condena por el mismo delito, solo incluir el nombre del delito. Ej.: Violación.	
		Si se condena por varios delitos citar y separar con punto y coma (;). Ej.: Violación; abuso sexual con penetración.	
125. Delito Sexual_ Absolución	¿Por qué delitos sexuales se absuelve?	Describir el delito. Si son varias víctimas, pero se absuelve por el mismo delito, solo incluir el nombre del delito. Ej.: Abuso sexual con penetración. Si se absuelve por varios delitos citar y separar con punto y coma (;). Ej.: Violación; abuso sexual con penetración.	

sigue >>

Variable	Descripción de la variable	N.º	Descripción categoría
126. Grado de ejecución del delito	¿El delito está intentado?	0	No
		1	Sí, se encuentra en tentativa
		2	Sí, el autor ha desistido (art.16)
127. Concursos de delitos_ condena	¿Se condena por un concurso de delitos?	0	No
		1	Real
		2	Ideal
		3	Medial
		4	Delito Continuado
128. Concursos de delitos_ absolución	¿Se condena por un delito continuado?	0	No
		1	Real
		2	Ideal
		3	Medial
		4	Delito Continuado
129. Otros delitos_ Condena	¿Se condena o se absuelve por otros delitos?	Describir el delito. Si son varias víctimas, pero se condena por el mismo delito, solo incluir el nombre del delito. Ej.: Lesiones.	
		Si se condena por varios delitos citar y separar con punto y coma (;). Ej.: Lesiones; Allanamiento de morada.	
130. Otros delitos_ Absolución	¿Se absuelve por otros delitos?	Describir el delito. Si son varias víctimas, pero se absuelve por el mismo delito, solo incluir el nombre del delito. Ej.: Lesiones.	
		Si se absuelve por varios delitos citar y separar con punto y coma (;). Ej.: Lesiones; Allanamiento de morada.	

1.2. MUESTRA DE SENTENCIAS ANALIZADAS

Tabla 1. Muestra de sentencias analizadas cuantitativamente

Año	Tribunal	Sentencia
2000	Audiencia Provincial	AP Ciudad Real (Sección 1.ª), sentencia núm. 31/2000 de 30 diciembre. JUR 2001, 68026
2000	Audiencia Provincial	AP Madrid (Sección 1.ª), sentencia núm. 529/2000 de 20 diciembre. JUR 2001, 80253
2000	Audiencia Provincial	AP Zamora, sentencia núm. 21/2000 de 18 diciembre. JUR 2001, 79859

sigue >>

Año	Tribunal	Sentencia
2000	Audiencia Provincial	AP Murcia (Sección 2.ª), sentencia núm. 39/2000 de 27 noviembre. JUR 2001, 31848
2000	Audiencia Provincial	AP Girona (Sección 3.ª), sentencia núm. 109/2000 de 4 noviembre. ARP 2003, 68
2000	Audiencia Provincial	AP Barcelona (Sección 7.ª), sentencia núm. 735/2000 de 5 octubre. JUR 2001, 21060
2000	Audiencia Provincial	AP Madrid (Sección 15.ª), sentencia núm. 351/2000 de 25 septiembre. JUR 2001, 6379
2000	Audiencia Provincial	AP León (Sección 1.ª), sentencia núm. 29/2000 de 27 junio. JUR 2000, 265767
2000	Audiencia Provincial	AP Madrid (Sección 6.ª), sentencia núm. 280/2000 de 20 junio. JUR 2000, 244563
2000	Audiencia Provincial	AP Almería (Sección 2.ª), sentencia núm. 220/2000 de 30 mayo. JUR 2001, 36189
2000	Audiencia Provincial	AP Madrid (Sección 7.ª), sentencia núm. 75/2000 de 13 abril. JUR 2000, 205126
2000	Audiencia Provincial	AP Cáceres (Sección 1.ª), sentencia núm. 9/2000 de 13 abril. JUR 2001, 35208
2000	Audiencia Provincial	AP Toledo (Sección 2.ª), sentencia núm. 1/2000 de 14 enero. ARP 2000, 1953
2000	Audiencia Provincial	AP Madrid (Sección 16.ª), sentencia núm. 448/2000 de 22 diciembre. JUR 2001, 80746
2000	Audiencia Provincial	AP Sevilla (Sección 1.ª), sentencia núm. 664/2000 de 30 diciembre. JUR 2001, 96582
2001	Audiencia Provincial	AP Jaén (Sección 1.ª), sentencia núm. 37/2001 de 26 diciembre. JUR 2002, 36646
2001	Audiencia Provincial	AP Valladolid (Sección 2.ª), sentencia núm. 885/2001 de 26 diciembre. JUR 2002, 47055
2001	Audiencia Provincial	AP Madrid (Sección 16.ª), sentencia núm. 237/2001 de 19 diciembre. JUR 2002, 68331
2001	Audiencia Provincial	AP Pontevedra (Sección 1.ª), sentencia núm. 29/2001 de 10 diciembre. JUR 2002, 66423
2001	Audiencia Provincial	AP Álava (Sección 2.ª), sentencia núm. 167/2001 de 3 diciembre. JUR 2002, 228106
2001	Audiencia Provincial	AP Madrid (Sección 16.ª), sentencia núm. 218/2001 de 24 octubre. JUR 2002, 17243
2001	Audiencia Provincial	AP Lleida (Sección 1.ª), sentencia núm. 590/2001 de 15 octubre. JUR 2001, 330561
2001	Audiencia Provincial	AP Islas Baleares (Sección 1.ª), sentencia núm. 68/2001 de 3 septiembre. JUR 2001, 312272

sigue >>

Año	Tribunal	Sentencia
2001	Audiencia Provincial	AP Murcia (Sección 1.ª), sentencia núm. 32/2001 de 11 julio. JUR 2001, 269107
2001	Audiencia Provincial	AP León (Sección 1.ª), sentencia núm. 12/2001 de 7 julio. JUR 2001, 287672
2001	Audiencia Provincial	AP La Rioja, sentencia núm. 102/2001 de 8 junio. JUR 2001, 259511
2001	Audiencia Provincial	AP Toledo (Sección 2.ª), sentencia núm. 24/2001 de 26 diciembre. ARP 2002, 159
2001	Audiencia Provincial	AP Sevilla (Sección 7.ª), sentencia de 17 enero 2001. JUR 2001, 145129
2001	Audiencia Provincial	AP Barcelona (Sección 9.ª), sentencia de 23 julio 2001. JUR 2001, 325355
2001	Audiencia Provincial	AP Valencia (Sección 3.ª), sentencia núm. 568/2001 de 18 septiembre. JUR 2002, 3573
2002	Audiencia Provincial	AP Cáceres (Sección 1.ª), sentencia núm. 28/2002 de 11 diciembre. JUR 2003, 33616
2002	Audiencia Provincial	AP Asturias (Sección 2.ª), sentencia núm. 275/2002 de 5 diciembre. JUR 2003, 64277
2002	Audiencia Provincial	AP Alicante (Sección 7.ª), sentencia núm. 57/2002 de 25 noviembre. JUR 2003, 19812
2002	Audiencia Provincial	AP Guipúzcoa (Sección 2.ª), sentencia de 15 noviembre 2002. JUR 2003, 91538
2002	Audiencia Provincial	AP Toledo (Sección 1.ª), sentencia núm. 34/2002 de 14 noviembre. JUR 2003, 31267
2002	Audiencia Provincial	AP Vizcaya (Sección 6.ª), sentencia núm. 105/2002 de 11 noviembre. JUR 2003, 102395
2002	Audiencia Provincial	AP Barcelona (Sección 5.ª), sentencia de 6 noviembre 2002. JUR 2003, 16792
2002	Audiencia Provincial	AP Málaga (Sección 7.ª,), sentencia núm. 46/2002 de 31 octubre. JUR 2003, 71080
2002	Audiencia Provincial	AP Alicante (Sección 7.ª), sentencia núm. 47/2002 de 25 octubre. ARP 2002, 811
2002	Audiencia Provincial	AP Córdoba (Sección 2.ª), sentencia núm. 193/2002 de 22 octubre. JUR 2002, 274882
2002	Audiencia Provincial	AP Madrid (Sección 3.ª), sentencia núm. 346/2002 de 4 octubre. JUR 2003, 80261
2002	Audiencia Provincial	AP Pontevedra (Sección 1.ª), sentencia núm. 17/2002 de 30 septiembre. ARP 2002, 690
2002	Audiencia Provincial	AP Vizcaya (Sección 2.ª), sentencia de 19 septiembre 2002. JUR 2003, 89365

sigue >>

Año	Tribunal	Sentencia
2002	Audiencia Provincial	AP Santa Cruz de Tenerife (Sección Única), sentencia núm. 917/2002 de 16 septiembre. JUR 2002, 230108
2002	Audiencia Provincial	AP Sevilla (Sección 7.ª), sentencia núm. 38/2002 de 25 julio. JUR 2002, 257081
2002	Audiencia Provincial	AP Castellón (Sección 3.ª), sentencia núm. 19/2002 de 24 julio. JUR 2002, 216317
2002	Audiencia Provincial	AP Málaga (Sección 3.ª), sentencia núm. 100/2002 de 8 julio. JUR 2002, 252511
2002	Audiencia Provincial	AP Cantabria (Sección 2.ª), sentencia núm. 18/2002 de 3 julio. JUR 2002, 260640
2002	Audiencia Provincial	AP Cádiz (Sección 8.ª), sentencia núm. 38/2002 de 1 julio. ARP 2002, 686
2002	Audiencia Provincial	AP Pontevedra (Sección 1.ª), sentencia núm. 13/2002 de 20 junio. JUR 2002, 212336
2002	Audiencia Provincial	AP Girona (Sección 3.ª), sentencia núm. 74/2002 de 17 junio. JUR 2002, 225350
2002	Audiencia Provincial	AP Alicante (Sección 1.ª), sentencia núm. 323/2002 de 14 junio. JUR 2002, 202159
2002	Audiencia Provincial	AP Barcelona (Sección 2.ª), sentencia núm. 563/2002 de 10 junio. JUR 2002, 259465
2002	Audiencia Provincial	AP Santa Cruz de Tenerife (Sección 2.ª), sentencia núm. 542/2002 de 29 mayo. JUR 2002, 223404
2002	Audiencia Provincial	AP Valencia (Sección 3.ª), sentencia núm. 215/2002 de 20 mayo. JUR 2002, 189773
2002	Audiencia Provincial	AP Alicante (Sección 1.ª), sentencia núm. 22/2002 de 21 enero. JUR 2002, 72870
2002	Audiencia Provincial	AP Vizcaya (Sección 1.ª), sentencia núm. 5/2002 de 15 enero. JUR 2002, 217811
2002	Audiencia Provincial	AP Málaga (Sección 7.ª,), sentencia núm. 1/2002 de 10 enero. JUR 2002, 133561
2002	Audiencia Provincial	AP Castellón (Sección 1.ª), sentencia núm. 32/2002 de 2 diciembre. JUR 2003, 25047
2002	Audiencia Provincial	AP Castellón (Sección 2.ª), sentencia núm. 30/2002 de 30 noviembre. ARP 2002, 749
2002	Audiencia Provincial	AP Albacete (Sección 1.ª), sentencia núm. 17/2002 de 31 octubre. JUR 2002, 285843
2002	Audiencia Provincial	AP Toledo (Sección 1.ª), sentencia núm. 33/2002 de 28 octubre. JUR 2003, 12496
2003	Audiencia Provincial	AP Madrid (Sección 7.ª), sentencia núm. 100/2003 de 26 diciembre. JUR 2004, 240074

sigue >>

Año	Tribunal	Sentencia
2003	Audiencia Provincial	AP Alicante (Sección 7.ª), sentencia núm. 65/2003 de 23 diciembre. JUR 2008, 278709
2003	Audiencia Provincial	AP Cantabria (Sección 4.ª), sentencia núm. 4/2003 de 19 diciembre. JUR 2004, 44197
2003	Audiencia Provincial	AP Murcia (Sección 1.ª), sentencia núm. 42/2003 de 28 noviembre. JUR 2004, 77420
2003	Audiencia Provincial	AP Navarra (Sección 3.ª), sentencia núm. 320/2003 de 27 noviembre. JUR 2004, 109142
2003	Audiencia Provincial	AP Lugo (Sección 2.ª), sentencia núm. 151/2003 de 10 noviembre. ARP 2003, 749
2003	Audiencia Provincial	AP Valencia (Sección 1.ª), sentencia núm. 281/2003 de 20 octubre. JUR 2003, 271596
2003	Audiencia Provincial	AP Madrid (Sección 4.ª), sentencia núm. 322/2003 de 29 septiembre. JUR 2003, 258402
2003	Audiencia Provincial	AP Almería (Sección 3.ª), sentencia núm. 176/2003 de 20 septiembre. JUR 2003, 243295
2003	Audiencia Provincial	AP Lugo (Sección 2.ª), sentencia núm. 123/2003 de 19 septiembre. ARP 2003, 625
2003	Audiencia Provincial	AP Madrid (Sección 5.ª), sentencia núm. 84/2003 de 27 junio. ARP 2003, 779
2003	Audiencia Provincial	AP Valladolid (Sección 2.ª), sentencia núm. 245/2003 de 27 junio. JUR 2003, 184656
2003	Audiencia Provincial	AP Madrid (Sección 16.ª), sentencia núm. 59/2003 de 16 junio. JUR 2003, 263054
2003	Audiencia Provincial	AP Girona (Sección 3.ª), sentencia núm. 60/2003 de 11 mayo. JUR 2004, 130998
2003	Audiencia Provincial	AP Madrid (Sección 1.ª), sentencia núm. 129/2003 de 14 marzo. JUR 2003, 197595
2003	Audiencia Provincial	AP Vizcaya (Sección 6.ª), sentencia núm. 16/2003 de 6 marzo. JUR 2003, 145555
2003	Audiencia Provincial	AP Toledo (Sección 1.ª), sentencia núm. 10/2003 de 17 febrero. ARP 2003, 194
2003	Audiencia Provincial	AP Guipúzcoa (Sección 2.ª), sentencia núm. 2236/2003 de 4 diciembre. JUR 2004, 51176
2003	Audiencia Provincial	AP Burgos (Sección 1.ª), sentencia núm. 46/2003 de 7 noviembre. JUR 2004, 50065
2004	Audiencia Provincial	AP Álava (Sección 2.ª), sentencia núm. 214/2004 de 22 diciembre. JUR 2005, 56262
2004	Audiencia Provincial	AP Murcia (Sección 5.ª), sentencia núm. 35/2004 de 3 diciembre. JUR 2005, 5649

sigue >>

Año	Tribunal	Sentencia
2004	Audiencia Provincial	AP Almería (Sección 1.ª), sentencia núm. 234/2004 de 2 diciembre. ARP 2005, 458
2004	Audiencia Provincial	AP Málaga (Sección 3.ª), sentencia núm. 649/2004 de 23 noviembre. JUR 2005, 57446
2004	Audiencia Provincial	AP Murcia (Sección 1.ª), sentencia núm. 45/2004 de 22 noviembre. JUR 2005, 72559
2004	Audiencia Provincial	AP Valencia (Sección 2.ª), sentencia núm. 681/2004 de 15 noviembre. JUR 2005, 22095
2004	Audiencia Provincial	AP Madrid (Sección 5.ª), sentencia núm. 114/2004 de 2 noviembre. JUR 2005, 257029
2004	Audiencia Provincial	AP Barcelona (Sección 9.ª), sentencia núm. 580/2004 de 6 octubre. JUR 2006, 88990
2004	Audiencia Provincial	AP Málaga (Sección 3.ª), sentencia núm. 516/2004 de 17 septiembre. JUR 2005, 58822
2004	Audiencia Provincial	AP Girona (Sección 3.ª), sentencia núm. 663/2004 de 22 julio. JUR 2004, 256000
2004	Audiencia Provincial	AP Islas Baleares (Sección 1.ª), sentencia núm. 70/2004 de 22 julio. JUR 2004, 256019
2004	Audiencia Provincial	AP Lugo (Sección 1.ª), sentencia núm. 192/2004 de 12 julio. ARP 2004, 597
2004	Audiencia Provincial	AP Madrid (Sección 6.ª), sentencia núm. 376/2004 de 9 julio. JUR 2004, 267146
2004	Audiencia Provincial	AP Girona (Sección 3.ª), sentencia núm. 562/2004 de 29 junio. JUR 2004, 219948
2004	Audiencia Provincial	AP Córdoba (Sección 3.ª), sentencia núm. 134/2004 de 15 junio. JUR 2005, 52877
2004	Audiencia Provincial	AP Córdoba (Sección 2.ª), sentencia núm. 127/2004 de 15 junio. JUR 2005, 47418
2004	Audiencia Provincial	AP Navarra (Sección 1.ª), sentencia núm. 130/2004 de 4 junio. JUR 2004, 198221
2004	Audiencia Provincial	AP La Rioja (Sección 1.ª), sentencia núm. 157/2004 de 25 mayo. JUR 2004, 174373
2004	Audiencia Provincial	AP León (Sección 1.ª), sentencia núm. 29/2004 de 17 mayo. JUR 2004, 294648
2004	Audiencia Provincial	AP Sevilla (Sección 1.ª), sentencia núm. 201/2004 de 17 mayo. JUR 2004, 199283
2004	Audiencia Provincial	AP Santa Cruz de Tenerife (Sección 2.ª), sentencia núm. 448/2004 de 30 abril. JUR 2004, 150136
2004	Audiencia Provincial	AP Sevilla (Sección 1.ª), sentencia núm. 50/2004 de 12 febrero. ARP 2004, 155

sigue >>

Año	Tribunal	Sentencia
2004	Audiencia Provincial	Audiencia Provincial de Barcelona (Sección 5.ª) Sentencia de 11 febrero 2004. JUR 2005, 4502
2004	Audiencia Provincial	AP Tarragona (Sección 2.ª), sentencia de 26 enero 2004. JUR 2004, 90823
2004	Audiencia Provincial	Audiencia Provincial de Islas Baleares (Sección 2.ª) Sentencia núm. 7/2004 de 23 enero. JUR 2004, 169086
2004	Audiencia Provincial	AP Toledo (Sección 2.ª), sentencia núm. 41/2004 de 26 noviembre. JUR 2005, 68433
2004	Audiencia Provincial	Audiencia Provincial de Navarra (Sección 2.ª) Sentencia núm. 227/2004 de 26 noviembre. ARP 2004, 787
2004	Audiencia Provincial	AP Sevilla (Sección 1.ª), sentencia núm. 529/2004 de 22 noviembre. JUR 2005, 140918
2004	Tribunal Jurado	Audiencia Provincial de Tarragona (Sección 2.ª) Sentencia de 9 noviembre 2004. JUR 2004, 284613
2005	Audiencia Provincial	AP Almería (Sección 3.ª), sentencia núm. 318/2005 de 22 diciembre. ARP 2006, 229
2005	Audiencia Provincial	AP Asturias (Sección 2.ª), sentencia núm. 311/2005 de 31 octubre. JUR 2005, 278141
2005	Audiencia Provincial	AP Madrid (Sección 2.ª), sentencia núm. 445/2005 de 31 octubre. JUR 2005, 268745
2005	Audiencia Provincial	AP Asturias (Sección 8.ª), sentencia núm. 37/2005 de 19 octubre. JUR 2006, 16369
2005	Audiencia Provincial	AP Santa Cruz de Tenerife (Sección 2.ª), sentencia núm. 948/2005 de 29 septiembre. JUR 2005, 278686
2005	Audiencia Provincial	AP Murcia (Sección 4.ª), sentencia núm. 27/2005 de 20 septiembre. JUR 2005, 242891
2005	Audiencia Provincial	AP Barcelona (Sección 10.ª), sentencia núm. 651/2005 de 11 julio. JUR 2006, 224073
2005	Audiencia Provincial	AP Albacete (Sección 2.ª), sentencia núm. 12/2005 de 8 julio. JUR 2005, 209463
2005	Audiencia Provincial	AP Las Palmas (Sección 1.ª), sentencia núm. 127/2005 de 29 junio. JUR 2005, 219015
2005	Audiencia Provincial	AP Santa Cruz de Tenerife (Sección 2.ª), sentencia núm. 678/2005 de 3 junio. JUR 2006, 102003
2005	Audiencia Provincial	AP Burgos (Sección 1.ª), sentencia núm. 25/2005 de 23 mayo. JUR 2005, 182829
2005	Audiencia Provincial	AP Palencia (Sección 1.ª), sentencia núm. 6/2005 de 12 abril. JUR 2005, 138328
2005	Audiencia Provincial	AP Tarragona (Sección 2.ª), sentencia núm. 665/2005 de 20 julio. JUR 2006, 213888

sigue >>

Año	Tribunal	Sentencia
2005	Audiencia Provincial	AP Asturias (Sección 8.ª), sentencia núm. 11/2005 de 21 marzo. JUR 2005, 107438
2005	Audiencia Provincial	AP Salamanca (Sección 1.ª), sentencia núm. 7/2005 de 18 marzo. JUR 2005, 101924
2005	Audiencia Provincial	AP Lugo (Sección 2.ª), sentencia núm. 25/2005 de 15 marzo. JUR 2005, 100472
2005	Audiencia Provincial	AP Sevilla (Sección 1.ª), sentencia núm. 86/2005 de 17 febrero. JUR 2005, 139544
2005	Audiencia Provincial	AP Almería (Sección 1.ª), sentencia núm. 42/2005 de 11 febrero. JUR 2005, 226264
2005	Audiencia Provincial	AP Islas Baleares (Sección 2.ª), sentencia núm. 15/2005 de 11 febrero. JUR 2005, 62213
2005	Audiencia Provincial	AP Las Palmas (Sección 2.ª), sentencia núm. 23/2005 de 9 febrero. JUR 2005, 62393
2005	Audiencia Provincial	AP Cádiz (Sección 3.ª), sentencia núm. 16/2005 de 27 enero. ARP 2005, 417
2005	Audiencia Provincial	AP Barcelona (Sección 6.ª), sentencia núm. 70/2005 de 24 enero. JUR 2005, 54673
2005	Audiencia Provincial	AP Murcia (Sección 4.ª), sentencia núm. 35/2005 de 30 noviembre. ARP 2006, 5
2005	Audiencia Provincial	AP Almería (Sección 2.ª), sentencia núm. 278/2005 de 23 noviembre. JUR 2006, 136133
2005	Audiencia Provincial	AP Málaga (Sección 2.ª), sentencia núm. 639/2005 de 21 noviembre. JUR 2006, 136200
2006	Audiencia Provincial	AP Valladolid (Sección 2.ª), sentencia núm. 364/2006 de 28 diciembre. ARP 2007, 80
2006	Audiencia Provincial	AP Lleida (Sección 1.ª), sentencia núm. 376/2006 de 6 noviembre. ARP 2008, 203
2006	Audiencia Provincial	AP Zaragoza (Sección 1.ª), sentencia núm. 332/2006 de 26 octubre. JUR 2006, 285441
2006	Audiencia Provincial	Audiencia Provincial de Granada (Sección 2.ª) Sentencia núm. 447/2006 de 18 julio. JUR 2007, 145984
2006	Audiencia Provincial	AP La Rioja (Sección 1.ª), sentencia núm. 123/2006 de 21 junio. JUR 2006, 202518
2006	Audiencia Provincial	AP Castellón (Sección 2.ª), sentencia núm. 18/2006 de 2 junio. JUR 2006, 170739
2006	Audiencia Provincial	AP León (Sección 1.ª), sentencia núm. 18/2006 de 29 mayo. ARP 2006, 369
2006	Audiencia Provincial	AP Castellón (Sección 1.ª), sentencia núm. 17/2006 de 16 mayo. JUR 2006, 198784

sigue >>

Año	Tribunal	Sentencia
2006	Audiencia Provincial	AP Madrid (Sección 27.ª), sentencia núm. 9/2006 de 11 mayo. JUR 2006, 192616
2006	Audiencia Provincial	AP Toledo (Sección 1.ª), sentencia núm. 20/2006 de 10 mayo. ARP 2006, 420
2006	Audiencia Provincial	AP Córdoba (Sección 3.ª), sentencia núm. 102/2006 de 27 abril. JUR 2006, 230897
2006	Audiencia Provincial	AP Madrid (Sección 6.ª), sentencia núm. 177/2006 de 18 abril. ARP 2006, 395
2006	Audiencia Provincial	AP Málaga (Sección 2.ª), sentencia núm. 163/2006 de 30 marzo. JUR 2006, 231361
2006	Audiencia Provincial	AP Zaragoza (Sección 3.ª), sentencia núm. 17/2006 de 28 marzo. JUR 2006, 220806
2006	Audiencia Provincial	AP Córdoba (Sección 1.ª), sentencia núm. 119/2006 de 6 marzo. JUR 2006, 180132
2006	Audiencia Provincial	Audiencia Provincial de Castellón (Sección 1.ª) Sentencia núm. 9/2006 de 3 marzo. ARP 2006, 398
2006	Audiencia Provincial	Audiencia Provincial de Álava (Sección 1.ª) Sentencia núm. 24/2006 de 22 febrero. ARP 2006, 727
2006	Audiencia Provincial	AP Almería (Sección 3.ª), sentencia núm. 30/2006 de 3 febrero. ARP 2006, 215
2006	Audiencia Provincial	AP Alicante (Sección 2.ª), sentencia núm. 38/2006 de 30 enero. ARP 2006, 268
2006	Audiencia Provincial	AP Barcelona (Sección 6.ª), sentencia de 7 diciembre 2006. JUR 2007, 143771
2006	Audiencia Provincial	AP Girona (Sección 3.ª), sentencia núm. 719/2006 de 27 noviembre. ARP 2011, 516
2006	Audiencia Provincial	AP Granada (Sección 2.ª), sentencia núm. 594/2006 de 16 octubre. JUR 2007, 183645
2007	Audiencia Provincial	AP Alicante (Sección 7.ª), sentencia núm. 86/2007 de 26 diciembre. JUR 2008, 285070
2007	Audiencia Provincial	AP Tarragona (Sección 4.ª), sentencia núm. 458/2007 de 11 diciembre. JUR 2009, 388355
2007	Audiencia Provincial	AP Madrid (Sección 23.ª), sentencia núm. 118/2007 de 26 noviembre. JUR 2008, 56098
2007	Audiencia Provincial	AP Vizcaya (Sección 2.ª), sentencia núm. 76/2007 de 31 octubre. JUR 2008, 32092
2007	Audiencia Provincial	Audiencia Provincial de Alicante (Sección 2.ª)
2007	Audiencia Provincial	AP Barcelona (Sección 7.ª), sentencia núm. 673/2007 de 20 julio. JUR 2007, 284279

sigue >>

Año	Tribunal	Sentencia
2007	Audiencia Provincial	Audiencia Provincial de Guipúzcoa (Sección 1.ª) Sentencia núm. 186/2007 de 11 julio. ARP 2007, 676
2007	Audiencia Provincial	AP Almería (Sección 3.ª), sentencia núm. 172/2007 de 1 junio. ARP 2007, 713
2007	Audiencia Provincial	AP Islas Baleares (Sección 1.ª), sentencia núm. 52/2007 de 16 mayo. JUR 2007, 288302
2007	Audiencia Provincial	AP Asturias (Sección 2.ª), sentencia núm. 78/2007 de 22 marzo. JUR 2007, 214106
2007	Audiencia Provincial	AP Madrid (Sección 3.ª), sentencia núm. 124/2007 de 1 marzo. JUR 2007, 150874
2007	Audiencia Provincial	AP Pontevedra (Sección 2.ª), sentencia núm. 3/2007 de 12 febrero. JUR 2007, 254650
2007	Audiencia Provincial	AP Ourense (Sección 2.ª), sentencia núm. 1/2007 de 29 enero. JUR 2007, 104689
2007	Audiencia Provincial	AP Vizcaya (Sección 6.ª), sentencia núm. 4/2007 de 10 enero. ARP 2007, 209
2007	Audiencia Provincial	AP Santa Cruz de Tenerife (Sección 2.ª), sentencia núm. 786/2007 de 10 diciembre. JUR 2008, 101591
2007	Audiencia Provincial	AP Valladolid (Sección 2.ª) Sentencia núm. 281/2007 de 4 diciembre. ARP 2008, 125
2009	Audiencia Provincial	AP Barcelona (Sección 10.ª), sentencia núm. 1/2009 de 20 diciembre. JUR 2009, 143543
2009	Audiencia Provincial	AP Madrid (Sección 1.ª), sentencia núm. 613/2008 de 16 diciembre. ARP 2009, 88
2008	Audiencia Provincial	AP Soria (Sección 1.ª), sentencia núm. 52/2008 de 4 diciembre. ARP 2010, 213
2008	Audiencia Provincial	AP Zaragoza (Sección 3.ª), sentencia núm. 68/2008 de 17 noviembre. JUR 2009, 162472
2008	Audiencia Provincial	Audiencia Provincial de Madrid (Sección 2.ª) Sentencia núm. 482/2008 de 31 octubre. JUR 2009, 77507
2008	Audiencia Provincial	Audiencia Provincial de Madrid (Sección 3.ª) Sentencia núm. 439/2008 de 1 octubre.
2008	Audiencia Provincial	AP Cáceres (Sección 2.ª), sentencia núm. 7/2008 de 22 septiembre. ARP 2008, 680
2008	Audiencia Provincial	AP Madrid (Sección 1.ª), sentencia núm. 402/2008 de 28 julio. JUR 2008, 290084
2008	Audiencia Provincial	AP Madrid (Sección 3.ª), sentencia núm. 373/2008 de 21 julio. JUR 2008, 290702
2008	Audiencia Provincial	AP Murcia (Sección 2.ª), sentencia núm. 20/2008 de 25 junio. JUR 2009, 243406

sigue >>

Año	Tribunal	Sentencia
2008	Audiencia Provincial	AP Barcelona (Sección 5.ª), sentencia núm. 401/2008 de 28 mayo. JUR 2008, 266857
2008	Audiencia Provincial	AP Madrid (Sección 5.ª), sentencia núm. 63/2008 de 5 mayo. JUR 2008, 177778
2008	Audiencia Provincial	AP Jaén (Sección 2.ª), sentencia núm. 57/2008 de 30 abril. JUR 2008, 233783
2008	Audiencia Provincial	AP Madrid (Sección 6.ª), sentencia núm. 101/2008 de 29 febrero. JUR 2008, 198788
2008	Audiencia Provincial	AP Barcelona (Sección 20.ª), sentencia núm. 142/2008 de 6 febrero. JUR 2008, 146206
2009	Audiencia Provincial	AP Santa Cruz de Tenerife (Sección 2.ª), sentencia núm. 24/2009 de 9 diciembre. ARP 2009, 301
2008	Audiencia Provincial	AP Ourense (Sección 2.ª), sentencia núm. 373/2008 de 5 noviembre. JUR 2009, 120436
2009	Audiencia Provincial	Audiencia Provincial de Madrid (Sección 2.ª) Sentencia núm. 601/2009 de 16 diciembre. ARP 2010, 307
2009	Audiencia Provincial	AP Tarragona (Sección 2.ª), sentencia núm. 515/2009 de 24 noviembre. JUR 2010, 87057
2009	Audiencia Provincial	AP Barcelona (Sección 5.ª), sentencia núm. 894/2009 de 19 noviembre. JUR 2010, 44057
2009	Audiencia Provincial	AP Girona (Sección 4.ª), sentencia núm. 588/2009 de 17 septiembre. JUR 2009, 461882
2009	Audiencia Provincial	AP Barcelona (Sección 9.ª), sentencia núm. 234/2009 de 3 julio. ARP 2009, 1054
2009	Audiencia Provincial	AP Granada (Sección 1.ª), sentencia núm. 362/2009 de 24 junio. JUR 2010, 14072
2009	Audiencia Provincial	AP Barcelona (Sección 2.ª), sentencia núm. 220/2009 de 31 marzo. JUR 2009, 395219
2009	Audiencia Provincial	AP Tarragona (Sección 2.ª), sentencia núm. 105/2009 de 16 marzo. ARP 2009, 1004
2009	Audiencia Provincial	AP Murcia (Sección 2.ª), sentencia núm. 12/2009 de 26 febrero. JUR 2010, 235359
2009	Audiencia Provincial	AP Burgos (Sección 1.ª), sentencia núm. 55/2009 de 3 diciembre. ARP 2010, 209
2009	Audiencia Provincial	AP Girona (Sección 4.ª), sentencia núm. 79/2009 de 2 febrero. JUR 2009, 387902
2009	Audiencia Provincial	AP Barcelona (Sección 5.ª), sentencia núm. 835/2009 de 17 noviembre. ARP 2010, 398
2010	Audiencia Provincial	AP Madrid (Sección 16.ª), sentencia núm. 121/2010 de 23 diciembre. JUR 2011, 106456

sigue >>

Año	Tribunal	Sentencia
2010	Audiencia Provincial	AP Valladolid (Sección 4.ª), sentencia núm. 492/2010 de 16 diciembre. JUR 2011, 88261
2010	Audiencia Provincial	AP Santa Cruz de Tenerife (Sección 2.ª), sentencia núm. 389/2010 de 27 octubre. JU
2010	Audiencia Provincial	AP Sevilla (Sección 3.ª) Sentencia núm. 334/2010 de 15 junio. ARP 2010, 1258
2010	Audiencia Provincial	AP Castellón (Sección 1.ª), sentencia núm. 173/2010 de 10 mayo. JUR 2010, 252653
2010	Audiencia Provincial	AP Castellón (Sección 1.ª), sentencia núm. 146/2010 de 27 abril. ARP 2010, 733
2010	Audiencia Provincial	AP Barcelona (Sección 3.ª), sentencia núm. 183/2010 de 22 febrero. ARP 2010, 698
2010	Audiencia Provincial	AP Barcelona (Sección 10.ª), sentencia núm. 212/2010 de 8 febrero. ARP 2010, 513
2010	Audiencia Provincial	AP Teruel (Sección 1.ª), sentencia núm. 3/2010 de 1 febrero. JUR 2010, 306610
2010	Audiencia Provincial	AP Teruel (Sección 1.ª), sentencia núm. 3/2010 de 1 febrero. JUR 2010, 306610
2010	Audiencia Provincial	AP Vizcaya (Sección 6.ª), sentencia núm. 11/2010 de 26 enero. JUR 2010, 149006
2010	Tribunal Jurado	AP Las Palmas, sentencia núm. 101/2010 de 9 diciembre. ARP 2011, 1098
2010	Audiencia Provincial	AP Huelva (Sección 1.ª), sentencia núm. 305/2010 de 3 diciembre. ARP 2011, 1262
2010	Audiencia Provincial	AP Barcelona (Sección 10.ª), sentencia núm. 908/2010 de 24 noviembre. ARP 2011, 355
2010	Audiencia Provincial	AP Madrid (Sección 2.ª), sentencia núm. 466/2010 de 22 noviembre. ARP 2011, 211
2010	Audiencia Provincial	AP Madrid (Sección 27.ª), sentencia núm. 91/2010 de 29 noviembre. JUR 2011, 63662
2010	Audiencia Provincial	AP Lleida (Sección 1.ª), sentencia núm. 382/2010 de 9 noviembre. JUR 2011, 81091
2011	Audiencia Provincial	AP Barcelona (Sección 6.ª), sentencia núm. 1146/2011 de 20 diciembre. JUR 2012, 87345
2011	Audiencia Provincial	AP Barcelona (Sección 8.ª), sentencia núm. 868/2011 de 2 diciembre. JUR 2012, 23372
2011	Audiencia Provincial	AP Toledo (Sección 1.ª), sentencia núm. 40/2011 de 2 diciembre. ARP 2011, 1467
2011	Audiencia Provincial	AP Zaragoza (Sección 6.ª), sentencia núm. 413/2011 de 30 noviembre. JUR 2012, 1129

sigue >>

Año	Tribunal	Sentencia
2011	Audiencia Provincial	AP Sevilla (Sección 4.ª), sentencia núm. 488/2011 de 18 octubre. ARP 2011, 1323
2011	Audiencia Provincial	AP Murcia (Sección 2.ª), sentencia núm. 387/2011 de 13 octubre. JUR 2011, 388367
2011	Audiencia Provincial	AP Madrid (Sección 5.ª), sentencia núm. 105/2011 de 10 octubre. JUR 2011, 386064
2011	Audiencia Provincial	AP Soria (Sección 1.ª), sentencia núm. 59/2011 de 23 septiembre. JUR 2011, 349266
2011	Audiencia Provincial	AP Sevilla (Sección 1.ª), sentencia núm. 305/2011 de 17 junio. ARP 2011, 1136
2011	Audiencia Provincial	AP Tarragona (Sección 2.ª), sentencia núm. 345/2011 de 7 junio. ARP 2011, 1125
2011	Audiencia Provincial	AP Barcelona (Sección 20.ª), sentencia núm. 453/2011 de 31 mayo. ARP 2012, 476
2011	Audiencia Provincial	AP Murcia (Sección 3.ª), sentencia núm. 41/2011 de 6 abril. JUR 2011, 186993
2011	Audiencia Provincial	AP A Coruña (Sección 2.ª), sentencia núm. 8/2011 de 14 febrero. JUR 2011, 145802
2011	Audiencia Provincial	AP Murcia (Sección 2.ª), sentencia núm. 350/2011 de 20 septiembre. JUR 2011, 364910
2011	Audiencia Provincial	AP Lleida (Sección 1.ª), sentencia núm. 51/2011 de 8 febrero. ARP 2011, 481
2012	Audiencia Provincial	AP Madrid (Sección 3.ª), sentencia núm. 677/2012 de 26 diciembre. ARP 2013, 295
2012	Audiencia Provincial	AP Almería (Sección 3.ª), sentencia núm. 382/2012 de 21 diciembre. ARP 2013, 294
2012	Audiencia Provincial	AP Tarragona (Sección 2.ª), sentencia núm. 594/2012 de 17 diciembre. JUR 2013, 35998
2012	Audiencia Provincial	AP Barcelona (Sección 10.ª), sentencia núm. 1073/2012 de 17 diciembre. JUR 2013, 71742
2012	Audiencia Provincial	AP Madrid (Sección 4.ª), sentencia núm. 127/2012 de 10 diciembre. JUR 2013, 18791
2012	Audiencia Provincial	AP Cádiz (Sección 4.ª), sentencia núm. 352/2012 de 27 noviembre. JUR 2013, 224795
2012	Audiencia Provincial	AP Alicante (Sección 3.ª), sentencia núm. 589/2012 de 21 noviembre. ARP 2013, 926
2012	Audiencia Provincial	AP Valencia (Sección 1.ª), sentencia núm. 544/2012 de 6 noviembre. JUR 2013, 18982
2012	Tribunal Jurado	AP Madrid (Sección 1.ª), sentencia núm. 432/2012 de 23 octubre. JUR 2012, 360043

sigue >>

Año	Tribunal	Sentencia
2012	Audiencia Provincial	AP Pontevedra (Sección 2.ª), sentencia núm. 319/2012 de 20 septiembre. JUR 2012, 393873
2012	Audiencia Provincial	AP Almería (Sección 1.ª), sentencia núm. 269/2012 de 17 septiembre. ARP 2014, 601
2012	Audiencia Provincial	AP Barcelona (Sección 2.ª), sentencia núm. 729/2012 de 16 julio. JUR 2012, 373853
2012	Audiencia Provincial	AP Granada (Sección 1.ª), sentencia núm. 418/2012 de 12 julio. JUR 2013, 102822
2012	Audiencia Provincial	AP Albacete (Sección 1.ª), sentencia núm. 199/2012 de 10 julio. JUR 2012, 279572
2012	Audiencia Provincial	AP Madrid (Sección 26.ª), sentencia núm. 747/2012 de 6 julio. ARP 2013, 50
2012	Audiencia Provincial	AP Madrid (Sección 1.ª), sentencia núm. 273/2012 de 25 junio. ARP 2012, 898
2012	Audiencia Provincial	AP Huelva (Sección 3.ª), sentencia de 4 mayo 2012. JUR 2012, 356561
2012	Audiencia Provincial	AP A Coruña (Sección 2.ª), sentencia núm. 17/2012 de 24 abril. JUR 2012, 170052
2012	Audiencia Provincial	AP Madrid (Sección 26.ª), sentencia núm. 417/2012 de 20 abril. JUR 2013, 9532
2012	Audiencia Provincial	AP Soria (Sección 1.ª), sentencia núm. 31/2012 de 20 abril. ARP 2012, 523
2012	Audiencia Provincial	AP Valencia (Sección 5.ª), sentencia núm. 170/2012 de 22 marzo. JUR 2012, 226599
2012	Audiencia Provincial	AP Alicante (Sección 3.ª), sentencia núm. 129/2012 de 8 marzo. JUR 2012, 220641
2012	Audiencia Provincial	AP Castellón (Sección 1.ª), sentencia núm. 81/2012 de 28 febrero. JUR 2013, 148135
2012	Audiencia Provincial	AP Madrid (Sección 30.ª), sentencia núm. 85/2012 de 24 febrero. JUR 2012, 134285
2012	Audiencia Provincial	AP Madrid (Sección 17.ª), sentencia núm. 141/2012 de 30 enero. ARP 2012, 313
2012	Audiencia Provincial	AP Zaragoza (Sección 1.ª) Sentencia núm. 265/2012 de 10 octubre. JUR 2013, 113941
2012	Audiencia Provincial	AP Albacete (Sección 2.ª), sentencia núm. 247/2012 de 5 octubre. JUR 2012, 393951
2012	Audiencia Provincial	AP Málaga (Sección 9.ª), sentencia núm. 491/2012 de 5 octubre. JUR 2013, 230007
2013	Audiencia Provincial	AP Barcelona (Sección 20.ª), sentencia núm. 1622/2013 de 10 diciembre. ARP 2013, 1663

sigue >>

Año	Tribunal	Sentencia
2013	Audiencia Provincial	AP Cádiz (Sección 6.ª,), sentencia núm. 138/2013 de 4 diciembre. ARP 2014, 1076
2013	Audiencia Provincial	AP Barcelona (Sección 8.ª), sentencia núm. 820/2013 de 2 diciembre. ARP 2013, 1481
2013	Audiencia Provincial	AP Santa Cruz de Tenerife (Sección 5.ª), sentencia núm. 487/2013 de 28 noviembre. ARP 2014, 359
2013	Audiencia Provincial	AP Albacete (Sección 2.ª), sentencia núm. 341/2013 de 21 noviembre. ARP 2013, 1284
2013	Audiencia Provincial	AP Cáceres (Sección 2.ª), sentencia núm. 445/2013 de 30 septiembre. ARP 2013, 1219
2013	Audiencia Provincial	AP Murcia (Sección 3.ª), sentencia núm. 365/2013 de 5 julio. JUR 2013, 271997
2013	Audiencia Provincial	AP Madrid (Sección 30.ª), sentencia núm. 234/2013 de 5 junio. ARP 2013, 875
2013	Audiencia Provincial	AP Granada (Sección 1.ª), sentencia núm. 315/2013 de 29 mayo. JUR 2013, 304560
2013	Audiencia Provincial	AP Madrid (Sección 6.ª), sentencia núm. 314/2013 de 23 mayo. JUR 2013, 209133
2013	Audiencia Provincial	AP Madrid (Sección 5.ª), sentencia núm. 55/2013 de 8 mayo. ARP 2013, 666
2013	Audiencia Provincial	AP Madrid (Sección 7.ª), sentencia núm. 51/2013 de 26 abril. ARP 2013, 557
2013	Audiencia Provincial	AP Huelva (Sección 3.ª), sentencia núm. 67/2013 de 22 marzo. JUR 2013, 234906
2013	Audiencia Provincial	AP Lleida (Sección 1.ª), sentencia núm. 62/2013 de 4 marzo. ARP 2013, 388
2013	Audiencia Provincial	AP Girona (Sección 4.ª), sentencia núm. 156/2013 de 14 febrero. ARP 2013, 940
2013	Audiencia Provincial	AP Granada (Sección 2.ª), sentencia núm. 47/2013 de 18 enero. ARP 2013, 1010
2013	Audiencia Provincial	AP Madrid (Sección 3.ª), sentencia núm. 15/2013 de 14 enero. JUR 2013, 59482
2013	Audiencia Provincial	AP Sevilla (Sección 7.ª), sentencia núm. 1/2013 de 11 enero. JUR 2013, 205949
2013	Audiencia Provincial	AP Valencia (Sección 1.ª), sentencia núm. 508/2013 de 25 noviembre. JUR 2014, 9744
2013	Audiencia Provincial	AP Madrid (Sección 27.ª), sentencia núm. 25/2013 de 21 noviembre. JUR 2014, 56357
2014	Audiencia Provincial	AP Málaga (Sección 9.ª), sentencia núm. 592/2014 de 15 diciembre. JUR 2015, 244763

sigue >>

Año	Tribunal	Sentencia
2014	Audiencia Provincial	AP Cáceres (Sección 2.ª), sentencia núm. 505/2014 de 3 diciembre. ARP 2015, 209
2014	Audiencia Provincial	AP Barcelona (Sección 8.ª), sentencia núm. 956/2014 de 20 noviembre. ARP 2015, 146
2014	Audiencia Provincial	AP Valencia (Sección 4.ª), sentencia núm. 769/2014 de 20 octubre. ARP 2014, 1692
2014	Audiencia Provincial	AP Alicante (Sección 10.ª), sentencia núm. 495/2014 de 8 octubre. ARP 2015, 196
2014	Audiencia Provincial	AP Valencia (Sección 3.ª), sentencia núm. 642/2014 de 22 septiembre. ARP 2014, 1285
2014	Audiencia Provincial	AP Lleida (Sección 1.ª), sentencia núm. 285/2014 de 14 julio. ARP 2014, 1021
2014	Audiencia Provincial	AP Barcelona (Sección 8.ª), sentencia de 26 junio 2014. JUR 2014, 235678
2014	Audiencia Provincial	AP Madrid (Sección 7.ª), sentencia núm. 340/2014 de 20 junio. JUR 2014, 240588
2014	Audiencia Provincial	AP Cantabria (Sección 3.ª), sentencia núm. 200/2014 de 12 mayo. JUR 2015, 282206
2014	Audiencia Provincial	AP Madrid (Sección 7.ª), sentencia núm. 180/2014 de 10 abril. JUR 2014, 242933
2014	Audiencia Provincial	AP Madrid (Sección 1.ª), sentencia núm. 123/2014 de 13 marzo. JUR 2014, 92717
2014	Audiencia Provincial	AP Barcelona (Sección 21.ª), sentencia núm. 20/2014 de 8 enero. JUR 2014, 54765
2014	Audiencia Provincial	AP Santa Cruz de Tenerife (Sección 5.ª), sentencia núm. 297/2014 de 22 julio. JUR 2014, 273736
2014	Audiencia Provincial	AP Valencia (Sección 4.ª), sentencia núm. 606/2014 de 21 julio. ARP 2014, 1192
2015	Audiencia Provincial	AP Madrid (Sección 29.ª), sentencia núm. 780/2015 de 23 diciembre. JUR 2016, 35075
2015	Audiencia Provincial	AP Alicante (Sección 3.ª), sentencia núm. 531/2015 de 29 octubre. JUR 2016, 127543
2015	Audiencia Provincial	AP Alicante (Sección 1.ª), sentencia núm. 590/2015 de 8 octubre. JUR 2016, 132271
2015	Audiencia Provincial	AP Valencia (Sección 1.ª), sentencia núm. 310/2015 de 30 julio. ARP 2015, 1218
2015	Audiencia Provincial	AP Santa Cruz de Tenerife (Sección 5.ª), sentencia núm. 460/2015 de 28 julio. ARP 2015, 1319
2015	Audiencia Provincial	AP Barcelona (Sección 2.ª), sentencia núm. 656/2015 de 23 julio. JUR 2015, 254462

sigue >>

Año	Tribunal	Sentencia
2015	Audiencia Provincial	AP Vizcaya (Sección 6.ª), sentencia núm. 47/2015 de 17 julio. JUR 2015, 211696
2015	Audiencia Provincial	AP Castellón (Sección 2.ª), sentencia núm. 175/2015 de 26 junio. JUR 2015, 225495
2015	Audiencia Provincial	AP Barcelona (Sección 3.ª), sentencia núm. 454/2015 de 17 junio. JUR 2015, 187834
2015	Audiencia Provincial	AP Navarra (Sección 1.ª), sentencia núm. 94/2015 de 22 mayo. JUR 2015, 198611
2015	Audiencia Provincial	AP Vizcaya (Sección 2.ª), sentencia núm. 21/2015 de 13 abril. ARP 2015, 1361
2015	Audiencia Provincial	AP Valencia (Sección 2.ª), sentencia núm. 474/2015 de 24 marzo. ARP 2015, 1286
2015	Audiencia Provincial	AP Islas Baleares (Sección 2.ª), sentencia núm. 50/2015 de 20 marzo. JUR 2015, 109639
2015	Audiencia Provincial	AP Barcelona (Sección 8.ª), sentencia núm. 199/2015 de 2 marzo. ARP 2015, 504
2015	Audiencia Provincial	AP Barcelona (Sección 5.ª), sentencia núm. 224/2015 de 17 febrero. ARP 2015, 358
2015	Audiencia Provincial	AP Navarra (Sección 1.ª), sentencia núm. 212/2015 de 5 octubre. ARP 2015, 1420
2015	Audiencia Provincial	AP Alicante (Sección 3.ª), sentencia núm. 513/2015 de 16 octubre. JUR 2016, 127639
2016	Audiencia Provincial	AP Pontevedra (Sección 2.ª), sentencia núm. 234/2016 de 7 diciembre. ARP 2016, 1484
2016	Audiencia Provincial	AP Tarragona (Sección 2.ª), sentencia núm. 534/2016 de 28 noviembre. ARP 2017, 430
2016	Audiencia Provincial	AP León (Sección 3.ª), sentencia núm. 504/2016 de 7 noviembre. ARP 2016, 1305
2016	Audiencia Provincial	AP Madrid (Sección 4.ª) Sentencia núm. 337/2016 de 21 septiembre. JUR 2016, 254960
2016	Audiencia Provincial	AP Zaragoza (Sección 3.ª), sentencia núm. 249/2016 de 16 mayo. JUR 2017, 105699
2016	Audiencia Provincial	AP Alicante (Sección 1.ª), sentencia núm. 73/2016 de 11 febrero. ARP 2016, 723
2016	Audiencia Provincial	AP Alicante (Sección 1.ª), sentencia núm. 62/2017 de 31 enero. JUR 2017, 138698
2016	Audiencia Provincial	AP Barcelona (Sección 8.ª), sentencia núm. 16/2016 de 18 enero. JUR 2016, 46202
2016	Audiencia Provincial	AP Murcia (Sección 2.ª), sentencia núm. 11/2016 de 11 enero. JUR 2016, 42297

sigue >>

Año	Tribunal	Sentencia
2016	Audiencia Provincial	AP Castellón (Sección 1.ª), sentencia núm. 284/2016 de 23 septiembre. ARP 2016, 1099
2017	Audiencia Provincial	AP Las Palmas (Sección 2.ª), sentencia núm. 351/2017 de 14 noviembre. ARP 2018, 453
2017	Audiencia Provincial	AP Santa Cruz de Tenerife (Sección 6.ª), sentencia núm. 422/2017 de 3 noviembre. ARP 2017, 417
2017	Audiencia Provincial	AP Santa Cruz de Tenerife (Sección 5.ª), sentencia núm. 410/2017 de 2 octubre. ARP 2018, 74
2017	Audiencia Provincial	AP Madrid (Sección 6.ª), sentencia núm. 517/2017 de 14 septiembre. ARP 2017, 1128
2017	Audiencia Provincial	AP Asturias (Sección 3.ª), sentencia núm. 289/2017 de 14 junio. JUR 2017, 195583
2017	Audiencia Provincial	AP Madrid (Sección 27.ª), sentencia núm. 301/2017 de 8 mayo. JUR 2017, 213526
2017	Audiencia Provincial	AP Las Palmas (Sección 2.ª), sentencia núm. 67/2017 de 3 marzo. ARP 2017, 795
2017	Audiencia Provincial	AP Barcelona (Sección 2.ª), sentencia núm. 121/2017 de 13 febrero. ARP 2017, 637
2017	Audiencia Provincial	Audiencia Provincial de Barcelona (Sección 5.ª) Sentencia núm. 88/2017 de 7 febrero. JUR 2017, 114507
2017	Audiencia Provincial	Audiencia Provincial de Badajoz (Sección 3.ª) Sentencia núm. 21/2017 de 7 febrero. ARP 2017, 484
2017	Audiencia Provincial	AP Valladolid (Sección 4.ª), sentencia núm. 175/2017 de 29 mayo. ARP 2017, 806
2018	Audiencia Provincial	AP Barcelona (Sección 5.ª), sentencia núm. 704/2018 de 15 noviembre. JUR 2019, 11510
2018	Audiencia Provincial	AP Lugo (Sección 2.ª), sentencia núm. 183/2018 de 6 noviembre. JUR 2019, 76548
2018	Audiencia Provincial	AP Soria (Sección 1.ª), sentencia núm. 81/2018 de 7 septiembre. JUR 2018, 295956
2018	Audiencia Provincial	AP Barcelona (Sección 5.ª), sentencia núm. 488/2018 de 16 julio. JUR 2018, 273236
2018	Audiencia Provincial	AP Lugo (Sección 2.ª), sentencia núm. 127/2018 de 12 julio. JUR 2018, 291643
2018	Audiencia Provincial	AP Barcelona (Sección 2.ª), sentencia núm. 448/2018 de 26 junio. JUR 2018, 295521
2018	Audiencia Provincial	AP Castellón (Sección 2.ª), sentencia núm. 156/2018 de 18 mayo. JUR 2018, 145518
2018	Audiencia Provincial	AP Castellón (Sección 1.ª), sentencia núm. 145/2018 de 15 mayo. JUR 2018, 145517

sigue >>

Año	Tribunal	Sentencia
2018	Audiencia Provincial	AP Murcia (Sección 3.ª), sentencia núm. 150/2018 de 20 marzo. ARP 2018, 701
2018	Tribunal Jurado	AP Alicante Sentencia núm. 129/2018 de 22 febrero. ARP 2018, 146
2018	Audiencia Provincial	AP Madrid (Sección 3.ª) Sentencia núm. 56/2018 de 31 enero. ARP 2018, 242
2018	Audiencia Provincial	AP Murcia (Sección 2.ª) Sentencia núm. 20/2018 de 17 enero. JUR 2018, 59539
2018	Audiencia Provincial	AP Castellón (Sección 1.ª) Sentencia núm. 39/2018 de 2 febrero. JUR 2018, 42613
2019	Audiencia Provincial	AP Madrid (Sección 16.ª), sentencia núm. 754/2019 de 20 diciembre. JUR 2020, 95721
2019	Audiencia Provincial	AP Santa Cruz de Tenerife (Sección 6.ª), sentencia núm. 356/2019 de 2 diciembre. ARP 2020, 746
2019	Audiencia Provincial	AP Madrid (Sección 16.ª), sentencia núm. 701/2019 de 26 noviembre. JUR 2020, 93606
2019	Audiencia Provincial	AP Tarragona (Sección 2.ª), sentencia núm. 470/2019 de 25 noviembre. ARP 2020, 429
2019	Audiencia Provincial	AP Las Palmas (Sección 2.ª), sentencia núm. 346/2019 de 12 noviembre. JUR 2020, 110715
2019	Audiencia Provincial	AP Barcelona (Sección 7.ª), sentencia núm. 690/2019 de 7 noviembre. ARP 2020, 630
2019	Audiencia Provincial	AP Castellón (Sección 2.ª), sentencia núm. 236/2019 de 13 junio. ARP 2019, 1374
2019	Audiencia Provincial	AP Madrid (Sección 4.ª), sentencia núm. 223/2019 de 6 junio. JUR 2019, 211081
2019	Audiencia Provincial	AP Salamanca (Sección 1.ª), sentencia núm. 12/2019 de 26 abril. ARP 2019, 1267
2019	Audiencia Provincial	AP Madrid (Sección 16.ª), sentencia núm. 234/2019 de 9 abril. JUR 2019, 179042
2019	Audiencia Provincial	AP Murcia (Sección 3.ª), sentencia núm. 35/2019 de 25 enero. JUR 2019, 96080
2019	Audiencia Provincial	AP Barcelona (Sección 10.ª), sentencia núm. 25/2019 de 15 enero. ARP 2019, 580
2019	Audiencia Provincial	AP Albacete (Sección 2.ª), sentencia núm. 336/2019 de 11 noviembre. ARP 2020, 405
2019	Audiencia Provincial	AP León (Sección 3.ª), sentencia núm. 98/2019 de 1 marzo. JUR 2019, 144557
2011	Audiencia Provincial	AP Guadalajara (Sección 1.ª), sentencia núm. 127/2011 de 29 noviembre. ARP 2012, 41

sigue >>

Año	Tribunal	Sentencia
2012	Audiencia Provincial	AP Madrid (Sección 30.ª), sentencia núm. 228/2012 de 8 junio. ARP 2012, 1054
2013	Audiencia Provincial	AP Madrid (Sección 7.ª), sentencia núm. 100/2013 de 7 octubre. JUR 2014, 161161
2013	Audiencia Provincial	AP Madrid (Sección 23.ª), sentencia núm. 103/2013 de 19 julio. JUR 2014, 32684
2013	Audiencia Provincial	AP Huelva (Sección 1.ª), sentencia núm. 30/2013 de 11 enero. JUR 2013, 234870
2014	Audiencia Provincial	AP Córdoba (Sección 2.ª), sentencia núm. 444/2014 de 14 noviembre. ARP 2015, 1081
2014	Audiencia Provincial	AP Alicante (Sección 7.ª), sentencia núm. 54/2014 de 16 julio. ARP 2014, 1375
2014	Audiencia Provincial	AP Barcelona (Sección 10.ª), sentencia núm. 205/2014 de 14 febrero. JUR 2014, 135616
2014	Audiencia Provincial	AP Palencia (Sección 1.ª), sentencia núm. 1/2014 de 20 enero. ARP 2014, 374
2015	Audiencia Provincial	AP Madrid (Sección 17.ª), sentencia núm. 836/2015 de 30 diciembre. JUR 2016, 74552
2015	Audiencia Provincial	AP Islas Baleares (Sección 2.ª), sentencia núm. 189/2015 de 22 diciembre. JUR 2016, 29501
2015	Audiencia Provincial	AP Madrid (Sección 3.ª), sentencia núm. 783/2015 de 4 diciembre. ARP 2015, 1382
2015	Audiencia Provincial	AP Ourense (Sección 2.ª), sentencia núm. 161/2015 de 18 mayo. ARP 2015, 440
2015	Audiencia Provincial	AP Barcelona (Sección 9.ª), sentencia núm. 304/2015 de 1 abril. JUR 2015, 180333
2015	Audiencia Provincial	AP Las Palmas (Sección 2.ª), sentencia núm. 26/2015 de 31 marzo. ARP 2015, 990
2016	Audiencia Provincial	AP Santa Cruz de Tenerife (Sección 6.ª), sentencia núm. 403/2016 de 4 octubre. JUR 2017, 19968
2016	Audiencia Provincial	AP Madrid (Sección 29.ª), sentencia núm. 85/2016 de 18 febrero. JUR 2016, 94010
2016	Audiencia Provincial	AP Asturias (Sección 8.ª), sentencia núm. 23/2016 de 4 mayo. JUR 2016, 121090
2016	Audiencia Provincial	AP Islas Baleares (Sección 2.ª), sentencia núm. 17/2016 de 17 febrero. JUR 2016, 74707
2017	Audiencia Provincial	AP Navarra (Sección 1.ª), sentencia núm. 251/2017 de 28 noviembre. ARP 2017, 1607
2017	Audiencia Provincial	AP A Coruña (Sección 1.ª), sentencia núm. 339/2017 de 12 julio. ARP 2017, 1024

sigue >>

Año	Tribunal	Sentencia
2017	Audiencia Provincial	AP Zaragoza (Sección 3.ª), sentencia núm. 257/2017 de 27 junio. ARP 2019
2017	Audiencia Provincial	AP Alicante (Sección 2.ª), sentencia núm. 205/2017 de 17 mayo. ARP 2018, 893
2017	Audiencia Provincial	AP Sevilla (Sección 1.ª), sentencia núm. 19/2017 de 24 enero. ARP 2017, 446
2018	Audiencia Provincial	AP Santa Cruz de Tenerife (Sección 6.ª), sentencia núm. 401/2018 de 10 diciembre. JUR 2019, 192259
2018	Audiencia Provincial	AP Madrid (Sección 5.ª), sentencia núm. 48/2018 de 25 julio. JUR 2018, 271877
2018	Audiencia Provincial	AP Salamanca (Sección 1.ª), sentencia núm. 19/2018 de 20 julio. JUR 2019, 92288
2018	Audiencia Provincial	AP Lleida (Sección 1.ª), sentencia núm. 253/2018 de 13 junio. ARP 2018, 1543
2018	Audiencia Provincial	AP Pontevedra (Sección 2.ª), sentencia núm. 74/2018 de 31 mayo. ARP 2018, 1245
2018	Audiencia Provincial	AP Madrid (Sección 3.ª), sentencia núm. 312/2018 de 27 abril. ARP 2018, 965
2018	Audiencia Provincial	AP Alicante (Sección 2.ª), sentencia núm. 124/2018 de 16 abril. ARP 2018, 768
2018	Audiencia Provincial	Audiencia Provincial de Barcelona (Sección 22.ª) Sentencia núm. 243/2018 de 22 marzo. JUR 2019, 337980
2018	Audiencia Provincial	AP Madrid (Sección 7.ª), sentencia núm. 108/2018 de 16 febrero. ARP 2018, 537
2018	Audiencia Provincial	AP Tarragona (Sección 4.ª), sentencia núm. 386/2018 de 28 noviembre. ARP 2019, 894
2019	Audiencia Provincial	AP Alicante (Sección 3.ª), sentencia núm. 524/2019 de 18 diciembre. ARP 2020, 494
2019	Audiencia Provincial	AP Almería (Sección 2.ª), sentencia núm. 423/2019 de 22 octubre. ARP 2020, 488
2019	Audiencia Provincial	AP Castellón (Sección 1.ª), sentencia núm. 299/2019 de 24 septiembre. ARP 2020, 73
2019	Audiencia Provincial	AP Madrid (Sección 6.ª), sentencia núm. 467/2019 de 9 julio. ARP 2019, 1470
2019	Audiencia Provincial	AP Valencia (Sección 2.ª), sentencia núm. 175/2019 de 4 abril. ARP 2019, 753
2019	Audiencia Provincial	AP Asturias (Sección 8.ª), sentencia núm. 11/2019 de 8 marzo. JUR 2019, 144426
2019	Audiencia Provincial	AP Málaga (Sección 2.ª), sentencia núm. 30/2019 de 4 febrero. JUR 2020, 121822

sigue >>

Año	Tribunal	Sentencia
2019	Audiencia Provincial	AP Madrid (Sección 5.ª), sentencia núm. 1/2019 de 4 enero. JUR 2019, 79208
2019	Audiencia Provincial	AP Vizcaya (Sección 2.ª), sentencia núm. 46/2019 de 11 junio. ARP 2019, 1510
2018	Tribunal Superior de Justicia	TSJ Castilla y León, Burgos (Sala de lo Civil y Penal, Sección 1.ª), sentencia núm. 42/2018 de 21 noviembre. JUR 2019, 9890
2019	Tribunal Superior de Justicia	TSJ C. Valenciana (Sala de lo Civil y Penal, Sección 1.ª), sentencia núm. 11/2019 de 23 enero. ARP 2020, 18
2019	Tribunal Superior de Justicia	TSJ Cataluña (Sala de lo Civil y Penal, Sección 1.ª), sentencia núm. 125/2019 de 18 octubre. ARP 2020, 172
2019	Tribunal Superior de Justicia	TSJ Castilla y León, Burgos (Sala de lo Civil y Penal, Sección 1.ª), sentencia núm. 55/2019 de 7 octubre. JUR 2019, 304125
2019	Tribunal Superior de Justicia	TSJ Galicia (Sala de lo Civil y Penal, Sección 1.ª), sentencia núm. 8/2019 de 22 enero. JUR 2019, 46751
2014	Tribunal Supremo	TS (Sala de lo Penal, Sección 1.ª), sentencia núm. 553/2014 de 30 junio. RJ 2014, 3524
2015	Tribunal Supremo	TS (Sala de lo Penal, Sección 1.ª), sentencia núm. 483/2015 de 23 julio. RJ 2015, 3514
2016	Tribunal Supremo	TS (Sala de lo Penal, Sección 1.ª), sentencia núm. 480/2016 de 2 junio. RJ 2016, 2722
2017	Tribunal Supremo	TS (Sala de lo Penal, Sección 1.ª), sentencia núm. 690/2017 de 23 octubre. RJ 2017, 4683
2017	Tribunal Supremo	TS (Sala de lo Penal, Sección 1.ª), sentencia núm. 172/2017 de 21 marzo. RJ 2017, 1925
2018	Tribunal Supremo	TS (Sala de lo Penal, Sección 1.ª), sentencia núm. 337/2018 de 5 julio. RJ 2018, 2941
2018	Tribunal Supremo	TS (Sala de lo Penal, Sección 1.ª), sentencia núm. 155/2018 de 4 abril. RJ 2018, 2159
2019	Tribunal Supremo	TS (Sala de lo Penal, Sección 1.ª), sentencia núm. 495/2019 de 17 octubre. RJ 2019, 4080
2019	Tribunal Supremo	TS (Sala de lo Penal, Sección 1.ª), sentencia núm. 429/2019 de 27 septiembre. RJ 2019, 3881
2000	Tribunal Supremo	TS (Sala de lo Penal), sentencia núm. 1104/2000 de 19 junio. RJ 2000, 6317
2000	Tribunal Supremo	TS (Sala de lo Penal), sentencia núm. 1616/2000 de 24 octubre. RJ 2000, 8793
2000	Tribunal Supremo	TS (Sala de lo Penal), sentencia núm. 228/2000 de 17 febrero. RJ 2000, 870
2001	Tribunal Supremo	TS (Sala de lo Penal), sentencia núm. 1236/2001 de 25 junio. RJ 2001, 6819

sigue >>

Año	Tribunal	Sentencia
2001	Tribunal Supremo	TS (Sala de lo Penal), sentencia núm. 1237/2001 de 18 junio. RJ 2001, 6561
2002	Tribunal Supremo	TS (Sala de lo Penal), sentencia núm. 1939/2002 de 19 noviembre. RJ 2002, 10583
2002	Tribunal Supremo	TS (Sala de lo Penal), sentencia núm. 1365/2002 de 22 julio. RJ 2002, 7781
2002	Tribunal Supremo	TS (Sala de lo Penal), sentencia núm. 592/2002 de 27 marzo. RJ 2002, 4602
2002	Tribunal Supremo	TS (Sala de lo Penal), sentencia núm. 978/2002 de 23 mayo. RJ 2002, 6803
2005	Tribunal Supremo	TS (Sala de lo Penal), sentencia núm. 1364/2005 de 17 noviembre. RJ 2005, 10067
2006	Tribunal Supremo	TS (Sala de lo Penal), sentencia núm. 575/2006 de 22 mayo. RJ 2006, 3314
2006	Tribunal Supremo	TS (Sala de lo Penal), sentencia núm. 252/2006 de 6 marzo. RJ 2006, 1001
2008	Tribunal Supremo	TS (Sala de lo Penal, Sección 1.ª), sentencia núm. 436/2008 de 17 junio. RJ 2008, 3659
2009	Tribunal Supremo	TS (Sala de lo Penal, Sección 1.ª), sentencia núm. 885/2009 de 9 septiembre. RJ 2010, 989
2009	Tribunal Supremo	TS (Sala de lo Penal, Sección 1.ª), sentencia núm. 510/2009 de 12 mayo. RJ 2009, 4861
2009	Tribunal Supremo	TS (Sala de lo Penal, Sección 1.ª), sentencia núm. 455/2009 de 29 abril. RJ 2009, 3199
2009	Tribunal Supremo	TS (Sala de lo Penal, Sección 1.ª), sentencia núm. 1399/2009 de 8 enero. RJ 2010, 3496
2011	Tribunal Supremo	TS (Sala de lo Penal, Sección 1.ª), sentencia núm. 1321/2011 de 5 diciembre. RJ 2012, 68
2011	Tribunal Supremo	TS (Sala de lo Penal, Sección 1.ª), sentencia núm. 994/2011 de 4 octubre. RJ 2011, 6857
2013	Tribunal Supremo	TS (Sala de lo Penal, Sección 1.ª), sentencia núm. 343/2013 de 30 abril. RJ 2013, 8315
2013	Tribunal Supremo	TS (Sala de lo Penal, Sección 1.ª), sentencia núm. 338/2013 de 19 abril. RJ 2013, 3297
2015	Tribunal Supremo	TS (Sala de lo Penal, Sección 1.ª), sentencia núm. 807/2015 de 23 noviembre. RJ 2015, 5957
2015	Tribunal Supremo	TS (Sala de lo Penal, Sección 1.ª), sentencia núm. 606/2015 de 20 octubre. RJ 2015, 4777
2016	Tribunal Supremo	TS (Sala de lo Penal, Sección 1.ª), sentencia núm. 442/2016 de 24 mayo. RJ 2016, 2297

sigue >>

Año	Tribunal	Sentencia
2018	Tribunal Supremo	TS (Sala de lo Penal, Sección 1.ª), sentencia núm. 329/2018 de 4 julio. RJ 2018, 3323
2019	Tribunal Supremo	TS (Sala de lo Penal, Sección 1.ª), sentencia núm. 249/2019 de 14 mayo. RJ 2019, 2711
2019	Tribunal Supremo	Tribunal Supremo (Sala de lo Penal, Sección 1.ª) Sentencia núm. 5/2019 de 15 enero. RJ 2019, 103
2019	Tribunal Supremo	Tribunal Supremo (Sala de lo Penal, Sección 1.ª) Sentencia núm. 435/2019 de 1 octubre. RJ 2019, 3790
2019	Tribunal Supremo	TS (Sala de lo Penal, Sección 1.ª), sentencia núm. 393/2019 de 24 julio. RJ 2019, 3263

Fuente: Elaboración propia.

2. ANÁLISIS CUALITATIVO DE SENTENCIAS

2.1. SENTENCIAS SELECCIONADAS PARA EL ANÁLISIS CUALITATIVO Y CRITERIOS DE SELECCIÓN

Tabla 2. Sentencias analizadas cualitativamente

Tribunal	Identificación	Año	Relación previa	Decisión Juridicial
Audiencia Provincial	AP Barcelona (Sección 7.ª), sentencia núm. 735/2000 de 5 octubre. JUR 2001, 21060	2000	Laboral	Absolución
Audiencia Provincial	AP Jaén (Sección 1.ª), sentencia núm. 37/2001 de 26 diciembre. JUR 2002, 36646	2001	Familiar	Condena
Audiencia Provincial	AP Santa Cruz de Tenerife (Sección Única), sentencia núm. 917/2002 de 16 septiembre. JUR 2002, 230108	2002	Pareja o relación análoga	Condena
Audiencia Provincial	AP Madrid (Sección 4.ª), sentencia núm. 322/2003 de 29 septiembre. JUR 2003, 258402	2003	Pareja o relación análoga	Condena
Audiencia Provincial	AP Álava (Sección 2.ª), sentencia núm. 167/2001 de 3 diciembre. JUR 2002, 228106	2001	Pareja o relación análoga	Absolución
Tribunal Supremo	TS (Sala de lo Penal), sentencia núm. 1236/2001 de 25 junio. RJ 2001, 6819	2001	Familiar	Condena
Tribunal Supremo	TS (Sala de lo Penal), sentencia núm. 978/2002 de 23 mayo. RJ 2002, 6803	2002	Amistad	Absolución
Tribunal Supremo	TS (Sala de lo Penal), sentencia núm. 1939/2002 de 19 noviembre. RJ 2002, 10583	2002	Ninguna/ Desconocida	Absolución

sigue >>

Tribunal	Identificación	Año	Relación previa	Decisión Juridicial
Audiencia Provincial	AP Alicante (Sección 1.ª), sentencia núm. 323/2002 de 14 junio. JUR 2002, 202159	2002	Prostitución	Absolución
Tribunal Supremo	TS (Sala de lo Penal), sentencia núm. 1365/2002 de 22 julio. RJ 2002, 7781	2002	Amistad	Condena
Audiencia Provincial	AP Girona (Sección 3.ª), sentencia núm. 562/2004 de 29 junio. JUR 2004, 219948	2004	Conocidos	Absolución
Audiencia Provincial	AP Álava (Sección 2.ª), sentencia núm. 214/2004 de 22 diciembre. JUR 2005, 56262	2004	Familiar	Condena
Audiencia Provincial	AP Murcia (Sección 5.ª), sentencia núm. 35/2004 de 3 diciembre. JUR 2005, 5649	2004	Ninguna/ Desconocida	Condena
Audiencia Provincial	AP Tarragona (Sección 2.ª), sentencia núm. 665/2005 de 20 julio. JUR 2006, 213888	2005	Pareja o relación análoga	Condena
Tribunal Supremo	TS (Sala de lo Penal), sentencia núm. 1364/2005 de 17 noviembre. RJ 2005, 10067	2005	Conocidos	Condena
Audiencia Provincial	AP La Rioja (Sección 1.ª), sentencia núm. 123/2006 de 21 junio. JUR 2006, 202518	2006	Amistad	Absolución
Tribunal Supremo	TS (Sala de lo Penal), sentencia núm. 575/2006 de 22 mayo. RJ 2006, 3314	2006	Amistad	Condena
Tribunal Supremo	TS (Sala de lo Penal), sentencia núm. 252/2006 de 6 marzo. RJ 2006, 1001	2006	Ninguna/ Desconocida	Condena
Audiencia Provincial	AP Tarragona (Sección 4.ª), sentencia núm. 458/2007 de 11 diciembre. JUR 2009, 388355	2007	Conocidos	Absolución
Audiencia Provincial	AP Vizcaya (Sección 6.ª), sentencia núm. 4/2007 de 10 enero. ARP 2007, 209	2007	Expareja o relación análoga	Absolución
Tribunal Supremo	TS (Sala de lo Penal, Sección 1.ª), sentencia núm. 436/2008 de 17 junio. RJ 2008, 3659	2008	Expareja o relación análoga	Condena
Audiencia Provincial	AP Barcelona (Sección 5.ª), sentencia núm. 894/2009 de 19 noviembre. JUR 2010, 44057	2009	Conocidos	Absolución
Audiencia Provincial	AP Jaén (Sección 2.ª), sentencia núm. 57/2008 de 30 abril. JUR 2008, 233783	2008	Amistad	Condena
Tribunal Supremo	TS (Sala de lo Penal, Sección 1.ª), sentencia núm. 885/2009 de 9 septiembre. RJ 2010, 989	2009	Ninguna/ Desconocida	Condena
Audiencia Provincial	AP Valladolid (Sección 4.ª), sentencia núm. 492/2010 de 16 diciembre. JUR 2011, 88261	2010	Expareja o relación análoga	Absolución
Audiencia Provincial	AP Madrid (Sección 27.ª), sentencia núm. 91/2010 de 29 noviembre. JUR 2011, 63662	2010	Expareja o relación análoga	Absolución
Audiencia Provincial	AP Barcelona (Sección 3.ª), sentencia núm. 183/2010 de 22 febrero. ARP 2010, 698	2010	Pareja o relación análoga	Absolución

sigue >>

Tribunal	Identificación	Año	Relación previa	Decisión Juridicial
Audiencia Provincial	AP Madrid (Sección 5.ª), sentencia núm. 105/2011 de 10 octubre. JUR 2011, 386064	2011	Conocido	Absolución
Audiencia Provincial	AP Soria (Sección 1.ª), sentencia núm. 59/2011 de 23 septiembre. JUR 2011, 349266	2011	Familiar	Condena
Audiencia Provincial	AP Murcia (Sección 2.ª), sentencia núm. 387/2011 de 13 octubre. JUR 2011, 388367	2011	Ninguna/ Desconocida	Condena
Audiencia Provincial	AP Albacete (Sección 1.ª), sentencia núm. 199/2012 de 10 julio. JUR 2012, 279572	2012	Prostitución	Absolución
Audiencia Provincial	AP Málaga (Sección 9.ª), sentencia núm. 491/2012 de 5 octubre. JUR 2013, 230007	2012	Pareja o relación análoga	Absolución
Audiencia Provincial	AP Sevilla (Sección 7.ª), sentencia núm. 1/2013 de 11 enero. JUR 2013, 205949	2013	Pareja o relación análoga	Absolución
Tribunal Supremo	TS (Sala de lo Penal, Sección 1.ª), sentencia núm. 343/2013 de 30 abril. RJ 2013, 8315	2013	Laboral	Condena
Audiencia Provincial	AP Lleida (Sección 1.ª), sentencia núm. 62/2013 de 4 marzo. ARP 2013, 388	2013	Ninguna/ Desconocida	Condena
Audiencia Provincial	AP Alicante (Sección 10.ª), sentencia núm. 495/2014 de 8 octubre. ARP 2015, 196	2014	Conocidos	Absolución
Audiencia Provincial	AP Cantabria (Sección 3.ª), sentencia núm. 200/2014 de 12 mayo. JUR 2015, 282206	2014	Familiar	Absolución
Audiencia Provincial	AP Navarra (Sección 1.ª), sentencia núm. 94/2015 de 22 mayo. JUR 2015, 198611	2015	Amistad	Condena
Audiencia Provincial	AP Barcelona (Sección 2.ª), sentencia núm. 656/2015 de 23 julio. JUR 2015, 254462	2015	Amistad	Absolución
Tribunal Supremo	TS (Sala de lo Penal, Sección 1.ª), sentencia núm. 807/2015 de 23 noviembre. RJ 2015, 5957	2015	Expareja o relación análoga	Condena
Audiencia Provincial	AP Madrid (Sección 17.ª), sentencia núm. 836/2015 de 30 diciembre. JUR 2016, 74552	2015	Amistad	Absolución
Audiencia Provincial	AP Lugo (Sección 2.ª), sentencia núm. 183/2018 de 6 noviembre. JUR 2019, 76548	2018	Pareja o relación análoga	Condena
Audiencia Provincial	AP Zaragoza (Sección 3.ª), sentencia núm. 249/2016 de 16 mayo. JUR 2017, 105699	2016	Ninguna/ Desconocida	Condena
Audiencia Provincial	AP Alicante (Sección 2.ª), sentencia núm. 205/2017 de 17 mayo. ARP 2018, 893	2017	Familiar	Absolución
Audiencia Provincial	Audiencia Provincial de Badajoz (Sección 3.ª) Sentencia núm. 21/2017 de 7 febrero. ARP 2017, 484	2017	Familiar	Condena

sigue >>

Tribunal	Identificación	Año	Relación previa	Decisión Juridicial
Audiencia Provincial	AP Barcelona (Sección 2.ª), sentencia núm. 121/2017 de 13 febrero. ARP 2017, 637	2017	Conocidos	Absolución
Tribunal Superior de Justicia	TSJ Castilla y León, Burgos (Sala de lo Civil y Penal, Sección 1.ª), sentencia núm. 55/2019 de 7 octubre. JUR 2019, 304125	2019	Expareja o relación análoga	Absolución
Tribunal Supremo	TS (Sala de lo Penal, Sección 1.ª), sentencia núm. 393/2019 de 24 julio. RJ 2019, 3263	2019	Familiar	Condena
Tribunal Supremo	TS (Sala de lo Penal, Sección 1.ª) Sentencia núm. 435/2019 de 1 octubre. RJ 2019, 3790	2019	Familiar	Condena
Tribunal Supremo	TS (Sala de lo Penal, Sección 1.ª) Sentencia núm. 5/2019 de 15 enero. RJ 2019, 103	2019	Ninguna/ Desconocida	Condena

Fuente: Elaboración propia.

Anexo B

Datos primarios

SUMARIO: 1. ANÁLISIS CUANTITATIVO DE SENTENCIAS. *1.1. Variables que muestran una correlación con el sentido del fallo. 1.2. Decisión judicial y aspectos relativos a la responsabilidad penal del acusado.* 2. ANÁLISIS CUALITATIVO DE SENTENCIAS.

El presente anexo incluye la información detallada a la que hacen referencia los diagramas y gráficos de los capítulos que presentan el análisis cuantitativo y cualitativo de sentencias por delitos de violación dictadas entre los años 2000 y 2019. No se incluyen el análisis de todas las variables.

Por una parte, se presentan aquellas variables que poseen una correlación estadísticamente significativa con la variable del sentido del fallo junto con todos los resultados de la sección relativa a el fallo.

- El número de víctimas
- La relación previa entre las partes
- El comportamiento anterior y posterior a la violación de la víctima
- Los rasgos del testimonio de las víctimas analizados, como el lenguaje no verbal
- Las pruebas periciales médicas
- Las pruebas periciales sobre restos biológicos
- Las pruebas periciales indirectas
- Las declaraciones policiales
- La persistencia en la incriminación de la víctima

Asimismo se presenta el análisis de todas las variables relativas al sentido del fallo y a las circunstancias modificativas de la responsabilidad penal.

1. ANÁLISIS CUANTITATIVO DE SENTENCIAS

1.1. VARIABLES QUE MUESTRAN UNA CORRELACIÓN CON EL SENTIDO DEL FALLO

Tabla 1. Test de chi-cuadrado y cruce entre número de víctimas y decisión judicial sobre el delito de violación de las sentencias desde el 2000 hasta el 2019

Tipo de violación en función del número de víctimas		Absolución	Condena	Total
Grupal	Recuento	1	43	44
	% dentro de la decisión judicial	2,30%	97,70%	100,00%
	% del total	0,20%	9,60%	9,80%
Individual	Recuento	67	337	404
	% dentro de la decisión judicial	16,60%	83,40%	100,00%
	% del total	15,00%	75,20%	90,20%
Total	Recuento	68	380	448
	% dentro de la decisión judicial	15,20%	84,80%	100,00%
	% del total	15,20%	84,80%	100,00%

Pruebas de chi-cuadrado

	Valor	df	Significación asintótica (bilateral)	Significación exacta (bilateral)
Chi-cuadrado de Pearson	6,312a	1	**0,012**	
Corrección de continuidad	5,25	1	0,022	
Razón de verosimilitud	8,988	1	0,003	
Prueba exacta de Fisher				0,007
N de casos válidos	448			

a. 0 casillas (0,0%) han esperado un recuento menor que 5. El recuento mínimo esperado es 6,68.
b. Sólo se ha calculado para una tabla 2x2.

N.º víctimas		Absolución	Condena	Total
Una	Recuento	67	337	404
	% dentro de la decisión judicial	16,60%	83,40%	100,00%
	% del total	15,00%	75,20%	90,20%

sigue >>

N.º víctimas		Absolución	Condena	Total
Dos	Recuento	0	31	31
	% dentro de la decisión judicial	0,00%	100,00%	100,00%
	% del total	0,00%	6,90%	6,90%
Tres	Recuento	0	3	3
	% dentro de la decisión judicial	0,00%	100,00%	100,00%
	% del total	0,00%	0,70%	0,70%
Cuatro	Recuento	1	4	5
	% dentro de la decisión judicial	20,00%	80,00%	100,00%
	% del total	0,20%	0,90%	1,10%
Cinco	Recuento	0	2	2
	% dentro de la decisión judicial	0,00%	100,00%	100,00%
	% del total	0,00%	0,40%	0,40%
Seis	Recuento	0	1	1
	% dentro de la decisión judicial	0,00%	100,00%	100,00%
	% del total	0,00%	0,20%	0,20%
Ocho	Recuento	0	1	1
	% dentro de la decisión judicial	0,00%	100,00%	100,00%
	% del total	0,00%	0,20%	0,20%
Nueve	Recuento	0	1	1
	% dentro de la decisión judicial	0,00%	100,00%	100,00%
	% del total	0,00%	0,20%	0,20%
Total	Recuento	68	380	448
	% dentro de la decisión judicial	15,20%	84,80%	100,00%
	% del total	15,20%	84,80%	100,00%

Pruebas de chi-cuadrado

	Valor	df	Significación asintótica (bilateral)
Chi-cuadrado de Pearson	7,689a	7	**0,361**
Razón de verosimilitud	13,529	7	0,06
N de casos válidos	448		
a. 13 casillas (81,3%) han esperado un recuento menor que 5. El recuento mínimo esperado es ,15.			

Fuente: Elaboración propia.

Tabla 2. Test de chi-cuadrado y cruce entre la relación entre las partes y la decisión judicial sobre el delito de violación de las sentencias desde el 2000 hasta el 2019

Tipo de relación entre las partes		Absolución	Condena	Total
Hay relación previa	Recuento	66	272	338
	% dentro de la decisión judicial	19,50%	80,50%	100,00%
	% del total	14,70%	60,70%	75,40%
No hay relación previa	Recuento	2	108	110
	% dentro de la decisión judicial	1,80%	98,20%	100,00%
	% del total	0,40%	24,10%	24,60%
Total	Recuento	68	380	448
	% del total	15,20%	84,80%	100,00%

Pruebas de chi-cuadrado

	Valor	df	Significación asintótica (bilateral)	Significación exacta (bilateral)
Chi-cuadrado de Pearson	20,214a	1	**0,000**	
Corrección de continuidad	18,862	1	0	
Razón de verosimilitud	27,731	1	0	
Prueba exacta de Fisher				0
N de casos válidos	448			

a. 0 casillas (0,0%) han esperado un recuento menor que 5. El recuento mínimo esperado es 16,70.
b. Sólo se ha calculado para una tabla 2x2.

Tipo de relación previa		Absolución	Condena	Total
Amistad	Recuento	8	31	39
	% dentro de la decisión judicial	20,50%	79,50%	100,00%
	% del total	1,80%	6,90%	8,70%
Conocidos	Recuento	28	90	118
	% dentro de la decisión judicial	23,70%	76,30%	100,00%
	% del total	6,30%	20,10%	26,30%
Expareja o relación análoga	Recuento	13	43	56
	% dentro de la decisión judicial	23,20%	76,80%	100,00%
	% del total	2,90%	9,60%	12,50%
Familiar	Recuento	4	63	67
	% dentro de la decisión judicial	6,00%	94,00%	100,00%
	% del total	0,90%	14,10%	15,00%

sigue >>

Tipo de relación previa		Absolución	Condena	Total
Laboral	Recuento	1	7	8
	% dentro de la decisión judicial	12,50%	87,50%	100,00%
	% del total	0,20%	1,60%	1,80%
Ninguna/ Desconocida	Recuento	2	108	110
	% dentro de la decisión judicial	1,80%	98,20%	100,00%
	% del total	0,40%	24,10%	24,60%
No consta	Recuento	0	2	2
	% dentro de la decisión judicial	0,00%	100,00%	100,00%
	% del total	0,00%	0,40%	0,40%
Pareja o relación análoga	Recuento	9	25	34
	% dentro de la decisión judicial	26,50%	73,50%	100,00%
	% del total	2,00%	5,60%	7,60%
Prostitución	Recuento	3	11	14
	% dentro de la decisión judicial	21,40%	78,60%	100,00%
	% del total	0,70%	2,50%	3,10%
Total	Recuento	68	380	448
	% del total	15,20%	84,80%	100,00%

Pruebas de chi-cuadrado

	Valor	df	Significación asintótica (bilateral)
Chi-cuadrado de Pearson	34,229a	8	**0,000**
Razón de verosimilitud	41,761	8	0
N de casos válidos	448		
a. 4 casillas (22,2%) han esperado un recuento menor que 5. El recuento mínimo esperado es ,30.			

Fuente: Elaboración propia.

Tabla 3. Test de chi-cuadrado y cruce entre el la conducta anterior y posterior de la víctima y decisión judicial sobre el delito de violación de las sentencias desde el 2000 hasta el 2019

Conducta anterior de la víctima		**Absolución**	**Condena**	**Total**
El tribunal lo valor como motivo de credibilidad	Recuento	1	83	84
	% dentro de la decisión judicial	1,20%	98,80%	100,00%
	% del total	0,20%	18,50%	18,80%
El tribunal lo valor como motivo de incredibilidad	Recuento	24	5	29
	% dentro de la decisión judicial	82,80%	17,20%	100,00%
	% del total	5,40%	1,10%	6,50%
No consta	Recuento	38	246	284
	% dentro de la decisión judicial	13,40%	86,60%	100,00%
	% del total	8,50%	54,90%	63,40%
El tribunal menciona la conducta, pero ni como motivo de credibilidad o incredibilidad	Recuento	5	46	51
	% dentro de la decisión judicial	9,80%	90,20%	100,00%
	% del total	1,10%	10,30%	11,40%
Total	Recuento	68	380	448
	% del total	15,20%	84,80%	100,00%

Pruebas de chi-cuadrado

	Valor	**df**	**Significación asintótica (bilateral)**
Chi-cuadrado de Pearson	117,496a	3	**0,000**
Razón de verosimilitud	87,745	3	0
N de casos válidos	448		

Conducta posterior de la víctima		**Absolución**	**Condena**	**Total**
El tribunal lo valora como motivo de credibilidad	Recuento	5	175	180
	% dentro de la decisión judicial	2,80%	97,20%	100,00%
	% del total	1,10%	39,10%	40,20%
El tribunal lo valor como motivo de incredibilidad	Recuento	23	5	28
	% dentro de la decisión judicial	82,10%	17,90%	100,00%
	% del total	5,10%	1,10%	6,30%

sigue >>

Conducta posterior de la víctima		Absolución	Condena	Total
No consta	Recuento	33	187	220
	% dentro de la decisión judicial	15,00%	85,00%	100,00%
	% del total	7,40%	41,70%	49,10%
El tribunal menciona la conducta, pero ni como motivo de credibilidad o incredibilidad	Recuento	7	13	20
	% dentro de la decisión judicial	35,00%	65,00%	100,00%
	% del total	1,60%	2,90%	4,50%
Total	Recuento	68	380	448
	% del total	15,20%	84,80%	100,00%

Pruebas de chi-cuadrado

	Valor	df	Significación asintótica (bilateral)
Chi-cuadrado de Pearson	125,132a	3	**0,000**
Razón de verosimilitud	97,65	3	0
N de casos válidos	448		
a. 2 casillas (25,0%) han esperado un recuento menor que 5. El recuento mínimo esperado es 3,04.			

Fuente: Elaboración propia.

Tabla 4. Test de chi-cuadrado y cruce entre las pruebas practicadas como corroboraciones del testimonio de la víctima y la decisión judicial sobre el delito de violación de las sentencias desde el 2000 hasta el 2019

Prueba pericial forense médica		Absolución	Condena	Total
No corrobora el testimonio de la víctima	Recuento	29	18	47
	% dentro de la decisión judicial	61,70%	38,30%	100,00%
	% del total	6,50%	4,00%	10,50%
Sí corrobora el testimonio de la víctima	Recuento	18	275	293
	% dentro de la decisión judicial	6,10%	93,90%	100,00%
	% del total	4,00%	61,40%	65,40%
No consta	Recuento	21	87	108
	% dentro de la decisión judicial	19,40%	80,60%	100,00%
	% del total	4,70%	19,40%	24,10%
Total	Recuento	68	380	448
	% dentro de la decisión judicial	15,20%	84,80%	100,00%
	% del total	15,20%	84,80%	100,00%

sigue >>

Pruebas de chi-cuadrado

	Valor	df	Significación asintótica (bilateral)
Chi-cuadrado de Pearson	99,120a	2	**0,000**
Razón de verosimilitud	77,248	2	0
N de casos válidos	448		
a. 0 casillas (0,0%) han esperado un recuento menor que 5. El recuento mínimo esperado es 7,13.			

Prueba pericial forense sobre restos biológicos		Absolución	Condena	Total
No corrobora el testimonio de la víctima	Recuento	10	28	38
	% dentro de la decisión judicial	26,30%	73,70%	100,00%
	% del total	2,20%	6,30%	8,50%
Sí corrobora el testimonio de la víctima	Recuento	7	111	118
	% dentro de la decisión judicial	5,90%	94,10%	100,00%
	% del total	1,60%	24,80%	26,30%
No consta	Recuento	51	241	292
	% dentro de la decisión judicial	17,50%	82,50%	100,00%
	% del total	11,40%	53,80%	65,20%
Total	Recuento	68	380	448
	% dentro de la decisión judicial	15,20%	84,80%	100,00%
	% del total	15,20%	84,80%	100,00%

Pruebas de chi-cuadrado

	Valor	df	Significación asintótica (bilateral)
Chi-cuadrado de Pearson	12,683a	2	**0,002**
Razón de verosimilitud	14,081	2	0,001
N de casos válidos	448		
a. 0 casillas (0,0%) han esperado un recuento menor que 5. El recuento mínimo esperado es 5,77.			

Declaración policial		Absolución	Condena	Total
No corrobora el testimonio de la víctima	Recuento	0	1	1
	% dentro de la decisión judicial	0,00%	100,00%	100,00%
	% del total	0,00%	0,20%	0,20%
Sí corrobora el testimonio de la víctima, como prueba testifical directa sobre indicios	Recuento	5	101	106
	% dentro de la decisión judicial	4,70%	95,30%	100,00%
	% del total	1,10%	22,50%	23,70%

sigue >>

Declaración policial		Absolución	Condena	Total
No consta	Recuento	59	267	326
	% dentro de la decisión judicial	18,10%	81,90%	100,00%
	% del total	13,20%	59,60%	72,80%
Sí corrobora el testimonio de la víctima, como prueba testifical indirecta	Recuento	4	11	15
	% dentro de la decisión judicial	26,70%	73,30%	100,00%
	% del total	0,90%	2,50%	3,30%
Total	Recuento	68	380	448
	% dentro de la decisión judicial	15,20%	84,80%	100,00%
	% del total	15,20%	84,80%	100,00%

Pruebas de chi-cuadrado

	Valor	df	Significación asintótica (bilateral)
Chi-cuadrado de Pearson	12,886a	3	**0,005**
Razón de verosimilitud	15,497	3	0,001
N de casos válidos	448		
a. 3 casillas (37,5%) han esperado un recuento menor que 5. El recuento mínimo esperado es ,15.			

Prueba testifical indirecta		Absolución	Condena	Total
No corrobora el testimonio de la víctima	Recuento	12	14	26
	% dentro de la decisión judicial	46,20%	53,80%	100,00%
	% del total	2,70%	3,10%	5,80%
Sí corrobora el testimonio de la víctima	Recuento	15	130	145
	% dentro de la decisión judicial	10,30%	89,70%	100,00%
	% del total	3,30%	29,00%	32,40%
No consta	Recuento	41	236	277
	% dentro de la decisión judicial	14,80%	85,20%	100,00%
	% del total	9,20%	52,70%	61,80%
Total	Recuento	68	380	448
	% dentro de la decisión judicial	15,20%	84,80%	100,00%
	% del total	15,20%	84,80%	100,00%

Pruebas de chi-cuadrado

	Valor	df	Significación asintótica (bilateral)
Chi-cuadrado de Pearson	22,038a	2	**0,000**
Razón de verosimilitud	16,905	2	0
N de casos válidos	448		
a. 1 casillas (16,7%) han esperado un recuento menor que 5. El recuento mínimo esperado es 3,95.			

Fuente: Elaboración propia.

Tabla 5. Test de chi-cuadrado y cruce entre los rasgos de la declaración de la víctima y decisión judicial sobre el delito de violación de las sentencias desde el 2000 hasta el 2019

Lenguaje gestual		Absolución	Condena	Total
El tribunal menciona que el lenguaje gestual es de convicción	Recuento	5	102	107
	% dentro de la decisión judicial	4,70%	95,30%	100,00%
	% del total	1,10%	22,80%	23,90%
El tribunal no hace referencia al lenguaje gestual	Recuento	63	278	341
	% dentro de la decisión judicial	18,50%	81,50%	100,00%
	% del total	14,10%	62,10%	76,10%
Total	Recuento	68	380	448
	% dentro de la decisión judicial	15,20%	84,80%	100,00%
	% del total	15,20%	84,80%	100,00%

Pruebas de chi-cuadrado

	Valor	df	Significación asintótica (bilateral)	Significación exacta (bilateral)
Chi-cuadrado de Pearson	12,051a	1	**0,001**	
Corrección de continuidad	11,003	1	0,001	
Razón de verosimilitud	14,763	1	0	
Prueba exacta de Fisher				0
N de casos válidos	448			

a. 0 casillas (0,0%) han esperado un recuento menor que 5. El recuento mínimo esperado es 16,24.
b. Sólo se ha calculado para una tabla 2x2.

Claridad expositiva		Absolución	Condena	Total
El tribunal menciona que no es claro	Recuento	1	28	29
	% dentro de la decisión judicial	3,40%	96,60%	100,00%
	% del total	0,20%	6,30%	6,50%
El tribunal menciona que es claro	Recuento	6	94	100
	% dentro de la decisión judicial	6,00%	94,00%	100,00%
	% del total	1,30%	21,00%	22,30%
No se hace referencia a la claridad expositiva	Recuento	61	258	319
	% dentro de la decisión judicial	19,10%	80,90%	100,00%
	% del total	13,60%	57,60%	71,20%

sigue >>

Claridad expositiva		Absolución	Condena	Total
Total	Recuento	68	380	448
	% dentro de la decisión judicial	15,20%	84,80%	100,00%
	% del total	15,20%	84,80%	100,00%

Pruebas de chi-cuadrado

	Valor	df	Significación asintótica (bilateral)
Chi-cuadrado de Pearson	13,496a	2	**0,001**
Razón de verosimilitud	16,08	2	0
N de casos válidos	448		
a. 1 casillas (16,7%) han esperado un recuento menor que 5. El recuento mínimo esperado es 4,40.			

Seriedad expositiva/ Ausencia de fabulación		Absolución	Condena	Total
El tribunal menciona que no posee seriedad expositiva	Recuento	3	3	6
	% dentro de la decisión judicial	50,00%	50,00%	100,00%
	% del total	0,70%	0,70%	1,30%
El tribunal menciona que posee seriedad expositiva	Recuento	6	98	104
	% dentro de la decisión judicial	5,80%	94,20%	100,00%
	% del total	1,30%	21,90%	23,20%
No se hace referencia a la seriedad expositiva	Recuento	59	279	338
	% dentro de la decisión judicial	17,50%	82,50%	100,00%
	% del total	13,20%	62,30%	75,40%
Total	Recuento	68	380	448
	% dentro de la decisión judicial	15,20%	84,80%	100,00%
	% del total	15,20%	84,80%	100,00%

Pruebas de chi-cuadrado

	Valor	df	Significación asintótica (bilateral)
Chi-cuadrado de Pearson	14,164a	2	**0,001**
Razón de verosimilitud	14,302	2	0,001
N de casos válidos	448		
a. 1 casillas (16,7%) han esperado un recuento menor que 5. El recuento mínimo esperado es ,91.			

sigue >>

Relato íntegro/Ausencia de lagunas		Absolución	Condena	Total
El tribunal menciona que el relato de la víctima no es íntegro	Recuento	6	3	9
	% dentro de la decisión judicial	66,70%	33,30%	100,00%
	% del total	1,30%	0,70%	2,00%
El tribunal menciona que el relato de la víctima es íntegro	Recuento	3	95	98
	% dentro de la decisión judicial	3,10%	96,90%	100,00%
	% del total	0,70%	21,20%	21,90%
No se hace referencia a la seriedad expositiva	Recuento	59	282	341
	% dentro de la decisión judicial	17,30%	82,70%	100,00%
	% del total	13,20%	62,90%	76,10%
Total	Recuento	68	380	448
	% dentro de la decisión judicial	15,20%	84,80%	100,00%
	% del total	15,20%	84,80%	100,00%

Pruebas de chi-cuadrado

	Valor	df	Significación asintótica (bilateral)
Chi-cuadrado de Pearson	30,903a	2	**0,000**
Razón de verosimilitud	29,07	2	0
N de casos válidos	448		
a. 1 casillas (16,7%) han esperado un recuento menor que 5. El recuento mínimo esperado es 1,37.			

Concreción/ Expresividad descriptiva		Absolución	Condena	Total
El tribunal menciona que no posee concreción	Recuento	4	3	7
	% dentro de la decisión judicial	57,10%	42,90%	100,00%
	% del total	0,90%	0,70%	1,60%
El tribunal menciona que posee concreción	Recuento	6	110	116
	% dentro de la decisión judicial	5,20%	94,80%	100,00%
	% del total	1,30%	24,60%	25,90%
No se hace referencia a la concreción	Recuento	58	267	325
	% dentro de la decisión judicial	17,80%	82,20%	100,00%
	% del total	12,90%	59,60%	72,50%
Total	Recuento	68	380	448
	% dentro de la decisión judicial	15,20%	84,80%	100,00%
	% del total	15,20%	84,80%	100,00%

sigue >>

Pruebas de chi-cuadrado

	Valor	df	Significación asintótica (bilateral)
Chi-cuadrado de Pearson	20,392a	2	**0,000**
Razón de verosimilitud	19,84	2	0
N de casos válidos	448		
a. 1 casillas (16,7%) han esperado un recuento menor que 5. El recuento mínimo esperado es 1,06.			

Fuente: Elaboración propia.

Tabla 6. Test de chi-cuadrado y cruce entre la persistencia en la incriminación de la víctima y decisión judicial sobre el delito de violación de las sentencias desde el 2000 hasta el 2019

Persistencia de la víctima en su incriminación		Absolución	Condena	Total
El tribunal menciona que la víctima no es persistente en su testimonio	Recuento	17	28	45
	% dentro de la decisión judicial	37,80%	62,20%	100,00%
	% del total	3,80%	6,30%	10,00%
El tribunal menciona que la víctima es persistente en su testimonio	Recuento	18	210	228
	% dentro de la decisión judicial	7,90%	92,10%	100,00%
	% del total	4,00%	46,90%	50,90%
No se hace referencia a la persistencia de la víctima	Recuento	33	142	175
	% dentro de la decisión judicial	18,90%	81,10%	100,00%
	% del total	7,40%	31,70%	39,10%
Total	Recuento	68	380	448
	% dentro de la decisión judicial	15,20%	84,80%	100,00%
	% del total	15,20%	84,80%	100,00%

Pruebas de chi-cuadrado

	Valor	df	Significación asintótica (bilateral)
Chi-cuadrado de Pearson	29,086a	2	**0,000**
Razón de verosimilitud	26,451	2	0
N de casos válidos	448		
a. 0 casillas (0,0%) han esperado un recuento menor que 5. El recuento mínimo esperado es 6,83.			

Fuente: Elaboración propia.

1.2. DECISIÓN JUDICIAL Y ASPECTOS RELATIVOS A LA RESPONSABILIDAD PENAL DEL ACUSADO

Tabla 7. Decisión judicial sobre el delito de violación de las sentencias desde el 2000 hasta el 2019

Decisión judicial por el delito de violación	Porcentaje	Recuento
Absolución	15,20%	68
Condena	84,80%	380
Total	100,00%	448
Sentido del fallo en las sentencias dictadas en primera instancia	**Porcentaje**	**Recuento**
No se pronuncia la sentencia en primera instancia	10,70%	48
Absolución en primera o única instancia	11,20%	50
Condena en primera o única instancia	33,90%	152
Condena conforme a la acusación más grave en primera o única instancia	44,00%	197
Se anula y se ordena repetir el juicio	0,20%	1
Se anula y se ordena dictar de nuevo sentencia	0,00%	0
Total	100,00%	448
Sentido del fallo en las sentencias dictadas en apelación	**Porcentaje**	**Recuento**
No se pronuncia la sentencia en apelación	97,30%	436
Se confirma íntegramente la condena	0,90%	4
Se confirma la absolución	0,20%	1
Se revoca y se condena	0,00%	0
Se revoca y se absuelve	0,40%	2
Se confirma parcialmente y se agrava	0,70%	3
Se confirma y se absuelve de algunos delitos	0,40%	2
Total	100,00%	448
Sentido del fallo en las sentencias dictadas en casación	**Porcentaje**	**Recuento**
No se pronuncia la sentencia en casación	91,30%	409
Estima el recurso de casación	0,70%	3
Estima el recurso de casación	5,40%	24
Estima parcialmente el recurso de casación	2,70%	12
Total	100,00%	448

Fuente: Elaboración propia.

Tabla 8. Grado de ejecución del delito de violación en las sentencias analizadas desde el 2000 hasta el 2019

Grado de ejecución del delito de violación	Porcentaje	Recuento
No	90,20%	404
Sí, se encuentra en tentativa	9,60%	43
Sí, el autor ha desistido	0,20%	1
Total	**100,00%**	**448**

Fuente: Elaboración propia.

Tabla 9. Voto particular emitido en las sentencias analizadas desde el 2000 hasta el 2019

Voto Particular	Porcentaje	Recuento
No se incluye un voto particular	98,90%	443
Un voto particular	0,90%	4
Más de un voto particular y/o adhesión de otras/os magistradas/os	0,20%	1
Total	**100,00%**	**448**

Fuente: Elaboración propia.

Tabla 10. Concursos de delitos por los que el tribunal condena y absuelve en las sentencias analizadas desde el 2000 hasta el 2019

Concursos de delitos por los que el tribunal condena	Porcentaje	Recuento
No	53,80%	241
Real	34,60%	155
Ideal	0,00%	0
Medial	0,70%	3
Delito Continuado	10,90%	49
Total	100,00%	448
Concursos de delitos por los que el tribunal absuelve	**Porcentaje**	**Recuento**
No	92,00%	412
Real	6,50%	29
Ideal	0,00%	0
Medial	0,20%	1
Delito Continuado	1,30%	6
Total	100,00%	448

Fuente: Elaboración propia.

Tabla 11. Otros delitos por los que el tribunal condena y absuelve en las sentencias analizadas desde el 2000 hasta el 2019

Otros delitos por los que se condena	Porcentaje	Recuento
Delito de lesiones (artículo 147 CP)	2,50%	11
Delito de robo con violencia e intimidación en las personas	4,70%	21
Falta de lesiones (artículo 617 CP)	8,70%	39
Otros	9,80%	44
Varios	16,70%	75
No se condena por otros delitos	57,60%	258
Total	100,00%	448
Otros delitos por los que se absuelve	**Porcentaje**	**Recuento**
Delito de amenazas	1,10%	5
Delito de lesiones (artículo 147 CP)	1,10%	5
Varios	2,90%	13
Falta de lesiones (artículo 617 CP)	3,10%	15
Otros	6,00%	27
No se absuelve por otros delitos	85,00%	383
Total	100,00%	448

Fuente: Elaboración propia.

Tabla 12. Error de tipo y error de prohibición en las sentencias analizadas desde el 2000 hasta el 2019

Error de tipo	Porcentaje	Recuento
Se aprecia error invencible	1,10%	5
Se alega, pero no se aprecia error invencible	0,40%	2
No consta	98,00%	439
Se aprecia error vencible	0,40%	2
Se alega, pero no se aprecia error vencible	0,00%	0
Total	100,00%	448
Error de prohibición	**Porcentaje**	**Recuento**
Se aprecia error invencible	0,40%	2
Se alega, pero no se aprecia error invencible	0,20%	1
No consta	99,10%	444
Se aprecia error vencible	0,20%	1
Se alega, pero no se aprecia error vencible	0,00%	0
Total	100,00%	448

Fuente: Elaboración propia.

Tabla 13. Prescripción en las sentencias analizadas desde el 2000 hasta el 2019

Prescripción	Porcentaje	Recuento
Se aprecia prescripción de la acción	0,20%	1
Se alega pero no se aprecia la prescripción de la acción	0,20%	1
No consta	99,60%	446
Se aprecia la prescripción de la acción a pesar de que no se ha alegado	0,00%	0
Total	100,00%	448

Fuente: Elaboración propia.

Tabla 14. Circunstancias modificativas de la responsabilidad penal en las sentencias analizadas desde el 2000 hasta el 2019

Circunstancias eximentes	Porcentaje	Recuento
No se aprecia	99,30%	445
Anomalía psíquica (art. 20. 1.° CP)	0,70%	3
Intoxicación/Embriaguez (art. 20. 2.° CP)	0,00%	0
Alteraciones en la percepción (art. 20. 3.° CP)	0,00%	0
Total	100,00%	448
Circunstancia eximente del artículo 183 quarter	**Porcentaje**	**Recuento**
No se aprecia	99,80%	447
Sí se aprecia	0,20%	1
Total	100,00%	448

Circunstancias atenuantes de la responsabilidad penal

Circunstancia eximente incompleta	Porcentaje	Recuento
No se aprecia	97,50%	437
Anomalía psíquica (art. 20. 1.° CP)	1,80%	8
Intoxicación/Embriaguez (art. 20. 2.° CP)	0,70%	3
Alteraciones en la percepción (art. 20. 3.° CP)	0,00%	0
Total	100,00%	448
Embriaguez	**Porcentaje**	**Recuento**
No se aprecia	98,90%	443
Sí se aprecia	1,10%	5
Total	100,00%	448

sigue >>

Arrebato	Porcentaje	Recuento
No se aprecia	100,00%	448
Sí se aprecia	0,00%	0
Total	100,00%	448
Confesión	**Porcentaje**	**Recuento**
No se aprecia	99,10%	444
Sí se aprecia	0,90%	4
Total	100,00%	448
Reparación	**Porcentaje**	**Recuento**
No se aprecia	98,40%	441
Sí se aprecia	1,60%	7
Total	100,00%	448
Grado de apreciación	**Porcentaje**	**Recuento**
No se aprecia	98,00%	439
Se aprecia atenuante simple	1,60%	7
Se aprecia atenuante muy cualificada, rebajándose la pena 1 grado	0,20%	1
Se aprecia atenuante muy cualificada, rebajándose la pena 2 grado	0,20%	1
Total	100,00%	448
Dilación	**Porcentaje**	**Recuento**
No se aprecia	98,40%	441
Sí se aprecia	1,60%	7
Total	100,00%	448
Análoga	**Porcentaje**	**Recuento**
No se aprecia	94,00%	421
Sí se aprecia	6,00%	27
Total	100,00%	448
Cualificación de la circunstancia análoga	**Porcentaje**	**Recuento**
No se aprecia	94,00%	421
Se aprecia atenuante simple	4,90%	22
Se aprecia atenuante muy cualificada, rebajándose la pena 1 grado	0,00%	0
Se aprecia atenuante muy cualificada, rebajándose la pena 2 grado	1,10%	5
Total	100,00%	448

sigue >>

Circunstancias agravantes de la responsabilidad penal

Alevosía	Porcentaje	Recuento
No se aprecia	99,30%	445
Sí se aprecia	0,70%	3
Total	100,00%	448
Alevosía Convivencial	**Porcentaje**	**Recuento**
No se apreció alevosía	99,60%	446
No es convivencial	0,40%	2
Sí es convivencial	0,00%	0
Total	100,00%	448
Disfraz	**Porcentaje**	**Recuento**
No se aprecia	98,90%	443
Sí se aprecia	1,10%	5
Total	100,00%	448
Abuso de Superioridad	**Porcentaje**	**Recuento**
No se aprecia	96,20%	431
Sí se aprecia	3,80%	17
Total	100,00%	448
Precio	**Porcentaje**	**Recuento**
No se aprecia	99,80%	447
Sí se aprecia	0,20%	1
Total	100,00%	448
Odio por motivos de género	**Porcentaje**	**Recuento**
No se aprecia	99,80%	447
Sí se aprecia	0,20%	1
Total	100,00%	448
Odio (general)	**Porcentaje**	**Recuento**
No se aprecia	100,00%	448
Sí se aprecia	0,00%	0
Total	100,00%	448
Ensañamiento	**Porcentaje**	**Recuento**
No se aprecia	100,00%	448
Sí se aprecia	0,00%	0
Total	100,00%	448

sigue >>

Abuso de confianza	Porcentaje	Recuento
No se aprecia	99,80%	447
Sí se aprecia	0,20%	1
Total	100,00%	448
C Público	**Porcentaje**	**Recuento**
No se aprecia	100,00%	448
Sí se aprecia	0,00%	0
Total	100,00%	448
Reincidencia	**Porcentaje**	**Recuento**
No se aprecia	97,80%	438
Sí se aprecia	2,20%	10
Total	100,00%	448
Multirreincidencia	**Porcentaje**	**Recuento**
No se aprecia	98,40%	441
Se aprecia agravante simple	1,60%	7
Se aprecia agravante muy cualificada, incrementando la pena 1 grado	0,00%	0
Se aprecia agravante muy cualificada, agravando la pena dos grado	0,00%	0
Total	100,00%	448
Circunstancias agravantes del artículo 180 CP	**Porcentaje**	**Recuento**
No se aprecian	80,40%	360
Cuando la violencia o intimidación ejercidas revistan un carácter particularmente degradante o vejatorio	0,70%	3
Cuando los hechos se cometan por la actuación conjunta de dos o más personas	1,10%	5
Cuando la víctima sea especialmente vulnerable, por razón de su edad, enfermedad, discapacidad o situación…	4,50%	20
Cuando, para la ejecución del delito, el responsable se haya prevalido de una relación de superioridad o parentesco…	3,60%	16
Cuando el autor haga uso de armas	6,90%	31
Varias	2,90%	13
Total	100,00%	448
Circunstancias agravantes específicas artículo 183 CP	**Porcentaje**	**Recuento**
No se aprecia	97,80%	438
Cuando la víctima se halle en una situación de especial vulnerabilidad por razón de su edad, enfermedad, discapacidad o por cualquier otra circunstancia, y, en todo caso, cuando sea menor de cuatro años	0,70%	3

sigue >>

Circunstancias agravantes específicas artículo 183 CP *(cont.)*	Porcentaje	Recuento
Cuando los hechos se cometan por la actuación conjunta de dos o más personas	0,00%	0
Cuando la violencia o intimidación ejercidas revistan un carácter particularmente degradante o vejatorio	0,20%	1
Cuando, para la ejecución del delito, el responsable se hubiera prevalido de una situación de convivencia o de una relación de superioridad o parentesco, por ser ascendiente, o hermano, por naturaleza o adopción, o afines, con la víctima	1,30%	6
Cuando el culpable hubiere puesto en peligro, de forma dolosa o por imprudencia grave, la vida o salud de la víctima	0,00%	0
Cuando la infracción se haya cometido en el seno de una organización o de un grupo criminal que se dedicare a la realización de tales actividades	0,00%	0
Total	100,00%	448
Circunstancia mixta de parentesco	**Porcentaje**	**Recuento**
No se aprecia	93,80%	420
Sí se aprecia	6,30%	28
Total	100,00%	448

Fuente: Elaboración propia.

2. ANÁLISIS CUALITATIVO DE SENTENCIAS

Sentencia del Tribunal Supremo (Sala de lo Penal, Sección 1.ª), sentencia núm. 393/2019 de 24 julio. RJ 2019, 3263. Violador y víctima son familia (él es el tío por afinidad de ella) y viven juntos durante los hechos. Poseen nacionalidad china y el acusado aprovecha que su sobrina pasa mucho tiempo sola en casa por que los padres trabajan durante largas jornadas y la diferencia de edad (18 años) para violarla. La amenaza de muerte y la agrede físicamente para conseguir agredirla en varias ocasiones. Ella se queda embarazada y da el hijo en adopción. Él argumenta que eran novios y que las relaciones eran consentidas al enterarse de que la prueba de paternidad indicaba que era el padre, hasta entonces niega los hechos. El tribunal cree a la víctima por la vulnerabilidad de la víctima, por las lesiones psicológicas que presenta, por el testimonio de referencia de los padres, que una vez sorprenden al acusado destapando a la víctima en la habitación de su hija mientras esta duerme; y también por la declaración de la víctima.

Sentencia del Tribunal Supremo (Sala de lo Penal, Sección 1.ª) Sentencia núm. 435/2019 de 1 octubre, RJ 2019, 3790. El acusado es condenado por violar a la hija de su pareja, desde que ésta se mudó con su madre a España. La víctima y su madre son colombianas y el acusado es español. Casi a diario la viola a través de fuerza física —«forcejeos»— y psicológica. El tribunal cree a la víctima por su propia declaración, por la vulnerabilidad de la víctima, por el daño psicológico que sufre y por la situación de la familia, él se encuentra en desempleo y la madre de la víctima trabajando fuera de casa.

Sentencia de la Audiencia Provincial de Alicante (Sección 2.ª), sentencia núm. 205/2017 de 17 mayo. ARP 2018, 893. La víctima y el acusado tienen una relación familiar. El acusado es marroquí y es el hermano del novio de la madre de la víctima, que conviven juntos. No se indica que la víctima es marroquí, pero se da a entender. Se absuelve fundamentalmente porque la madre de la menor había denunciado por malos tratos al hermano del acusado, aunque la pericial de credibilidad indica que la menor dice la verdad y que el tribunal considera coherente su testimonio a nivel interno, el tribunal no considera corroborada la declaración porque la víctima no posee tiene lesiones compatibles.

Sentencia de la Audiencia Provincial de Cantabria (Sección 3.ª), sentencia núm. 200/2014 de 12 mayo. JUR 2015, 282206. Familia española. La víctima es una menor de edad, y es la hija de la novia del acusado. Relata varias violaciones que ocurren en el domicilio en el que viven los tres junto a la abuela, y otras hermanas suyas, cuando ella tiene de 13 a 16 años. También se acusa a la madre por haber consentido que ocurrieran los hechos. El tribunal no cree a la víctima porque su testimonio no encaja con testimonios de referencia, aunque un informe pericial psicológico indica que su testimonio es creíble. El tribunal no la cree fundamentalmente porque considera que la adolescente se contradice, que denuncia tarde, que la adolescente banaliza las relaciones sexuales y que es desobediente con su madre y que quiere constantemente independencia.

Sentencia de la Audiencia Provincial de Badajoz (Sección 3.ª) Sentencia núm. 21/2017 de 7 febrero. ARP 2017, 484. El acusado es el tío por afinidad de la víctima, que sufre violaciones durante diez años por su tío, a través de amenazas y del miedo que siente hacia su tío. Es una familia española de un pueblo pequeño de Badajoz y la víctima es descrita como una mujer con inteligencia límite. Se la cree por las diferentes periciales psicológicas —3 o 4— que indican que dice la verdad, porque consideran su propia declaración sólida y coherente, y por el gran daño psicológico que sufre —estrés postraumático—.

Sentencia de la Audiencia Provincial de Soria (Sección 1.ª), sentencia núm. 59/2011 de 23 septiembre. JUR 2011, 349266. El acusado tiene un retraso leve y es el tío de la víctima, una menor española de 7 años.

Los hechos suceden en un pueblo pequeño de Soria mientras la niña veranea en el pueblo. Las violación y el resto de agresiones sexuales ocurren cuando el tío aprovecha que están a solas y a través de violencia física —forcejeo, agarrar con fuerza—. Creen a la víctima por la propia declaración de la víctima, por la pericial psicológica sobre su verosimilitud y por una pericial médica que muestra compatible su anatomía con los relatado.

Sentencia de la Audiencia Provincial de Álava (Sección 2.ª), sentencia núm. 214/2004 de 22 diciembre. JUR 2005, 56262. El violador es el novio de la madre de la víctima. Él es español, pero su novia como sus hijos son de República Dominicana. La víctima denuncia varias agresiones y solo se cree la última, que se produce cuando el acusado tras discutir con su pareja y agredirla, vuelve a casa mientras la madre de la víctima va al Hospital, y aprovecha para agredir a la hija de su pareja. Eyacula y se quedan dormidos en la cama. Son sorprendidos por la policía y la madre que llegan por la mañana. Las primeras agresiones no se creen porque no reconocen la validez de un informe ginecológico realizado en República Dominicana y porque no consideran persistente la declaración de la víctima. En la última violación, creen a la víctima porque su declaración en coherente y persistente, la de su madre como testigo de referencia también, y por el informe toxicológico sobre el esperma.

Sentencia del Tribunal Supremo (Sala de lo Penal), sentencia núm. 1236/2001 de 25 junio. RJ 2001, 6819. Se trata de un padre que viola a su hija desde ella tienen 11 años los sábados y domingos de cada semana mientras aprovecha que su madre duerme o trabaja. Hay una relación de poder evidente y el tribunal considera que existe intimidación. El padre admite los hechos, pero sostiene que es abuso y no violación.

Sentencia de la Audiencia Provincial de Jaén (Sección 1.ª), sentencia núm. 37/2001 de 26 diciembre. JUR 2002, 36646. Un hombre de 20 años se cuela en la vivienda de su excuñado donde vivía su madre y la de su expareja, de la que se había separado hace poco. Tenía mala relación con su excuñado. El acusado sabe que la madre de su expareja estará sola porque vive con su hijo que vuelve de trabajar a las 9 de la mañana. La golpea en la cara hasta dejarla inconsciente y le causa unas heridas que le causan la muerte. Después de agredirla, se lava las manos y al excitarse sexualmente tras golpearla, la viola. Confiesa los hechos a la guardia Civil. La víctima es una mujer de 73 años, que se encontraba dormida.

Sentencia de la Audiencia Provincial de Álava (Sección 2.ª), sentencia núm. 167/2001 de 3 diciembre. JUR 2002, 228106. El acusado es un hombre que es amigo de la víctima quién se ha acostado con el acusado varias veces antes a cambio que él le invitara a cocaína. La víctima es una mujer drogodependiente que ha empezado un tratamiento de sustitución pero que el día de los hechos accede a mantener relaciones sexuales con el acusado a cambio de que él le invite a droga. Después de consumir una primera dosis, se acaba la droga y ella se va, momento en el que se produce la agresión según la víctima. El tribunal no la cree y da por supuesto que ella consintió a mantener relaciones a cambio de droga, lo que ocurrió sin violencia, porque la víctima presenta lesiones muy leves compatibles con una relación sexual y porque eran amigos y no comprende el tribunal que la víctima pudiera tener miedo. Además, encuentran contradicciones en el testimonio de la víctima.

Sentencia de la Audiencia Provincial de Alicante (Sección 1.ª), sentencia núm. 323/2002 de 14 junio. JUR 2002, 202159. El acusado es un hombre que habla con una mujer en situación de prostitución para que ésta le realice una felación. Una vez en el coche también acuerdan también vaginal, y después él no tiene dinero, así que le quita la cadena de oro. Ella argumenta que él la forzó a mantener relaciones anales, pero el tribunal no la cree porque su versión no es consistente y la pericial no corrobora su versión.

Sentencia de la Audiencia Provincial de Albacete (Sección 1.ª), sentencia núm. 199/2012 de 10 julio. JUR 2012, 279572. El acusado es un hombre rumano que requiere los servicios de una mujer transexual a cambio de diez euros. Inicialmente solo pactan sexo oral pero en cierto momento acuerdan practicar sexo anal y cuando la víctima se da cuenta de que el acusado el intenta robar, ella le dice que pare, tarda un lapso de tiempo y entonces el acusado le quita el bolso y sale corriendo. No creen a la víctima porque su testimonio no es persistente y posee alguna contradicción. Tampoco consideran que, incluso dándole veracidad, fuera una agresión sexual por la poca duración. Asimismo, el tribunal considera que la víctima podría poseer un móvil espurio al querer vengarse porque le robó el móvil.

Sentencia de la Audiencia Provincial de Santa Cruz de Tenerife (Sección Única), sentencia núm. 917/2002 de 16 septiembre. JUR 2002, 230108. Violador y víctima son pareja y tienen un bebe de 3 años, él es rumano y ella es francesa y tras denunciar las agresiones, se va a Francia con su hija de 3 años. Antes de la agresión sexual, la víctima ya ha sido agredida físicamente de forma grave por su pareja. La violación se describe como un hecho muy violento, él la pega al principio para vencer su resistencia, mientras la agrede también la lesiona. Creen a la víctima por su testimonio, que es el mismo a lo largo del tiempo, y por la gravedad de las lesiones que presenta, como una fisura anal.

Sentencia de la Audiencia Provincial de Madrid (Sección 4.ª), sentencia núm. 322/2003 de 29 septiembre. JUR 2003, 25840. Violador y víctima son pareja, están casados y viven juntos. En varias ocasiones él la agrede sexualmente después de proponerle tener sexo y que ella se niegue. La violencia es intensa, le arranca la ropa, le abre las piernas a la fuerza, la amenaza con matarla si le deja, la garra en la ducha y la coloca en el borde de la bañera. La creen por el parte de lesiones y por la confesión del acusado.

Sentencia de la Audiencia Provincial de Lugo (Sección 2.ª), sentencia núm. 183/2018 de 6 noviembre. JUR 2019, 76548. El violador está casado con la víctima con la que tiene dos hijas, él es drogodependiente. Suceden dos violaciones muy violentas, donde él la insulta, la agarra del pelo, la pega y la amenaza con palos y cuchillos. Además, antes la ha pegado e insultado en varios episodios muy violentos y también al padre y al hermano de la víctima al intentar defenderla. El tribunal cree a la víctima por su propio testimonio, claro y persistente y además por el parte de lesiones, una pericial psicológica, y una pericial de ADN.

Sentencia de la Audiencia Provincial de Tarragona (Sección 2.ª), sentencia núm. 665/2005 de 20 julio. JUR 2006, 213888. El acusado es un hombre extranjero en situación irregular que empieza a salir con la víctima y a convivir con ella y su familia. La convivencia y la relación cesan porque ella le denuncia por malos tratos, pero tras la denuncia reanudan la relación en secreto y en varios episodios él la insulta y la pega. En uno de ellos le recrimina haber estado con otro hombre y la agrede físicamente de forma intensa —la abofetea, la golpea, salta encima de ella, le da patadas cuando está en el suelo...—. Ella le insulta y él la golpea con una rama y la intenta tirar una piedra en la cabeza, ella le muerde y después la desnuda y la viola. Le condenan en base a la declaración de la víctima, muy detallada y persistente, coincidente con la del acusado y por las periciales, principalmente la forense que acredita la violencia.

Sentencia de la Audiencia Provincial de Barcelona (Sección 3.ª), sentencia núm. 183/2010 de 22 febrero. ARP 2010, 698. Acusado y víctima son pareja y ambos son drogodependientes. En día de la agresión sexual, el acusado agrede físicamente —golpes, cortes, pinchazos, le corta el pelo— y la amenaza —con contagiarle con hepatitis B y C, y con matarla como a sus anteriores parejas—. La víctima denuncia que le ha obligado a hacerle un par de felaciones y la ha penetrado analmente. El tribunal no lo considera probado porque entiende que las felaciones fueron consentidas porque la víctima no gritó ni se la oyó. Sobre las penetraciones anales, no pueden darlas por probadas porque la víctima se negó a que la reconocieran medicamente porque había muchas personas en la sala del hospital.

Sentencia de la Audiencia Provincial de Sevilla (Sección 7.ª), sentencia núm. 1/2013 de 11 enero. JUR 2013, 205949. Sentencia absolutoria en la que el tribunal entiende que la víctima ha mentido, la denuncian por un posible delito contra la Administración de Justicia y le imponen las costas. El tribunal entiende que la víctima se ha inventado que el acusado y ella eran novios y que él la viola cuando ella todavía era virgen. El tribunal no la cree, aunque la declaración de la víctima es persistente y clara porque considera que el informe pericial médico no corrobora su testimonio, al indicar que las lesiones de la víctima no son compatibles con una agresión sexual y que él himen no está íntegro. El tribunal lamenta que el caso no se archivara ni sobreseyera, al observar que la víctima no era virgen y dedica unos párrafos a hablar de la tipología de hímenes. Además, entiende el tribunal que hay prueba de descargo suficiente, específicamente varias testificales.

Sentencia de la Audiencia Provincial de Málaga (Sección 9.ª), sentencia núm. 491/2012 de 5 octubre. JUR 2013, 230007. El acusado y la víctima son pareja y poseen una relación de pareja con lo que el tribunal denomina episodios de enfrenamiento mutuo. La pareja pasa junto con amigos la nochevieja y tras las campanadas el acusado junto con otros amigos sale para acudir a algún bar, vuelve junto con otro amigo horas después. En la casa, el acusado discute con la víctima, quien agrede. El amigo le recrimina que pegue a la víctima y el acusado agrede a su amigo y éste sale huyendo. Después el acusado se va a dormir y ella va a la habitación, donde vuelven a discutir y él la agrede de nuevo. Después existe un contacto sexual que el tribunal considera que los hechos son una relación sexual consentida por los hechos anteriores —como que la tarde del mismo día mantienen relaciones sexuales consentidas, o que aunque discutan mucho— por los hechos muy próximos, como que la víctima fuera la habitación principal, donde fue el acusado y porque la víctima tardó varias horas en denunciar.

Sentencia de la Audiencia Provincial de Madrid (Sección 17.ª), sentencia núm. 836/2015 de 30 diciembre. JUR 2016, 74552. El acusado es un hombre de 38 años, casado, que conoce a la víctima, una menor de edad de 12-13 años, en un grupo de personas que pasea perros. Empiezan una relación de amistad en la que se llaman, se dejan notas, y quedan. Finalmente acaban besándose y manteniendo relaciones sexuales que el tribunal entiende consentidas. Se le acusa por agresión sexual y finalmente por abuso sexual en sede de calificación definitiva. Fiscalía solicita absolución y el tribunal valor que no hay amenaza ni violencia al relatar la víctima que varias le mientras la besaba y la tocaba, ella le decía que parase y él seguía besándola y tocándola. A veces intentó penetrarla, en este caso cuando ella le decía que parase, él lo hacía. Después le advertía que si contaba algo le podían mandar a la cárcel. El tribunal sostiene que no se trata de amenazas porque eran posteriores a los hechos. Consideran el consentimiento del menor totalmente válido al descartar que el acusado la engañara. La cuestión fáctica que ocupa a al tribunal es determinar si algunos de los hechos sucedieron cuando la víctima tenía 12 años, ya que en ese caso sería un delito de abuso. Determinan que ocurrieron cuando tenía 13 años y, por ende, las relaciones sexuales son lícitas ya que aplican la normativa penal anterior a 2015, dado que los hechos sucedieron en 2006.

Sentencia de la Audiencia Provincial de Barcelona (Sección 2.ª), sentencia núm. 656/2015 de 23 julio. JUR 2015, 254462. El acusado tiene 33 años cuando se hace amigo de un matrimonio que regentaba un bar, y allí conoce a la víctima, de 8 años de edad en ese momento, con la existencia de una diferencia de 25 años de edad. Comienza a darse una relación de amistad entre los dos, en los que la menor hace viajes con él, el acusado también se suele dar regalos y acude a su domicilio cada sábado durante aproximadamente un año. El acusado es absuelto porque entiende que no tuvieron lugar relaciones sexuales entre ambos. Un miembro del tribunal emite un voto particular donde determina la existencia de un contacto sexual en las visitas. En el voto y en el fallo se admite que el acusado podría sentir atracción sexual hacia la víctima y que la declaración de la niña fue persistente, clara y detallada. Sin embargo, el tribunal mayoritario no considera corroborada su declaración, aunque consta un informe pericial que acredita que la declaración es verosímil y que la víctima sufre estrés postraumático, desconfía de la credibilidad de la víctima porque tardó años en denunciar los hechos. No se tiene en cuenta la declaración auto inculpatoria que hace el acusado en el atestado policial, al solo considerar válidas las declaraciones en el plenario, en las que el acusado niega los hechos. El miembro que redacta el voto particular, da credibilidad a la víctima, aunque pasaran muchos años porque su declaración es persistente y clara, y la considera corroborada por la testifical de referencia de la hermana y por la declaración del acusado en el atestado.

Sentencia de la Audiencia Provincial de La Rioja (Sección 1.ª), sentencia núm. 123/2006 de 21 junio. JUR 2006, 202518. El acusado es un hombre español de 24 años que entabla una amistad con la víctima de 14 años. Tras conocerse en el pueblo en el que vivían, se encuentran un día, y después de pasar un rato juntos, ella le pide que la lleve en coche a su casa. Dentro del coche, el acusado no sigue las indicaciones, estaciona el coche en un paraje y le amenaza antes y después de producirse un contacto sexual. El tribunal condena al acusado por abuso al entender que no hubo intimidación, aunque las amenazas fueran de muerte, dado que el tribunal atribuye a la víctima un carácter fuerte. Sí considera que no hubo consentimiento ya que la menor le reiteró que no quería acostarse con él. El tribunal cree a la víctima por su testimonio claro y persistente y por corroboraciones periféricas derivadas del testimonio del acusado.

Sentencia del Tribunal Supremo (Sala de lo Penal), sentencia núm. 978/2002 de 23 mayo. RJ 2002, 6803. Los dos acusados eran amigos, compartían grupo de amigos con la víctima, una mujer con discapacidad leve. Después de una fiesta los acusados planean engañar a la víctima para acostarse con ella. Se la encuentran por la calle y después de engañarla la llevan a casa de uno de ellos. Uno la coge por la mano y sube con ella las escaleras mientras el otro cierra la puerta, dentro de la vivienda cierran la puerta y tienen relaciones de forma sucesiva con ella, aunque ella se niega verbalmente. Ella denuncia después de que tras contárselo a una amiga, ésta se lo diga a la madre de la víctima. El tribunal cree a la víctima porque su declaración ha sido persistente y está corroborada por informes periciales, ADN y ginecológico. En primera instancia consideran los hechos una agresión. El Supremo entiende que no hay intimidación porque ésta circunstancia implica que la víctima esté aterrorizada, lo que no sucede porque todos eran amigos, la víctima no se resiste y solo cerraron la puerta y la subieron de la mano a la habitación. Tampoco considera a la víctima especialmente vulnerable aunque tiene discapacidad.

Sentencia del Tribunal Supremo (Sala de lo Penal), sentencia núm. 1365/2002 de 22 julio. RJ 2002, 7781. El acusado es un hombre de 60 años amigo de la familia de la víctima, una mujer de 20 años. Él va a nombrarla su heredera, dado que es viudo y sin hijos. El día que le avisa para firmar los papeles de la herencia, ella acude al domicilio y una vez allí, la invita a pasar a una habitación, que rápidamente cierra, se abalanza e intenta violarla. Ella se resiste y zafa el intento, aun así el acusado le pega en la cara y en los brazos haciéndola sangrar.

Sentencia de la Audiencia Provincial de Jaén (Sección 2.ª), sentencia núm. 57/2008 de 30 abril. JUR 2008, 233783. El acusado y la víctima forman parte del mismo grupo de amigos. Quedan en grupo todas las semanas antes de que ocurra la agresión. Una tarde tras dejar en casa al resto de amigas, el acusado enseña conducir a la víctima y cuando ya se iban a ir, él la empieza a besar, ante la negativa de la víctima, él emplea violencia y la fuerza a subir a la parte trasera del coche, donde la viola. Ella consigue escapar semidesnuda y en la carretera la recoge un coche. El tribunal considera que hay violencia y cree a la víctima porque su testimonio persistente y as periciales que lo corroboran como una pericial forense que acredita daño en sus genitales que es compatible con una violación.

Sentencia de la Audiencia Provincial de Navarra (Sección 1.ª), sentencia núm. 94/2015 de 22 mayo. JUR 2015, 198611. La víctima es una mujer de 15 años y el violador un hombre de 19 años ecuatoriano. Ambos son amigos y habían mantenido alguna relación sexual anteriormente. El día de los hechos, él la llama para verla, ella baja a verle y él la conduce a su casa.

El acusado se encuentra bajo los efectos del alcohol, forcejea con ella hasta que la inmoviliza, se pone un preservativo y la agrede, la víctima sufre lesiones, pero en ningún caso grita. El tribunal considera que no hay consentimiento, aunque ella no gritara, aunque él se hubiera puesto un preservativo y aunque se hubieran acostado previamente y entonces fuera consentido. El tribunal cree el testimonio de la víctima por la prueba pericial forense médica sobre sus lesiones y sobre los restos de ADN. También porque denuncia rápidamente los hechos y aparece medio vestida, con las bragas en el bolsillo y llorosa.

Sentencia del Tribunal Supremo (Sala de lo Penal), sentencia núm. 575/2006 de 22 mayo. RJ 2006, 3314. El acusado es un hombre joven que vive en un colegio universitario. Agrede sexualmente a dos compañeras, una con la que ha mantenido una relación sexual consentida hace un año y otra que es una conocida. A la segunda la lleva a su cuarto porque ella se había emborrachado. La misma noche, horas después, vuelve y mientras la víctima sigue dormida, tras desvestirla la penetra. Ella se despierta y le pide que pare, pero sigue y tras terminar le dice que ha estado bien. Las víctimas sufren estrés postraumático y tardan en denunciar. El tribunal las cree porque su testimonio está muy corroborado, tanto por sus compañeros, que oyen gritos la noche de los hechos y después ven a su compañera con un estado de ánimo bajo; como por la pericial psicológica que indica las víctimas tienen síndrome de estrés postraumático y entienden que tardara en denunciar.

Sentencia del Tribunal Supremo (Sala de lo Penal, Sección 1.ª), sentencia núm. 436/2008 de 17 junio. RJ 2008, 3659. Acusado y víctima fueron pareja durante 20 años y tiene un hijo. Se casaron y después se separaron. El día de los hechos, el acusado le pide a la víctima que vaya a su casa a cuidarle porque tiene indisposición, allí le prepara un arroz blanco y cuando va a la cocina, la fuerza a tener relaciones sexuales, aunque ella llora y le dice que no quiere. Le amenaza con que todas las semanas deben mantener relaciones porque están casados y la llama puta varias veces. El tribunal cree a la víctima por la situación vulnerable y de dependencia emocional de él y porque él admite los hechos aunque luego los niegue. El tribunal considera que no hubo consentimiento porque la víctima esta aterrorizada y concurrió intimidación.

Sentencia del Tribunal Supremo (Sala de lo Penal, Sección 1.ª), sentencia núm. 807/2015 de 23 noviembre. RJ 2015, 5957. El acusado y la víctima fueron pareja sin convivencia durante unos meses. Después de romper la relación, el acusado acude a casa de la víctima y tras forzar la entrada la agrede sexualmente en un ataque de celos, la violencia incluye abalanzarse sobre ella, dejarla sin respiración durante unos minutos para abofetearla varias veces e insultarla a lo largo de toda la agresión. El tribunal cree a la víctima por la prueba pericial médica que acredita las lesiones, por la corroboración de la tía de la víctima que la acoge tras la agresión, y por el testimonio de la propia víctima. El tribunal considera sin ninguna duda que existe una violencia muy intensa.

Sentencia del Tribunal Superior de Justicia de Castilla y León, Burgos (Sala de lo Civil y Penal, Sección 1.ª), sentencia núm. 55/2019 de 7 octubre. JUR 2019, 304125. La víctima, mujer de 19 años, y el acusado, hombre de 24 años, mantenían relaciones esporádicas que el acusado decidió cortar. Ella se muestra dolida y un día él sube él a su casa, se acuestan y mantienen relaciones sexuales en las que ella califica como duras que le hicieron sangrar. El tribunal menciona que ellos solían tener relaciones duras como la última. Él se muestra tranquilo y le dice que lo siente y que no quería hacerle daño. Ella le denuncia por violación, y el tribunal absuelve al acusado porque ambas versiones pueden ser factibles.

Sentencia de la Audiencia Provincial de Vizcaya (Sección 6.ª), sentencia núm. 4/2007 de 10 enero. ARP 2007, 209. El acusado y la víctima han sido pareja y después de romper la relación siguen teniendo buena relación. Él acude a casa de ésta y después de que él intentar varias veces acostarse con ella lo consigue tras garrarle las muñecas. Le absuelven porque sostienen que no se resistió y que consistió al no negarse de forma clara ni presentar lesiones.

Sentencia de la Audiencia Provincial de Valladolid (Sección 4.ª), sentencia núm. 492/2010 de 16 diciembre. JUR 2011, 88261. El acusado y la víctima estaban casados y tenían varios hijos, pero desde hace meses están separados. El tribunal describe una situación de maltrato psicológico del acusado hacia la víctima. Sin embargo, no consideran probada la agresión sexual por dos motivos. Por una parte, no hay signo externos de violencia y por otra parte, dudan sobre si consiente. No saben si es la víctima no ha consentido por el maltrato que sufre o porque tiene un carácter complaciente.

Sentencia de la Audiencia Provincial de Madrid (Sección 27.ª), sentencia núm. 91/2010 de 29 noviembre. JUR 2011, 63662. El acusado es un hombre peruano que mantuvo una relación de pareja con una mujer hondureña. Después de terminar la relación mantienen el contacto y un día quedan. Según el tribunal él la invita a ella a ir a su piso y allí mantienen relaciones sexuales. El tribunal no cree el testimonio de la víctima que dice que se quiere vengar al averiguar que el acusado mantiene una relación de noviazgo con su hermana. El testimonio de la víctima es persistente, el informe pericial médico indica que las lesiones son compatibles con una agresión sexual y el informe pericial afirma que el relato es coherente. Sin embargo, ero el tribunal no lo ve corroborado, ya que las lesiones no son graves y dos testigos afirman que la víctima quería vengarse. Además de absolver al acusado, el tribunal denuncia a la víctima por falso testimonio y le impone las costas.

Sentencia del Tribunal Supremo (Sala de lo Penal, Sección 1.ª) Sentencia núm. 5/2019 de 15 enero. RJ 2019, 103. La víctima es una mujer de 51 años que de madrugada se dirige al trabajo cuando en determinado momento se introduce un hombre de 28 años en su vehículo y la amenaza con un cuchillo. Le da instrucciones para que conduzca hasta un descampado. Cuando llegan, le quieta el móvil y las llaves del coche. Ella intenta huir, pero él la agarra y le obliga a hacerle una felación y la penetra dos veces. Después ella simula falsa afinidad con el violador e incluso le lleva a la ciudad en coche. El Tribunal Supremo no discute la credibilidad sino la gravedad de sus actos, para imponer una pena de 9 años, y de la unidad del acto, al sostener que solo es una violación, aunque sean dos penetraciones.

Sentencia de la Audiencia Provincial de Zaragoza (Sección 3.ª), sentencia núm. 249/2016 de 16 mayo. JUR 2017, 105699. El condenado por violación es un hombre que junto a cuatro conocidos fue a un club de alterne por la mañana después de haber consumido varias sustancias. El prostíbulo estaba cerrado, pero se introdujeron en la parte de las habitaciones y los cuatro intentaron abrir puertas de las habitaciones donde están las mujeres en situación de prostitución. El acusado fue el único que encontró una habituación abierta así que entró y después de golpear a la víctima, que se encontraba dormida, la agredió con violencia y múltiples penetraciones que realizó tanto con sus dedos como con su pene. El tribunal lo condena porque el propio acusado confiesa los hechos, además de la declaración de la víctima que fue persistente, las pruebas periciales forenses médicas y pruebas periciales forenses sobre restos de ADN corroboraron su testimonio, además del testimonio de los agentes de la Guardia Civil y del dueño del prostíbulo.

Sentencia de la Audiencia Provincial de Lleida (Sección 1.ª), sentencia núm. 62/2013 de 4 marzo. ARP 2013, 388. Un hombre de 19 años y procedente de Costa de Marfil agrede a dos mujeres españolas de forma sucesiva. Las ataca sorpresivamente y exhibe un cuchillo para intimidarlas, que les coloca en el cuello mientras las viola, para violar a ambas. El tribunal cree a las víctimas sin poner su testimonio baja ningún momento en duda. Considera sus declaraciones persistentes y convincentes, además de estar corroboradas por periciales forenses que acreditan el estrés postraumático y la prueba pericial forense sobre restos de ADN, aunque no existen lesiones.

Sentencia de la Audiencia Provincial de Murcia (Sección 2.ª), sentencia núm. 387/2011 de 13 octubre. JUR 2011, 388367. El acusado es un hombre de 37 años que persigue a una mujer hasta que se abalanza sobre ella. La agrede después de intimidarla diciéndole que si no grita no le pasará nada. Entiende el tribunal que existe intimidación ambiental. El tribunal no duda del testimonio de la víctima en ningún momento ya que es persistente, y lo entiende corroborado el testimonio de un tercero que los ve charlando y después a ella llorando mientras pedía ayuda. Además del informe pericial médico corrobora la versión, aunque las lesiones no sean muy graves, porque son compatibles. Asimismo también otorgan credibilidad por la prueba pericial forense sobre restos de ADN.

Sentencia de la Audiencia Provincial de Madrid (Sección 5.ª), sentencia núm. 105/2011 de 10 octubre. JUR 2011, 386064. La víctima conoce a uno de los acusados, un hombre rumano con el que mantiene relaciones desde hace un mes. Viven en la calle y el que conoce a la víctima la invita a pasar la nochevieja juntos. La víctima llega bajo los efectos del alcohol, que tiene una fuerte adicción al alcohol. El tribunal entiende que las relaciones que tuvieron lugar fueron consentidas mientras la víctima sostiene que la violaron. El tribunal no la cree porque, aunque las lesiones son compatibles con una agresión, la víctima se cayó por unas escaleras. Además, una testigo vio desde lejos que mantenían relaciones sexuales en grupo que no parecían una violación.

Sentencia del Tribunal Supremo (Sala de lo Penal, Sección 1.ª), sentencia núm. 885/2009 de 9 septiembre. RJ 2010, 989. Los acusados son unos hombres extranjeros de nacionalidad búlgara que pasan en coche por una calle en la que ejerce la prostitución. La víctima se niega a mantener una relación sexual con ellos a cambio de precio, los acusados se enfadan y bajan del coche, la agarran y después de ejercer una violencia intensa —tiene la cara ensangrentada debido a las patadas y puñetazos que le infringen— le obligan a realizarle felaciones a los dos acusados. El tribunal cree sin ningún género de dudas a la víctima porque tiene un testimonio persistente que es corroborado por la pericial médica sobre las lesiones y la testifical directa de los policías que presencian la agresión y detienen a los acusados.

Sentencia del Tribunal Supremo (Sala de lo Penal), sentencia núm. 252/2006 de 6 marzo. RJ 2006, 1001. El acusado asalta por sorpresa a la víctima a las cinco de la madrugada en la calle. Se abalanza y con violencia —agarrándola fuerte del cuello, cortándole la respiración— la reduce y se coloca encima de ella, empieza a quitarse la ropa a sí mismo y a la víctima cuando es sorprendido por el hermano de la víctima, frustrando su intento de agresión sexualmente a la víctima. El Tribunal de instancia condena por tentativa de violación y el Tribunal Supremo lo confirma y descarta que sean actos preparatorios.

Sentencia del Tribunal Supremo (Sala de lo Penal), sentencia núm. 1364/2005 de 17 noviembre. RJ 2005, 10067. El acusado es un hombre adulto conocido de la víctima menor, porque trabajó con su madre. El acusado espera a la víctima cuando esta sale del colegio y le exige que le devuelva un pañuelo, al entrar en casa desea con violencia —golpes y empujones— la abate pero no consigue violarla dado que llega la policía que llama una vecina. El tribunal cree a la víctima porque su declaración es persistente pero también la testifical directa del policía.

Sentencia de la Audiencia Provincial de Murcia (Sección 5.ª), sentencia núm. 35/2004 de 3 diciembre. JUR 2005, 5649. Los acusados sorprenden a la víctima cuando está aparcando su coche y tras amenazarla con una navaja la hacen conducir hasta un descampado mientras la insultan, donde la violan dos veces, después orinan encima de ella. El tribunal sin ninguna duda cree el testimonio de la víctima, al ser coherente, persistente y estar corroborado por dos testigos. Además de la prueba pericial forense médica sobre sus lesiones, que son fundamentalmente psicológicas.

Sentencia del Tribunal Supremo (Sala de lo Penal), sentencia núm. 1939/2002 de 19 noviembre. RJ 2002, 10583. El acusado es un hombre mayor de edad, pero con una discapacidad intelectual que acarrea un retraso madurativo elevado. La víctima es un niño, que el acusado ve en la calle, al que le baja los pantalones y le practica sexo. Absuelven al acusado al aplicar una eximente completa por su discapacidad.

Sentencia de la Audiencia Provincial de Girona (Sección 3.ª), sentencia núm. 562/2004 de 29 junio. JUR 2004, 219948. Acusado y víctima son de nacionalidad inglesa y se conocen en un camping en España, por la noche, mientras estaban en un bar. Una hora después de conocerse, la víctima sale del bar y el acusado la sigue. Vuelven juntos a los veinte minutos y ella del local sale al minuto y le dice que la han violado a sus amigas. El tribunal no cree que el acusado violara a la víctima porque no presenta lesiones importantes y porque las lesiones genitales las considera compatibles también con una reacción sexual consentida. También duda el tribunal porque nadie la escuchó pedir auxilio y encuentra la declaración de la víctima poco verosímil. El testimonio del acusado también es confuso y el tribunal posee dudas, ante las cuales decide absolver.

Sentencia de la Audiencia Provincial de Tarragona (Sección 4.ª), sentencia núm. 458/2007 de 11 diciembre. JUR 2009, 388355. Los agresores son dos ciudadanos rumanos que conocen a la víctima, una mujer holandesa en un ambiente de ocio nocturno. Uno de ellos tuvo un contacto sexual previo —besos— y la noche siguiente, tiene lugar sexo grupal entre los tres, según el tribunal. El tribunal no cree a la víctima por falta de lesiones y porque les parece inverosímil el relato de la víctima.

Sentencia de la Audiencia Provincial de Barcelona (Sección 5.ª), sentencia núm. 894/2009 de 19 noviembre. JUR 2010, 44057. El acusado es un hombre que conoce a la víctima, una mujer holandesa, en un ambiente de ocio. Se retiran a la playa para besarse y acariciar, aunque la víctima no consiente la penetración. El tribunal absuelve porque entiende que no hay presencia de lesiones y que el testimonio no es verosímil.

Sentencia de la Audiencia Provincial de Alicante (Sección 10.ª), sentencia núm. 495/2014 de 8 octubre. ARP 2015, 196. El acusado es un varón con una alteración psíquica que espera agazapado a su vecina a la que pretende matar y violar. Salta sobre ella y con suma violencia —golpes y cortes con un cúter— la abate. Pretende violarla pero sale corriendo al perder la víctima la consciencia. El tribunal cree a la víctima, pero absuelve por la salud mental del acusado.

Sentencia de la Audiencia Provincial de Barcelona (Sección 7.ª), sentencia núm. 735/2000 de 5 octubre. JUR 2001, 21060. Acusado y víctima son compañeros de trabajo en la misma empresa. El tribunal absuelve a acusado porque considera que el acusado y la víctima tuvieron relaciones sexuales consentidas, porque no hay lesiones físicas, ni restos, ni indicios como ropa rota.

Sentencia del Tribunal Supremo (Sala de lo Penal, Sección 1.ª), sentencia núm. 343/2013 de 30 abril. RJ 2013, 8315. El acusado es el jefe de la víctima, a la que insulta y hostiga recurrentemente. En dos ocasiones la agrede sexualmente al amenazarla con una cúter o cuchillo. El tribunal cree a la víctima, por la relación de poder que existía, por la declaración de la víctima, que está corroborada por otras pruebas testificales de trabajadores y extrabajadores. Condenan al acusado aunque no haya lesiones que lo acrediten.

Sentencia de la Audiencia Provincial de Barcelona (Sección 2.ª), sentencia núm. 121/2017 de 13 febrero. ARP 2017, 637. Acusado y víctima eran conocidos y coincidieron en un local de ocio nocturno. La víctima es una mujer de 18 años y el acusado un hombre joven chileno. Al salir del local, ella se da cuenta del último tren que podría tomar hacia su casa, salió hace un par de horas. El acusado la invita a su casa a dormir, lo que ella acepta. Allí toman una cerveza y se besan, el tribunal determina que las relaciones sexuales posteriores fueron consentidas, dado que consideran inverosímil su testimonio y no concurre prueba pericial forense que acredite lesiones.

Anexo C

Datos secundarios

Este anexo contiene información detallada a la que hacen referencia los diagramas y gráficos que simplifican los datos oficiales ofrecidos por España.

Tabla 1. Datos sobre la violencia hacia las mujeres contenidos en la macroencuesta de 2015 y de 2020

	Macroencuesta 2015		**Macroencuesta 2020**	
	Pareja o expareja	**Fuera de la pareja o expareja**	**Pareja o expareja**	**Fuera de la pareja o expareja**
Violencia física	10,40%	11,60%	11,00%	13,40%
Violencia sexual	8,10%	7,20%	8,90%	6,50%
Violencia psicológica de control	25,40%	—	27,00%	—
Violencia psicológica emocional	21,90%	—	23,20%	
Violencia económica	10,80%	—	11,50%	
Acoso sexual	—		40,40%	
Stalking	—		15,20%	

Fuente: Ministerio de Igualdad. Elaboración propia.

Tabla 2. Datos sobre victimizaciones registrados en la Encuesta de victimización de Barcelona

Año	**Porcentaje de denuncia global**
2007	42,60%
2008	43,60%
2009	37,50%

sigue >>

Año	Porcentaje de denuncia global
2010	38,60%
2011	40,60%
2012	35,60%
2013	46,60%
2014	23,40%
2015	21,50%
2016	22,70%
2017	22,40%
2018	18,40%
2019	19,50%
2020	18,20%
2021	17,60%

Fuente: Ayuntamiento de Barcelona. Elaboración propia.

Tabla 3. Hechos conocidos por las Fuerzas y Cuerpos de Seguridad

Año	Delitos sexuales	Delitos de violación	Delitos contra el patrimonio	Delitos contra las personas	Delitos contra la seguridad colectiva	Total hechos conocidos
1987		1755				
1988		1729				
1989	5770	1724				
1990	5436	1790				
1991	5890	1936				
1992	5736	1599				
1993	6178	1563				
1994	6344	1603				
1995	6952	1723				
1996	6552	1139				
1997	6963	1094				
1998	7418	1281				
1999	7198	1126				
2000	7276	1126	1455185	203210	46132	923270
2001	7237	1257	1602194	207911	41201	1015640

sigue >>

Año	Delitos sexuales	Delitos de violación	Delitos contra el patrimonio	Delitos contra las personas	Delitos contra la seguridad colectiva	Total hechos conocidos
2002	7423	1402	1730070	213397	39921	1036716
2003	7548	1439	1649907	228712	36611	955802
2004	8379	1487	1602250	243202	35339	936457
2005	9011	1599	1625101	264566	34879	930779
2006	8522	1481	1534359	269642	35965	888755
2007	8900	1573	1541680	271380	35743	1963011
2008	9837	1386	1515013	268244	59707	1961866
2009	8976	1304	1424848	263639	67997	1877664
2010	8364	1581	1779019	297488	74158	1840896
2011	9892	1513	1742631	300654	85010	2285525
2012	9008	1280	1754631	286446	76654	2268867
2013	8923	1298	1679585	274655	71596	2172133
2014	9468	1239	1595984	281713	66938	2092040
2015	9869	1229	1573983	223893	60090	2036815
2016	10844	1249	1572967	166431	58350	2009690
2017	11692	1387	1593930	174217	59162	2045784
2018	13782	1700	1664242	177165	64126	2131118
2019	15319	1873	1707144	186110	68749	2199475
2020	13174	1596	1304424	161406	60162	1766779
2021	17016	2143	1434698	183590	68891	1957719
Promedio	10297	1488	1594720	233985	56699	1695309

Fuente: Ministerio del Interior. Elaboración propia.

Tabla 4. Hechos esclarecidos por las Fuerzas y Cuerpos de Seguridad

Año	Delitos sexuales	Delitos de violación	Delitos contra el patrimonio	Delitos contra las personas	Delitos contra la seguridad colectiva	Total hechos conocidos
2007	6325	1222	222682	226195	32373	575794
2008	6785	1075	228025	217846	54398	596617
2009	6269	1020	221208	212510	63558	596651
2010	7651	1319	286627	244533	69842	596311
2011	7155	1202	282680	244461	80297	736175

sigue >>

Año	Delitos sexuales	Delitos de violación	Delitos contra el patrimonio	Delitos contra las personas	Delitos contra la seguridad colectiva	Total hechos conocidos
2012	6698	1019	293922	237300	72382	728929
2013	6766	1055	314507	230390	68223	736368
2014	7088	1000	298162	233846	62185	715357
2015	7500	1007	273069	189246	55506	659787
2016	8381	1031	273027	145212	53781	641353
2017	8894	1118	274547	150363	54620	654821
2018	10674	1407	281008	153525	59223	673594
2019	11887	1520	291270	159909	63291	702544
2020	10293	1347	233211	141869	54163	616665
2021	13253	1735	260085	159540	61529	685383
Promedio	8375	1205	268935	196450	60358	661090

Fuente: Ministerio del Interior. Elaboración propia.

Tabla 5. Comparativa de la evolución de las sentencias dictadas y los hechos denunciados o conocidos por delitos de violación, delitos sexuales, delitos contra las personas, delitos patrimoniales y delitos en total (2011-2021)

Año	Delitos sexuales			Año	Delitos de violación		
	Hechos conocidos	Sentencias	%		Hechos conocidos	Sentencias	%
2011	9892	1763	17,82%	2011	1513	50	3,30%
2012	9008	2415	26,81%	2012	1280	88	6,88%
2013	8923	2166	24,27%	2013	1298	77	5,93%
2014	9468	2140	22,60%	2014	1239	60	4,84%
2015	9869	2197	22,26%	2015	1229	55	4,48%
2016	10844	2285	21,07%	2016	1249	56	4,48%
2017	11692	2547	21,78%	2017	1387	53	3,82%
2018	13782	2900	21,04%	2018	1700	56	3,29%
2019	15319	3406	22,23%	2019	1873	94	5,02%
2020	13174	2713	20,59%	2020	1596	74	4,64%
2021	17016	3649	21,44%	2021	2143	88	4,11%
Promedio	11726	2562	21,99%	Promedio	1501	68	4,62%

sigue >>

Año	Delitos patrimoniales			Año	Delitos contra las personas		
	Hechos conocidos	Sentencias	%		Hechos conocidos	Sentencias	%
2011	1742631	36924	2,12%	2011	85010	31200	36,70%
2012	1754631	48108	2,74%	2012	76654	37880	49,42%
2013	1679585	45363	2,70%	2013	71596	31894	44,55%
2014	1595984	48591	3,04%	2014	66938	35469	52,99%
2015	1573983	51320	3,26%	2015	60090	36090	60,06%
2016	1572967	53086	3,37%	2016	58350	35884	61,50%
2017	1593930	56999	3,58%	2017	59162	37988	64,21%
2018	1664242	53831	3,23%	2018	64126	41512	64,74%
2019	1707144	55597	3,26%	2019	68749	44294	64,43%
2020	1304424	39279	3,01%	2020	60162	44275	73,59%
2021	1434698	50796	3,54%	2021	68891	47250	68,59%
Promedio	1602202	49081	3,08%	Promedio	67248	38521	58,25%

Año	Total		
	Hechos conocidos	Sentencias	%
2011	2285525	213305	9,33%
2012	2268867	257302	11,34%
2013	2172133	231849	10,67%
2014	2092040	241039	11,52%
2015	2036815	245834	12,07%
2016	2009690	246937	12,29%
2017	2045784	254608	12,45%
2018	2131118	262190	12,30%
2019	2199475	260430	11,84%
2020	1766779	210078	11,89%
2021	1957719	275023	14,05%
Promedio	2087813,18	245326,818	11,80%

Fuente: Ministerio de Justicia. Elaboración propia.